Auxiliando a humanidade a encontrar a Verdade

PINEAL, A GLÂNDULA DA VIDA ESPIRITUAL
AS NOVAS DESCOBERTAS CIENTÍFICAS

© 2010 – Conhecimento Editorial Ltda

Pineal, a Glândula da Vida Espiritual
As novas descobertas científicas
Eduardo Augusto Lourenço

Todos os direitos desta edição
reservados à
CONHECIMENTO EDITORIAL LTDA.
Rua Prof. Paulo Chaves, 276 - Vila Teixeira Marques
CEP 13480-970 – Limeira – SP
Fone/Fax: 19 3451-5440
www.edconhecimento.com.br
vendas@edconhecimento.com.br

Nos termos da lei que resguarda os direitos autorais, é proibida a reprodução total ou parcial, de qualquer forma ou por qualquer meio – eletrônico ou mecânico, inclusive por processos xerográficos, de fotocópia e de gravação – sem permissão, por escrito, do Editor.

Ilustração da Capa: Banco de imagens
Projeto Gráfico: Sérgio Carvalho
Revisão: Meiry Ane Agnese

ISBN 85-7618-210-8 – 1ª Edição - 2010

• Impresso no Brasil • Presita en Brazilo

Produzido no Departamento Gráfico de
CONHECIMENTO EDITORIAL LTDA
Fone: 19 3451-5440
e-mail: *grafica@edconhecimento.com.br*

Dados Internacionais de Catalogação na Publicação (CIP)
(Câmara Brasileira do Livro, SP, Brasil)

Benedito (Espírito)
Pineal, a Glândula da Vida Espiritual / Lourenço, Eduardo Augusto ; – Limeira, SP : Editora do Conhecimento, 2010.

ISBN 978-85-7618-210-8

1. Espiritismo 2. Espírito 3. Ciência 4. Mediunidade 5. Pineal I. Lourenço, Eduardo Augusto. II. Título

CDD – 133.93

Índices para catálogo sistemático:
1. Ciência espírita : Espiritismo : 133.93

Eduardo Augusto Lourenço

PINEAL, A GLÂNDULA DA VIDA ESPIRITUAL
AS NOVAS DESCOBERTAS CIENTÍFICAS

1ª edição
2010

EDITORA DO
CONHECIMENTO

Ao amigo espiritual e mentor irmão Benedito, obrigado pelas intuições, inspirações e orientações voltadas sempre ao Evangelho de Jesus. Aos meus pais e irmãos e principalmente à minha querida esposa Daniela, obrigado pela paciência, compreensão e sua dedicação. Eu te amo, e muito. Aos preciosos tesouros da minha vida, meus amados filhos Rafael e Guilherme, meu agradecimento. Para minha grande amiga de jornada espiritual Isabel Monteiro minha admiração, meu carinho e meu muito obrigado por seu apoio, pela confiança e pelo incentivo. Aos amigos da Editora do Conhecimento, Sérgio e Margareth, obrigado pela oportunidade cedida e pela dedicação de vocês. Gostaria de agradecer em especial ao maior especialista e pesquisador da glândula pineal do país, doutor Sérgio Felipe Oliveira que gentilmente nos autorizou a publicação de suas pesquisas, que muito contribuíram para a realização desta obra.

Sumário

Alguns conceitos 9
Prefácio 11
1. As religiões e a glândula pineal 14
2. Descartes, Galeno e a glândula pineal 26
3. André Luiz, a glândula pineal e a mediunidade 36
4. A evolução da glândula pineal 60
5. A glândula pineal, a melatonina e a luz 71
6. A pineal e os estados alterados de consciência 80
7. O homem que se alimenta do sol 104
8. A pineal, o geomagnetismo e o eletromagnetismo 120
9. A ciência pesquisando a glândula pineal 149
10. A pineal, a célula e o DNA 178
11. Pineal, hipófise e outras glândulas 196
12. A glândula pineal e suas outras funções 212

Alguns conceitos

Alguns conceitos sobre a glândula pineal elaborados por grandes pensadores e estudiosos:

René Descartes, filósofo, místico e fundador da moderna matemática, referiu-se à glândula pineal como a "sede da alma racional" ou "glândula do saber, do conhecer".

Nas profecias de Nostradamus, encontramos esclarecimentos acerca da importância dessa glândula nos tempos atuais, considerando-a como "a antena mais fina e alta de nosso sistema nervoso central, nossa central elétrica".

Para os hindus, "centro de força"; para os ocultistas, "olho de Shiva", por ser o responsável pela clarividência, a vidência racional.

André Luiz concebe "a epífise como glândula da vida espiritual do homem". Ele ainda comenta que "não se trata de órgão morto, segundo velhas suposições, é a glândula da vida mental".

O doutor Jorge Andréa diz: "A glândula pineal estaria credenciada a exercer as mais altas funções psíquicas".

O médico-espírita e professor da Unisanta e Unilins, Décio Iandoli Jr., acredita que "todo ser humano tem percepção que está fortemente ligada à glândula pineal (também chamada epífise), uma estrutura do tamanho de um grão de arroz, alojada bem no centro do crânio".

O doutor Nubor Facure comenta, por sua vez: "Nos processos mediúnicos, a aproximação espiritual se vale da pineal para difundir sua mensagem até as diversas áreas cerebrais que ressoam sua transmissão".

O médico Ricardo Di Bernardi acredita "que as visões da EQM (experiência quase morte), bem como as transformações ocorridas com os experientes têm a participação direta da glândula pineal". O doutor Sérgio Felipe comenta que "os médiuns são indivíduos capazes de entrar em contato com outras dimensões espirituais, apresentam maior quantidade de cristais de apatita na pineal".

A doutora Marlene Nobre comenta que:

> A providência divina dotou essa pequenina estrutura (pineal), semelhante a uma ervilha e com o formato de um cone, que não pesa mais de cem miligramas, de uma extraordinária potencialidade laboratorial que permite traduzir estímulos psíquicos em reações de ordem somática e vice-versa.

O doutor Richard Gerber fala que "a glândula pineal está associada ao fenômeno da luz, de acordo com diversas perpectivas biológicas e energéticas".

Prefácio

Nunca uma glândula foi tão pesquisada nestas últimas décadas quanto a pineal. Muito se falou sobre ela e constatou-se que essa pequenina glândula realmente possui grande importância para o corpo físico, presidindo o comando do organismo como um relógio biológico. Localizada no centro do cérebro, na altura dos olhos, é a conexão entre o plano físico e o espiritual, dando-nos a diretriz de espaço e tempo.

O pequeno animal se ruma pelo instinto e se orienta pela glândula pineal; o homem inteligente aguça os sentidos e enobrece a alma espiritualizando-se também por meio dela.

A glândula pineal é um portal entre o espírito e a matéria, habilitando-nos a interagir em planos mais elevados e sublimes da consciência, uma espécie de entrada entre o mundo divino e o terreno.

Quanto mais mudamos e deixamos velhos comportamentos e hábitos, vibramos em sintonia com o plano superior; a conexão física dar-se-ia por meio dessa glândula chamada pineal, sobre a qual André Luiz fala: "A glândula da vida mental e espiritual". Ela atravessa diferentes faixas dimensionais como uma onda de rádio que possui oscilações e frequências.

Sabemos, de acordo com o *Livro dos Espíritos*, que a alma não se localiza em uma parte do corpo, "ela se situa mais particularmente na cabeça, entre os grandes gênios e todos aqueles que usam bastante o pensamento e no coração dos que sentem bastante, dedicando todas as suas ações à humanidade", dizem os espíritos.

Poderíamos considerá-la como uma glândula codificadora do pensamento, por isso René Descartes a concebeu como sede da alma, funcionando como um motor regulador que precisa das outras peças e outros componentes para que a engrenagem possa funcionar. Ela, em conjunto com o sistema endócrino e os centros de força, por meio do perispírito, governa e dirige a maquinaria humana, recebendo as ordens mentais do espírito. Seria ela apenas uma peça importante, participando desse maravilhoso organismo físico que foi moldado e esculpido nos milênios de evolução e progresso.

Se, em seu começo de transformação, nos peixes, ela foi inicialmente um fato receptor, nos anfíbios e répteis ela passou a ter a função de fotorreceptora; mais do que uma glândula endócrina com funções importantíssimas, hoje no homem ela é um canal com o mundo espiritual.

Neste livro trazemos abordagens científicas a respeito da glândula pineal relacionada com o geomagnetismo, que é o magnetismo da Terra e das ondas eletromagnéticas. A glândula pineal exerce dentro do organismo as seguintes funções: sono e envelhecimento, transtornos psíquicos, doenças neurodegenerativas e enfraquecimento do sistema imunológico.

Analisaremos a glândula pineal no processo reencarnatório, nas células e no DNA, por intermédio do pensamento.

Narraremos a pineal como símbolo, dentro das religiões, de acordo com as descobertas de Cláudio Galeno, um proeminente médico e filósofo romano de origem grega e provavelmente o mais talentoso médico investigativo do período romano. Suas teorias dominaram e influenciaram a ciência médica ocidental por mais de um milênio. Seus relatos de anatomia médica eram fundamentados em macacos, visto que a dissecção humana não era permitida em seu tempo, mas foram insuperáveis até a descrição impressa e as ilustrações de dissecções humanas por Andreas Vesalius, em 1543.

Passaremos também a descrever o estudo do grande filósofo, físico e matemático francês René Descartes, que afirmava que na glândula pineal se situava a alma humana – uma glândula com funções transcendentes.

Em *Tratado do Homem*, ele diz:

> É impossível encontrar em qualquer lugar, como em toda a cabeça, exceto essa glândula, além disso, está situado no local mais adequado possível para essa finalidade, no meio de todas as concavidades, sendo apoiada e rodeada por pequenos galhos de artérias carótidas, que trazem os espíritos ao cérebro.

Adentraremos nas constatações de André Luiz sobre as funções da pineal no livro *Missionários da Luz* e sobre os aspectos da mediunidade. Narraremos a evolução da glândula pineal dos animais inferiores até o homem, as pesquisas científicas, descobrindo a glândula pineal em outros aspectos e principalmente no campo da mediunidade, além do entrosamento dela com a glândula hipófise na manutenção e harmonização do corpo físico.

Vamos retratar a pineal e os estados alterados da consciência, por meio da fabricação de alguns neurotransmissores e comentar sobre a glândula pineal, a luz e o processo de formação da melatonina.

Os textos deste livro têm bases científicas, com apoio em pesquisas e análises buscadas em livros espíritas, científicos e mesmo em artigos de sites especializados, ficando claro que muitas ideias do livro *Pineal, a Glândula da Vida Espiritual* fazem parte de experimentos e estudos científicos realizados por muitos homens da ciência.

A leitura desta obra trará muitas certezas e concretizações, inicialmente evidenciadas, em 1945, pelo espírito André Luiz, no livro *Missionários da Luz*. Em seu devido tempo, contudo, com as descobertas da ciência terrena, o leitor perceberá que mais uma vez a doutrina espírita caminha lado a lado com a ciência.

Confiemos em Deus e no exercício da fé raciocinada, porque a verdade sempre prevalece no momento em que a humanidade amadurece.

Eduardo Augusto Lourenço
06/05/2010

1

As religiões e a glândula pineal

> Limitemo-nos ao assunto inicial e analisemos a epífise, como glândula da vida espiritual do homem.
>
> ANDRÉ LUIZ, *Missionários da Luz*

Dentro do contexto religioso, vemos que cada religião possui seus símbolos e mitos representando suas crenças entre o divino e o humano, o místico e a superstição, a racionalidade e o fanatismo.

Atente-se para a etimologia de símbolo, do grego *sýmbolon*, do verbo *symbállein*, "lançar com", arremessar ao mesmo tempo, "com-jogar". De início, símbolo era um sinal de reconhecimento: um objeto dividido em duas partes, cujo ajuste e confronto permitiam aos portadores de cada uma das partes se reconhecerem. O símbolo é, pois, a expressão de um conceito de equivalência. Assim, para se atingir o mito, que se expressa por símbolos, é preciso fazer uma equivalência, uma "conjugação", uma "reunião", porque, se o signo é sempre menor do que o conceito que representa, o símbolo representa sempre mais do que seu significado evidente e imediato. Em síntese, os mitos são a linguagem imagística dos princípios, pois traduzem a origem de uma instituição, de um hábito, a lógica de um gesto, a economia de um encontro.

As religiões em si caracterizam o encontro das coisas divinas, na interpretação frágil dos homens, aproximando-as das coisas humanas. As imagens, os símbolos e os dogmas trazem contextos culturais fortíssimos, nos quais o homem deve tirar o véu das maravilhas, para entender que sempre há um fundo de uma verdade incontestável.

Muitas religiões, entre elas o hinduísmo, trouxeram informações valiosíssimas, que até o momento presente pareciam apenas algo transcendental, de difícil acesso ao campo da ciência. Hoje, muitas informações trazidas por essa antiga religião, como os centros de força conhecidos por chacra, definem o tratamento da acupuntura tão requisitada e comprovada pela ciência terrena, por sua eficácia, a famosa ciência conhecida como magnetismo animal, pesquisada por Mesmer, que foi tão ridicularizada em seu tempo e que os egípcios já utilizam como meio de tratamento. Hoje, a ciência terrena rende louvores, com diferentes nomes, como *reiki*, *johrei*, cura prânica, passe magnético, toque terapêutico, entre outros. Mesmo com a propagação da doutrina espírita, Kardec teve suas dificuldades e descrenças de parte da ciência.

Hoje, vemos que essa pequenina glândula também já era alvo de especulação nas antigas religiões, seitas e sociedades secretas. Muito antes de a ciência comum descobrir suas funções, percebemos, então, que a religião, por tratar de fatores místicos e transcendentais, estava para muitos tão longe das descobertas científicas. E, hoje, vemos que essa ciência apenas fez o favor de separar a superstição da realidade, para encontrar um ponto em comum entre ela e a religião.

Santos ou místicos, cientistas ou pesquisadores, vemos que apenas mudam os nomes e os papéis, mas a inspiração, como a intuição, é inerente ao homem de bem que busca a verdade, promovendo, assim, as descobertas em benefícios da humanidade. Sabemos que os exageros são encontrados em todos os setores da vida: a religião, em nome de "Deus", matou muitos, e a ciência, em nome do materialismo, matou "Deus".

O espiritismo traz a junção de ambas e diz que uma completa a outra, sendo possível o caminhar dessas duas ferramentas em nome de Deus.

Sabemos da dificuldade de alguns espíritas em aceitar alguns conceitos vindos do orientalismo, e André Luiz, na mediunidade de Francisco Cândido Xavier, sob os olhos de Emmanuel, trouxe pequenos conceitos sobre o corpo mental e a descrição particular de cada centro de força (chacras) no livro *Evolução em Dois Mundos*, bem como trouxe informações a respeito da glândula pineal, no livro *Missionários da Luz*, tema que compõe toda a estrutura desta obra.

Sabe-se que esse assunto já havia sido abordado pela religião mais antiga de nosso planeta, o hinduísmo, há mais de 10.000 anos, quando a glândula pineal era considerada por eles o "terceiro olho". Hoje, a ciência pesquisou e traz provas e evidências científicas da glândula pineal e principalmente das informações trazidas pelo espírito André Luiz. A finalidade desta obra é registrar as descobertas científicas e criar uma ponte com as informações espirituais passadas por André Luiz.

Iremos, então, narrar a importância da glândula pineal nas religiões, onde muitas a consideram como símbolo da iluminação e da sabedoria espiritual. Essa pequena glândula em forma de pinha – daí seu nome pineal – é considerada como um terceiro olho, pois tem a mesma estrutura básica de nossos órgãos visuais, é expressão de abudância espiritual para muitas seitas e religiões. Por exemplo, a glândula pineal, nas religiões afro-brasileiras, como o candomblé, é denominada entre os *yorubá* de *orí inu*, "a cabeça interior" ligada à *Orúnmìlà*, ou seja, ao "saber divino".

Nela está contida a essência da personalidade, o verdadeiro caráter, o espírito do homem que emana diretamente do Deus Criador – *Òrúnmìlà* (saber divino); *orí inu*, que é o "ser interior"

Yoruba de Orí Inú.

ou o "ser espiritual do homem" e é imortal; o corpo literário de *Ifá*, mais precisamente no *Omo Odù Ogbè Ogúndà*, nos revela que *orí inu* (ser interior) tem a supremacia sobre o *orí ode*, "a cabeça física". Isso sugere, portanto, o domínio do espírito sobre a matéria, que o sucesso ou o fracasso do "ser exterior" depende essencialmente da natureza dinâmica do interior do homem e atua como fusão entre nosso consciente e inconsciente.

Sendo a parte mais importante do corpo, tem prioridade sobre os ritos litúrgicos, sobretudo os ritos iniciáticos e, constantemente, "fortalecido" pela transmissão de *àse*, durante os ritos de Ibori, que visa restaurar o equilíbrio e a harmonia entre as duas partes.

Òrúnmìlà.

Para os umbandistas, as vibrações fluídicas começam se fixando pela cabeça, por cima, na altura da glândula pineal, e vai até aos ombros, com uma sensação de friagem pelo rosto, tórax e certo nervosismo, que se comunica de leve com o plexo solar. A respiração faz-se quase somente pela narina direita, entrecortada de suspiros longos. O movimento que indica o controle na matéria vem com um sacolejo quase que geral no corpo.

Uma das mais antigas referências ao "terceiro olho" encontra-se no livro sagrado hindu os *Vedas*, em que a pineal pode ser identificada como o mais importante dos chacras (centros vitais de energia), aquele considerado como a sede da força espiritual suprema: o *saharasra-chacra* (lótus-das-mil-pétalas). Essa noção, de um ponto dotado de força superior na altura da cabeça e acima dos olhos, foi explorada pelas mais diversas correntes religiosas e pelos conhecimentos místicos antigos – muitos estudiosos têm valorizado essas referências como alusões ao significado da glândula.

Os tibetanos acreditavam em um centro de energia e projeção para uma espécie de consciência cósmica, por meio do *Hdab-stom* (olho místico), centros de convergência da energia inconsciente e pontos de projeção para a consciência cósmica. Na teoria dos maometanos e tibetanos, o homem receberia energia diretamente da luz solar, que deveria penetrar no cérebro, dando às células forças para a sobrevivência.

Na Turquia, acredita-se que o "olho místico" ("olho grego") é o sím-

Olho místico ou terceiro olho.

Olho grego ou olho turco.

bolo da capacidade espiritual de ver. Quando existe algum "mau-olhado", o olho absorve a energia e se quebra, protegendo a pessoa da negatividade. Também conhecido como o "olho que tudo vê", "o olho turco" – um único olho humano cercado por feixes de luz –, é símbolo do poder observador e protetor de um ser supremo.

Para os hindus, na antiga tradição da Índia, responsáveis pelo desenvolvimento da espiritualidade, trata-se do centro de força frontal, que fica na testa, um pouco acima da linha das sobrancelhas, e do centro de força coronário, no topo da cabeça. São dois centros, que captam e transmitem energia vital – dizem os indianos –, que revelam informações espirituais que influem em nossas ações e escolhas.

É o centro frontal responsável pela clarividência e pela criatividade. O centro coronário nos reabastece de energia cósmica e nos dá força espiritual.

A glândula pineal, para os hindus, é o principal órgão do corpo, é a representação do céu dentro do homem e está associada às qualidades mais puras e elevadas que temos dentro de nós. Já o centro de força frontal, ligado à glândula pituitária, que também fica no cérebro, influencia todas as formas de expressão, a capacidade artística e intelectual.

Na Seicho-No-Iê, diz-se que o terceiro olho é o centro da divina compreensão e divina imaginação e que, quando em perfeita atividade, permite a visão de planos superiores (a chamada clarividência) e o acesso de acontecimentos do presente/passado/futuro. Dá acesso também ao que denominamos intuição, percepção e, ainda, à temperança, à abstinência, à dignidade, à veneração, a sentimentos delicados, à inteligência e ao discernimento.

Os taoístas dizem que, depois que a criança sai do útero, o espírito primal começa a residir justamente no terceiro olho, "olho celestial". Na tradição da Ioga, os nadis *ida* e *pingala* se encontram no centro da testa, que é a morada da alma (*atman*), localizados no chacra coronário, originando-se a partir da glândula pineal.

A medicina chinesa não considera o cérebro a sede da alma e do espírito, e sim cada célula do corpo, assim como o campo magnético do organismo. O órgão *yin* do fogo, o coração, é considerado o centro da consciência, do sentir e do pensar. No coração manda *shin*, o espírito do fogo. O ideograma chinês *shin* pode ser traduzido como espírito, alma, Deus, divino e eficácia. Quando dizemos que alguém tem "espírito", refletimos o significado desse ideograma. *Shin* tem duas residências: a residência de baixo é o coração, a partir de onde se encarrega de equilibrar os sentimentos e de favorecer uma maneira de falar sincera; sua residência de cima é o terceiro olho ou o chacra da frente, onde cria clareza de pensamentos e consciência no modo de viver. Quando essas faculdades são encontradas em uma pessoa, seu Shin está cheio de força e saúde. Isso se vê no brilho e na luz de seus olhos.

Seria realmente a glândula pineal como uma bússola interna e externa, responsável por todos os momentos de nossa vida espiritual? Seria a pineal, com suas ligações místicas, envolvida com os fenômenos espirituais, sendo a ligação em conjunto com o corpo espiritual (perispírito), promovendo o contato mediúnico ou a telepatia estudada pelos parapsicólogos? Seria ela, realmente, o "terceiro olho"? Tantos símbolos retratando os mistérios da alma, a glândula pineal tão comentada e pesquisada em nossos dias poderia ser a famosa serpente, símbolo este presente na coroa do rei, a que os antigos e sábios egípcios se referiam alegoricamente?

Os egípcios também concediam, a um determinado ponto, nessa localização anatômica, o poder da clarividência e da capacidade de enxergar outros mundos e dimensões – tratava-se do olho de Hórus. A história metafísica dessa glândula é, sem sombra de dúvidas, muito mais rica e vasta do que a própria história científica. O olho místico ou olho de Hórus era considerado como uma visão de longo alcance, atingindo o invisível. Todo o iniciado que desenvolvesse sua clarividência teria essa visão de outras dimensões; os poderes do terceiro olho, tal como era chamado.

Olho de Hórus.

Pode-se afirmar que os egípcios tinham o conhecimento científico e místico da pineal, pois o desenho do olho de Hórus, que aparece nos documentos de imagens dessa poderosa civilização, é semelhante ao formato e localização da pineal, dentro do cérebro. O desenho do olho de Hórus assemelha-se à pineal, com detalhes fantásticos. Consta nos textos das pirâmides que o olho de Hórus pode tomar a frente do deus e brilhar através de sua boca. E que Hórus governa com dois olhos. Na mitologia egípcia, havia os quatro irmãos: Osíris, Set, Isis e Neftis. Osíris foi rei do Egito e casou-se com sua irmã Isis; e Set casou-se com a irmã Neftis. Osíris e Isis tiveram o filho Hórus. Conta a lenda que Set assassinou Osiris, o qual passou a reinar na terra dos mortos. A viúva Isis clama por Hórus para que lute contra Set, havendo uma grande batalha. Depois de algum tempo, Osíris ressuscitou.

O olho direito de Hórus representa o Sol, que controla o hemisfério cerebral esquerdo. Esse lado do cérebro trata do que é lógico e racional. Ele aborda o universo de um modo masculino.

O olho esquerdo de Hórus representa a Lua, que regula o hemisfério cerebral direito. Esse outro lado do cérebro trata do que é abstrato, sendo responsável pelos sentimentos e pela intuição. Ele aborda o universo de um modo feminino.

Reza a lenda que Cleópatra usava um ímã polido em seu "terceiro olho" (talvez tentando fazer com que a glândula pineal processasse no cérebro aceleração e liberação da melatonina. Hoje sabemos pela ciência que essa substância é responsável pelo rejuvenescimento), na crença de que a melatonina ajudou a manter sua juventude e beleza. Os antigos hindus na Índia acreditavam que uma pessoa que está morrendo deve descansar com o corpo alinhado norte e sul (a cabeça apontava para o norte), para aliviar sua dor e facilitar sua partida desta vida.

Na Índia, trata-se do terceiro olho, o olho de Shiva (o terceiro membro da trindade do hinduísmo: Brahma, Vishnu, Shiva ou Siva). *Ajna* literalmente significa "o comando". Esse chacra é também chamado de "terceiro olho", "olho de Shiva" ou "o olho divino". No corpo físico corresponde à medula oblonga, à hipófise, à glândula pineal, aos nervos do plexo nasociliar e ao lobo frontal do cérebro.

Vemos na Teosofia as anotações de Helena Petrovna Blavatsky, comentando sobre o "terceiro olho", dizendo que é uma pequena massa de substância nervosa, cinza-avermelhada, do tamanho de uma ervilha, aderida à parte posterior do terceiro ventríluco do cérebro. É um órgão misterioso, que, em outros tempos, desempenhou papel importantíssimo na economia humana. Durante a terceira raça e no início da quarta, existiu o "terceiro olho", órgão principal da espiritualidade no cérebro humano, local do gênio, o "Sésamo" mágico, que, pronunciado pela mente purificada do místico (ver), abre todas as vias da verdade para aquele que sabe usá-lo (*Doutrina Secreta*, III, 506).

Complexo pineal e lótus de mil pétalas.

No budismo e em diversas outras crenças acredita-se que o tufo de cabelos no alto da cabeça seja uma representação externa do complexo pineal. A glândula pineal, localizada mais ou menos no centro geométrico do crânio, assume um importante significado funcional. A *saharasra-chacra* ou lótus-de-mil-pétalas representa a importância desse órgão, sede da suprema força espiritual.

O símbolo do *all-seeing eye* ("olho que tudo vê") sempre foi parte da criação da Terra, com mitologias e mistérios.

A pinha cônica também foi um símbolo entre as religiões e sociedades secretas, sempre ocultamente associada à iluminação espiritual. Se olharmos para antigos babilônios, egípcios, gregos ou cristãos, a pinha tem representado a misteriosa ligação entre o físico e o mundo espiritual, que pode ser encontrada no cérebro humano. A glândula pineal, também conhecida como "terceiro olho", é representada pela pinha no simbolismo oculto. É ensinado pelas escolas de mistério para abrir as portas à percepção espiritual, uma vez que os sete centros de força são ativados corretamente.

A versão cristã do olho da Providência, com ênfase no triângulo representando a trindade.

Um dos pontos comuns da adoração pagã é o símbolo usado para representar a vida eterna, o pinheiro, tanto pequeno quanto já árvore crescida. Além disso, a pinha é reverenciada porque é o fruto produzido pelo pinheiro. Como todas as pessoas de todas as épocas desejam viver para sempre, o pinheiro e a pinha têm sido poderosos e antigos símbolos da vida eterna.

A maior parte do paganismo na história pode ser rastreada diretamente a Tamuz, na Babilônia. Semíramis, a mãe de Tamuz, foi a primeira virgem-mãe na história mundial e viveu cerca de dois mil anos antes do nascimento de Jesus Cristo.

Observando a pinha no polegar da mão, vemos que ela estava intimamente associada com essa religião pagã em particular, cuja ênfase estava na predição do futuro.

A palavra "pineal" tem como raiz etimológica a palavra grega *pinéus*, que significa pinhão ou pinha. Curiosamente, o tirso é um cajado com uma pinha na ponta, carregado pela divindade chamada Dionísio, que era considerado o "deus" do êxtase espiritual, do processo metamórfico de morte e renascimento espiritual, considerado como a mais misteriosa experiência humana.

Uma versão dos mitos gregos dizia que o homem havia sido formado por elementos dionisíacos (divinos) e titânicos (impuros), sendo isso a causa de sua dualidade e de seu sofrimento.

Os "mistérios órficos", talvez a escola de mistérios mais antiga do Ocidente, tinham como objetivo a purificação dos elementos titânicos do corpo do homem para que prevalecesse o elemento dionisíaco (divino), o que permitiria a iluminação e o acesso a um estado de consciência de plenitude e unificação.

A elevação dessa energia até o topo da cabeça causaria a purificação do corpo e da alma, permitindo, então, o florescimento da consciência espiritual e divina. Diz-se que o tirso, bastão carregado por Dionísio, representa exatamente a coluna por onde sobe a energia *kundalini* (cajado), sendo que a pinha (pineal) representa essa glândula as-

Gravura de um deus alado assírio com uma pinha, representando o poder da regeneração.

sociada com o chacra coronário, o centro onde se dá a união entre o humano e o divino.

Esse significado do tirso (cajado ou bastão) é muito similar ao do caduceu de Mercúrio, símbolo esotérico da iluminação e também um símbolo moderno da medicina. Na tradição hinduísta, o chacra *ajna* (centro de força coronário), conhecido como "terceiro olho", também associado com a pineal, pode ser estimulado diretamente por meio de mantras, vibrações que podem ser entoadas como sons ou pensamentos.

A grande verdade é que existem muitas evidências, trazidas em desenhos e símbolos, de que a pineal fosse o portal vibracional em contato com outras dimensões. As sociedades secretas do antigo Egito conheciam muitos fatores espirituais, cuja divulgação só era permitida para seus iniciados.

Por exemplo, a *kundalini* sempre foi o maior e mais bem guardado segredo de todos os tempos, um privilégio apenas de uns poucos iniciados nos mistérios maiores do ocultismo e do esoterismo. Na verdade, a *kundalini* é uma energia descomunal localizada no primeiro chacra, chamado *muladhara*, que significa "raiz suporte" e está situado na base da espinha dorsal. Os chacras podem ser definidos como vórtices ou redemoinhos de energia situados nos pontos de conjunções entre os corpos físicos e os corpos invisíveis superiores.

Existem diversos chacras que mantêm nosso corpo físico em contato direto com nossos corpos superiores, mas, entre os vários centros energéticos, os principais são sete, sendo que cinco se estendem ao longo da coluna vertebral, um entre as sobrancelhas e o sétimo no centro do cérebro.

A *kundalini* é simbolizada por uma serpente mordendo a própria cauda, mostrando que essa transcendental energia está comprimida como se fosse uma mola.

Dizem esses conhecimentos milenares que, conforme a *kundalini* vai subindo pelos chacras, a glândula pineal vai despertando de seu milenar adormecimento, e o homem vai recuperando seus *sidhis*, que são poderes extrassensoriais, tais como a telepatia, que é a comunicação de pensamentos; a clarividência, que é a visão do que acontece a distância; o desdobramento astral, que é a saída consciente dos corpos invisíveis para fora do corpo físico; o dom de curar com as mãos ou com a ponta dos dedos; a levitação; a invisibilidade, etc. A *kundalini* também desperta a ciência da alma, que é o extraordinário e maravilhoso ato de penetrar com o corpo físico em outras dimensões do universo e desvendar os mistérios da vida e da morte.

Segundo Wagner Borges, a energia *kundalini* é uma energia poderosa extravasada do Sol, violenta e agressiva, embora criadora, que embebe e se mistura à força telúrica do planeta terráqueo, fluindo do centro da Terra em uma ondulação retilínea que lembra uma serpente de fogo; daí sua denominação "fogo serpentino". Desenvolver a *kundalini* significa romper os filtros ou a tela etérica que impede a subida do éter físico. Com isso, os chacras superiores ficam irrigados com energia física, tendo algumas percepções acentuadas (vidência, intuição, etc.).

O pesquisador Manly P. Hall explica a importância da pinha na maçonaria e em civilizações antigas. A semelhança suficiente entre o *chiram* maçônico (espírito) e da *kundalini* (que é uma grande força espiritual que jaz adormecida no corpo) do misticismo hindu, para justificar a suposição de que *chiram*, pode ser considerada um símbolo também do fogo do espírito (*kundalini*), movendo-se por meio do ventrículo sexto da coluna vertebral.

O pesquisador E. A. Wallis Budge observou que, em alguns dos papiros ilustrando a entrada das almas dos mortos na sala de julgamento de Osíris, a pessoa falecida tinha uma pinha anexada à coroa da cabeça. Os místicos gregos também carregavam um cajado simbólico, extremidade superior, e sob a forma de uma pinha, que foi chamado o tirso de Baco (cajado ou bastão).

Foto da pinha gigante no Vaticano.

No cérebro humano é uma pequena glândula chamada corpo pineal, o olho sagrado dos antigos hindus, que corresponde ao "terceiro olho", o ciclope. Muito se sabe hoje sobre a função do corpo pineal, que Descartes sugeriu (com mais sabedoria do que ele sabia) que poderia ser a morada do espírito do homem.

Como o próprio nome indica, a glândula pineal é a sagrada pinha no homem – o único olho real que mostra sua verdadeira essência.

No cérebro físico, as duas glândulas, pineal e hipófise, estão ligadas aos centros de força coronário (pineal), cerebral ou frontal (hipófise) e, consequentemente, à energia cósmica universal, que é o fluido do Criador e se concretiza nesses centros de força poderosos por meio do pensamento, irradiando nessas duas glândulas.

Quando, por meio de experimentos científicos, pôde-se fotografar a aura (energia espectral que emana do corpo, originária dos centros de força), notou-se tratar-se de um campo eletromagnético com sete camadas, cada qual com uma cor característica e que, misturadas, formam a cor branca. Compreendeu-se, então, que essa energia atua circularmente no corpo, por isso a imagem circular do topo da cabeça.

Descartes, Galeno e a glândula pineal

> Teoria de Descartes – Atento a isso e espantado diante do gigantesco patrimônio da mente humana é que Descartes, no século XVII, indagando de si mesmo sobre a complexidade dos nervos, formulou a "teoria dos espíritos animais" que estariam encerrados no cérebro, perpassando nas redes nervosas para atender aos movimentos da respiração, dos humores e da defesa orgânica, sem participação consciente da vontade, chegando o filósofo a asseverar que esses "espíritos se conjugavam necessariamente refletidos", aplicando semelhante regra notadamente aos animais que ele classificava por máquinas desprovidas de pensamento. Descartes não logrou apreender toda a amplitude dos caminhos que se descerram à evolução na esteira dos séculos, mas abordou a verdade do ato reflexo que obedece ao influxo nervoso, no automatismo em que alma evolui para mais altos planos de consciência, através do nascimento, morte, experiência e renascimento na vida física e extrafísica, em avanço inevitável para a vida superior.
>
> ANDRÉ LUIZ, *Evolução em Dois Mundos*

A primeira descrição da glândula pineal e as especulações sobre a primeira de suas funções podem ser encontradas nos volumosos escritos de Galeno (130 a.C., 210 a.C.), o médico grego e filósofo que passou a maior parte de sua vida em Roma e cujo sistema dominou o pensamento médico até o século XVII. Galeno discutiu a glândula pineal no oitavo livro de sua obra anatômica sobre a utilidade das partes do corpo. Ele explicou que seu nome (em grego: *kônarion*; em latim: *pinealis glandula*) se deve à sua semelhança em forma e tamanho com o que foi encontrada nos cones do pinheiro (em grego: *konos*; em latim: *pinus pineal*).

Cláudio Galeno.

Ele a chamou de uma glândula por causa de sua aparência e disse que ela tem a mesma função, como todas as outras glândulas do corpo, ou seja, servir como suporte para vasos sanguíneos.

A fim de entender o restante da exposição de Galeno, dois pontos devem ser explicados. Primeiro, sua terminologia era diferente da nossa. Ele considerava os ventrículos laterais do cérebro como um ventrículo emparelhado; chamou-o ventrículo anterior. Solicitou, portanto, o terceiro ventrículo do ventrículo meio, e o quarto a um posterior. Segundo, ele pensou que esses ventrículos estavam cheios de *pneuma psíquico*, uma área volátil, arejada, ou substância vaporosa, que ele descreveu como "o primeiro instrumento da alma".

Galeno fez um grande esforço para refutar uma opinião que foi aparentemente circulada em seu tempo, segundo a qual a glândula pineal regula o fluxo do *pneuma psíquico* no canal entre os ventrículos médio e posterior do cérebro, assim como o piloro regula a passagem dos alimentos do esôfago para o estômago.

Galeno rejeitou esse ponto de vista porque, primeiro, a glândula pineal é anexada à parte externa do cérebro e, segundo, ele não pode se mover por conta própria. Ele argumentou que "como apêndice" (epífise ou apófise) do cerebelo (hoje conhecido como o cerebelo vermis superior) é muito melhor qualificado para desempenhar esse papel.

René Descartes, cérebro e mente

Segundo o pesquisador Ramon M. Cosenza, MD, PhD, no século XVII, os espíritos ainda dominavam as funções mentais.

René Descartes.

Nessa época, René Descartes (1596-1650) escolheu o corpo pineal não propriamente como a sede da alma, mas como o local de sua atividade. A pineal foi escolhida por ser um órgão ímpar, ao contrário das outras estruturas cerebrais, que são bilaterais. A neurofisiologia de Descartes é bastante independente da neuroanatomia, que ele deliberadamente ignorava, baseada nos **espíritos animais** e nos poros e vias pelos quais eles fluem para exercer suas ações. Segundo ele, "as partículas mais rápidas e ativas do sangue" eram levadas pelas artérias do coração para o cérebro, onde se convertiam em um gás ou vento extremamente sutil ou uma chama muito pura e ativa, constituindo os **espíritos animais**. As artérias deveriam reunir-se em torno de uma glândula situada no centro do cérebro: a pineal.

Descartes imaginava que filamentos existentes nos nervos (que seriam tubos) poderiam operar como válvulas, abrindo poros que deixariam fluir os **espíritos animais**. Uma estimulação na pele, por exemplo, agiria nesses filamentos, provocando uma contração como resposta reflexa. Do cérebro os espíritos animais viajariam, através dos nervos, até os músculos, que seriam inflados, provocando o movimento. Esse seria o mecanismo para os atos involuntários.

Na Renascença, no início do século XVI, a anatomia havia feito grandes progressos. O maior anatomista da época foi o médico flamengo Andreas Vesalius, que rejeitou todas as teorias de localização ventricular e todas as teorias segundo as quais o plexo coroide, glândula pineal ou vermis do cerebelo pode regular o fluxo dos espíritos nos ventrículos do cérebro.

O filósofo René Descartes explicou por que ele a considerava como a principal sede da alma racional (um ponto que ele não tinha abordado no *Tratado do Homem*). Ele dizia:

A glândula pineal é a principal sede da alma, e o lugar em que todos os

Andreas Vesalius.

nossos pensamentos são formados. Uma vez que vemos apenas uma coisa com os dois olhos e ouvimos uma voz com dois ouvidos, e, em suma, nunca mais do que um pensamento de cada vez, deve necessariamente ser o caso que as impressões que entram pelos dois olhos ou pelas duas orelhas, e assim por diante, uni-vos uns com os outros em alguma parte do corpo antes de ser considerado pela alma. Agora é impossível encontrar em qualquer lugar, como em toda a cabeça, exceto essa glândula, além disso, está situado no local mais adequado possível para essa finalidade, no meio de todas as concavidades, sendo apoiada e rodeada por pequenos galhos de artérias carótidas, que trazem os espíritos ao cérebro.

Uma vez que é a única parte sólida em todo o cérebro, que é única, ela deve necessariamente ser a sede do senso-comum, ou seja, do pensamento e, consequentemente, da alma, porque pensamento e alma não podem ser separados. A única alternativa é supor que a alma não se ligue imediatamente a qualquer parte sólida do corpo, mas apenas aos **espíritos animais** que estão em suas concavidades, e que entram e saem continuamente como a água de um rio.

A tese de Descartes de que a glândula pineal é a sede do *sensus communis* logo foi defendida por outros. O estudante de medicina Jean Cousin defendeu a ideia em Paris (Primo, 1641), em janeiro de 1641, bem como o professor de medicina teórica Regius, em Utrecht, em junho de 1641.

Mersenne descreveu a mesma reação da glândula pineal numa carta para Descartes, mas esta nunca chegou ao seu destino e agora está perdida (LOKHORST & KAITARO, 2001).

O relato mais extenso da neurofisiologia da pineal aos olhos de Descartes pode ser encontrado em seu tratado chamado *As Paixões da Alma* (1649), o último de seus livros publicados durante a vida.

O livro *As Paixões da Alma* pode ser visto como uma continuação do *Tratado do Homem*, exceto pela diferença na direção da abordagem. O *Tratado do Homem* começa com o corpo e anuncia que a alma será tratada posteriormente. Os homens, diz Descartes: "São apenas essas máquinas equipadas com uma alma racional".

Em *Paixões*, Descartes começa a partir da outra extremidade, com o homem, pelo homem, e começa a dividi-lo em um corpo e uma alma.

O critério de Descartes para determinar se uma função pertencia ao corpo ou à alma era o seguinte:

> Qualquer coisa que experimentamos como estando em nós, e vemos que pode existir também em corpos inteiramente inanimados, deve ser atribuída apenas ao nosso corpo. Por outro lado, qualquer coisa em nós que não podemos conceber de forma alguma como capaz de pertencer a um órgão deve ser atribuída a nossa alma. Assim, a razão, porque não temos ideia do corpo como pensar em algum modo, temos que acreditar que todo tipo de pensamento presente em nós pertence à alma. E já que não temos dúvida de que há corpos inanimados que podem mover-se em tantas formas diferentes de nossos corpos, se não mais, e que tenham muito calor ou mais, temos de acreditar que todo o calor e todos os movimentos presentes em nós, na medida em que eles não dependem do pensamento, pertencem apenas ao corpo.

Pouco antes de mencionar a glândula pineal pela primeira vez, Descartes enfatizou que a alma está junto ao corpo inteiro. Dizia:

> Precisamos reconhecer que a alma se juntou ao corpo inteiro, e que não podemos propriamente dizer que ela existe em qualquer parte do corpo para a exclusão dos outros. Para o corpo é uma unidade que é de certa forma indivisível por causa da disposição dos seus órgãos, sendo estes últimos os que diziam respeito a uma outra que a remoção de qualquer um deles torna o corpo inteiro com defeito. E a alma é de tal natureza que não tem nenhuma relação com a extensão, ou com as dimensões ou outras propriedades da matéria de que o corpo é composto por: ela está relacionada exclusivamente à assembleia geral dos órgãos do corpo. Isto é evidente da nossa incapacidade de conceber uma metade ou um terço de uma alma, ou da extensão que ocupa uma alma. Nem a alma de qualquer ser menor se cortar alguma parte do corpo, mas torna-se completamente separada do corpo quando nós terminamos o conjunto de órgãos do corpo.

Mas, mesmo que a alma esteja unida ao corpo inteiro, no entanto, ele comentava que há certa parte do corpo onde exerce suas funções mais particularmente do que em todos os outros. A parte do corpo em que a alma diretamente exerce suas funções não é o coração de todo ou a totalidade do cérebro, é a parte mais interna do cérebro, que é uma pequena glândula (pineal) situada no meio da substância do cérebro e suspensa sobre a passagem por meio da qual os espíritos em cavidades do cérebro anterior se comunicam com aqueles em suas cavidades posteriores. O menor movimento da parte dessa glândula (pineal) pode alterar grandemente o curso desses espíritos, e, inversamente, qualquer mudança, ainda que pequena, a ter lugar no decurso dos espíritos pode fazer muito para mudar os movimentos da glândula (pineal), como dizia o filósofo.

Descartes acrescentou:

> A pequena glândula (pineal) que é a principal sede da alma é suspensa no interior das cavidades contendo esses espíritos, para que possa ser movido por eles em tantas maneiras diferentes, pois há diferenças perceptíveis nos objetos. Mas também pode ser movido de diversas formas pela alma, cuja natureza é de tal ordem que recebe o maior número de impressões diferentes, ou seja, ele tem tantas diferentes percepções que ocorrem em diferentes movimentos dessa glândula (pineal). O mecanismo do nosso corpo é construído simplesmente por essa glândula (pineal) [diz Descartes], que está sendo guiada pela alma, ou por qualquer outra causa, que impulsiona os espíritos ao redor para os poros do cérebro, que dirigi-los através dos nervos para os músculos, e desta forma a glândula (pineal) ajuda os espíritos a movimentar as pernas.

A visão de que a alma está ligada a todo o corpo já se encontrava em obras de Santo Agostinho: "Em cada corpo toda a alma está no corpo todo, e todo em cada parte dela" (*Sobre a Trindade,* livro 6, capítulo 6).

São Tomás de Aquino aceitava essa opinião e a explicou dizendo que "a alma está totalmente presente em cada parte do corpo, assim como a brancura é, em certo sentido, completamente presente em cada parte da superfície de uma folha de papel em branco".

Para Descartes, as estimulações periféricas teriam o poder de abrir poros existentes no interior do cérebro, e os espíritos seriam conduzidos daí até a glândula pineal, na superfície da qual haveria um completo mapa sensorial e motor. A vontade estaria sob o controle da pineal, que poderia regular o fluxo dos **espíritos animais** para os diferentes nervos.

O sono e a vigília, segundo Descartes (1662), dependeriam do fluxo dos **espíritos animais** no cérebro, regulado pela pineal.

Descartes descreveu o esquema que, a seu ver, mostrava como as sensações visuais são transmitidas da retina até o cérebro, por nervos, chegando à glândula pineal, em que a alma poderia interagir com o corpo, pela circulação sanguínea. Embora a experiência e os sentidos fossem a fonte das ideias de objetos sensíveis, de nada elas serviriam, se não fosse a capacidade da mente de perceber e transformar em pensamentos.

Assim como no dualismo platônico, Descartes acreditava que a mente possui a faculdade de julgar a verdade das coisas. As ideias verdadeiras teriam causas inatas, e não empíricas. Todo o erro e a inconstância humanos originavam-se na experiência. As argumentações cartesianas em favor de uma mente ativa, como um instrumento racional, impossível de ser reproduzida por alguma máquina, influenciaram as gerações seguintes. Descartes pôs adiante a agenda cognitiva iniciada pelos gregos.

As diversidades das sensações seriam decorrentes das diversas maneiras pelas quais os poros seriam abertos. Uma estimulação muito forte, por exemplo, daria origem à dor. Uma estimulação uniforme de muitas fibras na pele levaria à sensação de superfície lisa. Já a estimulação desigual seria correspondente a uma superfície rugosa.

Ainda segundo Descartes em *O Tratado do Homem*:

> Os espíritos animais podiam dilatar o cérebro, como o vento age sobre as velas de uma embarcação, despertando-o e permitindo a recepção das informações sensoriais. A ausência, ou pouca intensidade dos espíritos animais, levaria ao sono e ao sonho. Os "espíritos ani-

mais" serviam também para sustentar seu esquema para uma localização cerebral de movimentos e sensações. Os diferentes temperamentos e as habilidades naturais de cada pessoa corresponderiam às diferenças em número, tamanho, forma e movimento dos espíritos animais.

Para o psiquiatra Pedro Carlos Primo e Alcione Candeloro Falco, psicóloga e psicoterapeuta:

> Descartes achava que a maioria das atividades do corpo, como sensação, movimento, digestão, respiração e sono, podem ser explicadas pelos princípios mecânicos, através dos quais o corpo físico e o cérebro funcionam. A mente, por outro lado, é não material, separada do corpo, e responsável pelo comportamento racional. Descartes, que dissecava animais que vinham dos açougues, era considerado como um dos melhores anatomistas do seu tempo. Conhecedor de muitas máquinas que estavam em construção, como rodas hidráulicas, e tinha contacto com essas engenhocas mecânicas em parques, como as exibidas publicamente nos jardins aquáticos de Paris. Influenciado por esses dispositivos mecânicos, ele sugeriu que as funções do corpo eram regidas por princípios semelhantes (*http://www.institutotelepsi.med.br*).

Para explicar como a mente controla o corpo, Descartes sugeriu que a mente estava inserida em uma pequena parte do cérebro denominada glândula pineal, localizada no centro do cérebro, ao lado de cavidades cheias de líquidos, os ventrículos cerebrais.

Segundo Descartes, o corpo pineal direciona líquido dos ventrículos, por meio dos nervos que seriam ocos, até os músculos. Quando o líquido expande esses músculos, o corpo se move. Na teoria de Descartes, a mente (localizada na glândula pineal) regula o comportamento, direcionando o fluxo ventricular dos líquidos para os músculos apropriados. Em sua teoria, a mente e o corpo eram entidades separadas e a pineal era apenas uma estrutura por meio da qual a mente trabalhava.

Na filosofia, essa dualidade passou a se chamar problema mente-corpo ou apenas dualismo, ou seja, como o comportamento pode ser regulado por uma mente não material e um corpo material.

Descartes propôs a ideia de arco reflexo e, corretamente, identificou seus componentes: a sensação de dor, a condução dela pelos nervos que levam ao sistema nervoso central, os nervos motores sendo excitados e, finalmente, os músculos que são responsáveis pela ação.

Entretanto, ao propor um mecanismo para essa sequência, Descartes foi constrangido pelo conceito medieval de que o sistema nervoso era um conjunto de tubos hidráulicos. Os sábios da época, ainda influenciados por Aristóteles e Galeno, acreditavam que a matéria cerebral era menos importante do que os ventrículos, os quais eram imaginados como se fossem uma espécie de reservatório de fluidos e sede da mente racional. Galeno expandiu a teoria dos humores dos gregos antigos e a combinou com o modelo aristotélico de alma, propondo que o cérebro era a sede da alma racional.

Ele recebia o espírito vital vindo do coração e misturava com o humor sanguíneo. O cérebro separava o **espírito animal** dessa mistura e o armazenava nos ventrículos cerebrais, distribuindo para todo o corpo, por meio dos nervos. Esse fluido viajava pelos nervos aos músculos e órgãos, de maneira a controlar todas as atividades corporais. A alma racional era considerada a responsável pela imaginação, pelo raciocínio e pela memória.

Descartes propôs que os nervos conduziam o estímulo até o cérebro graças a uma onda de propulsão do fluido em seu interior oco. Bombeados com esse fluido, os músculos se inflavam, levando à contração. Sua inspiração foram as maravilhosas fontes de Versailles.

Em seu livro *Traite de l'Homme*, ou melhor, *Tratado do Homem* (1664), disse o filósofo:

> E verdadeiramente podemos comparar muito bem os nervos da máquina que estou descrevendo aos tubos dos mecanismos; seus músculos e tendões a vários outros motores e molas que servem para mover esses mecanismos e seus espíritos animais à água que os movimenta; sendo que o coração é sua fonte, e as cavidades do cérebro, seu encanamento principal de água.

O modelo mecânico que entendia o cérebro funcionando

como um sistema hidráulico, conceito oriundo das fontes de Versailles, como já vimos (os nervos eram ocos, por onde circulava o **espírito animal**; a sede da mente estava na glândula pineal), representou um avanço em termos de localização cerebral, porque, até então, predominava o modelo aristotélico, que se referia à mente como uma substância totalmente imaterial e sem nenhuma localização no corpo, mas que, mesmo dessa maneira, era responsável pelos pensamentos, pela emoção e por outros processos, como imaginação, dor, prazer etc.,[1] como finalizam os pesquisadores Pedro Carlos Primo e Alcione Candeloro Falco.

---

1 Segundo Aristóteles, a única função do cérebro era de resfriar o sangue.

3

André Luiz, a glândula pineal e a mediunidade

> Estudara a função da epífise nos meus apagados serviços de médico terrestre.
>
> ANDRÉ LUIZ, *Missionários da Luz*.

No ano de 1943, Francisco Cândido Xavier residia em Pedro Leopoldo (MG), sua cidade natal, quando foi contatado por um espírito que havia desencarnado no Rio de Janeiro, um espírito maduro de suas responsabilidades e consciente de si, como todo o indivíduo que entende e compreende seu devido papel. Ele disse ao médium que "ditaria" alguns livros. Chico perguntou quem ele era, e a resposta veio com outra pergunta: "Como é o nome do rapazinho que dorme aí no quarto ao lado?". Era uma referência ao sobrinho do médium, que se chamava André Luiz. "Então, doravante, será esse meu nome."

No decorrer dos vinte e quatro anos seguintes, entre 1944 e 1968, o médium mineiro psicografaria dezesseis obras, cujo conteúdo lhe seria revelado por esse espírito.

André Luiz foi um médico sanitarista que viveu no Rio de Janeiro entre o final do século 19 e o começo do século 20. Teria morrido jovem, provavelmente na década de 1920 ou 1930, com idade na faixa dos quarenta anos.

A *causa mortis* de André Luiz foi descrita pelo médico espiritual Henrique de Luna. Ele teria desencarnado no hospital, após "duas cirurgias graves devido à oclusão intestinal", que, por sua vez, derivava de "elementos cancerosos". Luna cita ainda sífilis, o comprometimento de rins, do fígado e do aparelho gástrico. André Luiz atribui sua carreira de médico ao avô, que lhe deixara uma quantia significativa para fazer o curso. "Em muitas ocasiões manifestei o desejo de que ele se consagrasse à medicina", disse o avô.

Muito se tem especulado sobre quem teria sido André Luiz em sua última existência carnal, em total desrespeito à sua própria afirmação, no livro *Nosso Lar*, quando escreveu: "Manifestamo-nos, junto a vós, no anonimato que obedece à caridade fraternal". No prefácio do mesmo livro, Emmanuel informa: "Embalde os companheiros encarnados procurariam o médico nos catálogos da convenção". E mais: "André precisou (...) cerrar a cortina sobre si mesmo".

Segundo suas próprias palavras, optou pelo anonimato, quando da decisão de enviar notícias do além-túmulo, por compreender que "a existência humana apresenta grande maioria de vasos frágeis, que não podem conter ainda toda a verdade".

Neste capítulo do livro, iremos narrar as descobertas do espírito André Luiz a respeito da natureza da glândula pineal e da mediunidade no livro *Missionários da Luz*, nos capítulos chamados "O psicógrafo" e a "A epífise". Primeiro vamos narrar as funções da glândula pineal:

> Segundo os orientadores clássicos, circunscreviam-se suas atribuições ao controle sexual no período infantil. Não passava de velador dos instintos, até que as rodas da experiência sexual pudessem deslizar com regularidade, pelos caminhos da vida humana. Depois, decrescia em força, relaxava-se, quase desaparecia, para que as glândulas genitais a sucedessem no campo *(Missionários da Luz)*.

Alexandre, o mentor de André Luiz, comentou:

> Aos catorze anos, aproximadamente, de posição estacionária, quanto às suas atribuições essenciais, recomeça a funcionar no homem reencarnado. O que represen-

tava controle é fonte criadora e válvula de escapamento. A glândula pineal reajusta-se ao concerto orgânico e reabre seus mundos maravilhosos de sensações e impressões na esfera emocional. Entrega-se a criatura à recapitulação da sexualidade, examina o inventário de suas paixões vividas noutra época, que reaparecem sob fortes impulsos (*Missionários da Luz*).

Talvez seja por meio dela que a justiça divina aplica a lei de causa e efeito, aproximando o homem, pela lei da atração e repulsão, de seus afetos e desafetos, para certas experiências da vida, acontecimentos e aprendizados ou mesmo recapitulação de certas vivências passadas, como um radar psíquico ou mesmo uma antena sutil se ligando e captando "a semeadura e a colheita"; ela norteia o homem como uma bússola interna para as questões materiais e espirituais.

Alexandre disse:

> Não se trata de órgão morto, segundo velhas suposições, é a glândula da vida mental. Despertando no organismo físico do ser, na puberdade, as forças criadoras e, em seguida, continua a funcionar, como o mais avançado laboratório de elementos psíquicos da criatura terrestre. No período do desenvolvimento infantil, fase de reajustamento desse centro importante do corpo perispiritual preexistente, a epífise parece constituir o freio às manifestações do sexo (*Missionários da Luz*).

A glândula pineal, segundo Alexandre, orienta os fenômenos nervosos da emotividade, como órgão de elevada expressão no corpo etéreo. É responsável pelas memórias extracerebrais, zelando pelo inconsciente. E acrescentou:

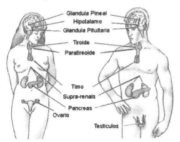
As glândulas do corpo humano.

Desata, de certo modo, os laços divinos da natureza, os quais ligam as existências umas às outras, na sequência de lutas, pelo aprimoramento da alma, e deixa entrever a grandeza das faculdades criadoras de que a criatura se acha investida (*Missionários da Luz*).

As glândulas genitais encontram-se absolutamente controladas pelo potencial magnético do qual a epífise é a fonte fundamental. De acordo com Alexandre:

> As glândulas genitais segregam os hormônios do sexo, mas a glândula pineal, se me posso exprimir assim, segrega "hormônios psíquicos" ou "unidades-força" que vão atuar, de maneira positiva, nas energias geradoras. Os cromossomos da bolsa seminal não lhe escapam à influenciação absoluta e determinada (*Missionários da Luz*).

Quanto à ação dos hormônios, eles são fabricados pelas glândulas de secreção interna e lançados no sangue. A hipófise ou pituitária influencia no mecanismo das outras glândulas.

A glândula pineal, situada na zona mediana do encéfalo, por intermédio de seu hormônio, a melatonina, influencia em toda a cadeia glandular: glândula pineal (melatonina), hipófise (hormônios gonadotróficos) – gônadas.

A pineal, como casa mental do espírito, por intermédio do pensamento, que vem carregado de vibração e frequência, seria responsável por captar e codificar a mensagem sutil que emana do ser e depois decodificar em conjunto com a hipófise em hormônios físicos.

André Luiz, no livro *Evolução em Dois Mundos*, no capítulo chamado "Ação dos hormônios", comenta:

> As glândulas sexuais que então mobiliza são mais complexas. Exercem a própria ação pelos hormônios que segregam, arrojando-os no sangue, hormônios esses, femininos ou masculinos, que possuem por arcabouço da constituição química, em que se expressam, o núcleo ciclopentano-peridrofenantreno, filiando-se ao grupo dos esteróis. Os hormônios estrogênios, oriundos do ovário, mantêm os caracteres femininos secundários, e os androgênicos, segregados pelo testículo, sustentam os caracteres masculinos da mesma ordem. Produzem ações estimulantes e inibitórias, todavia, como atendem necessariamente a impulsos e determinações da mente, por intermédio do corpo espiritual, incentivam o desenvolvimento ou a maneira de proceder da espécie, mas não os origina. Por isso,

nenhum deles possui ação monopolizadora no mundo orgânico, não obstante patentearem, essa ou aquela influencia de modo mais amplo. Ainda em razão do mesmo princípio que lhes vige na formação, pelo qual obedecem a vibrações incessantes do campo mental, os hormônios não se armazenam: transformam-se rapidamente ou sofrem apressada expulsão nos movimentos excretórios. Entendendo-se os recursos da reprodução como engrenagens e, mecanismos de que o espírito em evolução se vale para a plasmagem das formas físicas, sem que os homens lhe comprovem, de modo absoluto, as qualidades mais íntimas, é fácil reconhecer que as glândulas sexuais e seus hormônios exibem efeitos relativamente específicos. Inegavelmente, o ovário e os hormônios femininos se responsabilizam pelos distintivos sexuais femininos, mas podem desenvolver alguns deles no macho, prevalecendo as mesmas diretrizes para o testículo e os hormônios que lhe correspondem. Isso é claramente demonstrável nos experimentos de castração, enxertos e injeções hormonais, porquanto, apesar de a ação sexual específica do testículo e do ovário apresentar-se como fato indiscutível, a gônada, refletindo os estados da mente, herdeira direta de experiências inumeráveis, eventualmente produz certa quantidade de hormônios heterossexuais e, da mesma sorte, ainda que os hormônios sexuais se afirmem com atividade específica intensa, em determinados acontecimentos realizam essa ou aquela ação em órgãos do sexo oposto. Esses são os efeitos heterossexuais ou bissexuais das glândulas ou dos hormônios.

Apesar de, em sua essência íntima, o espírito não ter sexo, as vivências pregressas determinam uma nítida polarização energética do espírito reencarnante com características masculinas ou femininas.

Podemos dizer que o espírito humano possui nas forças psicossexuais um dos pilares de sua própria evolução intelectual e ética, por ser a consequência de aquisições multimilenares e continuamente renovadas pelas novas experiências no ciclo das reencarnações.

Enquanto o espírito não se apresentar integralmente desenvolvido e equilibrado em sua totalidade sexual, exteriorizará sempre, no processo palingenésico, a polaridade sexual que está a exigir experiência e vivências na zona física.

Tem-se: o sexo genético ou cromossômico – determinado no ato da fecundação pelo encontro do óvulo com o espermatozoide, o sexo gonádico –; a presença do XX determinará, no indivíduo, gônadas (órgãos sexuais ou genitália) femininas; a presença de XY, gônadas masculinas. Já o sexo fenotípico é dado pela aparência masculina ou feminina.

Concluindo com Jorge Andréa, em *Forças Sexuais da Alma*:

> O espírito é o responsável pela onda morfogenética a que pertence. A definição sexual é consequência das necessidades do espírito para se construir. Evolução espiritual implica na utilização equilibrada do sexo. Sexo bem dirigido leva à monogamia ou à castidade construtiva. Sexo mal dirigido leva à poligamia ou castidade sem aplicação das energias construtivas.

Indicamos ao leitor, para maior compreensão acerca da glândula pineal, do sexo e até mesmo do processo reencarnatório, a leitura dos livros *Forças Sexuais da Alma* e *Palingênese, a Grande Lei*, do grandioso escritor, o doutor Jorge Andréa.

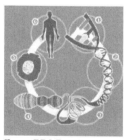

Fonte: BBC Brasil.

• Na figura acima, o número 1 representa "as quatro letras": todo o código genético humano pode ser decifrado em combinações de apenas quatro letras. Essas letras representam compostos orgânicos: o A é a adenina, o T é a timina, o C é a citosina e o G é a guanina. Esses compostos estão sempre agrupados em pares: a adenina sempre se agrupa com a timina e a citosina com a guanina. O material genético humano tem entre 2,8 milhões e 3,5 milhoes de pares desse tipo.

• O número 2, "a dupla hélice do DNA": esses pares se organizam em forma de uma escada "que gira", o chamado formato de dupla hélice do DNA. A ordem desses pares determina como é o funcionamento do ser humano. Cada célula do corpo humano tem cerca de dois metros de DNA.

• O número 3, "os genes": apenas 3% do genoma humano são formados por genes. O resto é apenas "lixo", agrupamentos de proteínas que não contêm nenhuma informação. Os genes são sequências especiais de centenas ou até milhares de pares (do tipo A-T ou C-G) que oferecem as informações básicas para a produção de todas as proteínas que o corpo precisa produzir.

• O número 4, "cromossomos": o número total de genes não é conhecido. As estimativas variam de 30 mil a 120 mil. Independentemente da quantidade de genes, todos eles, junto com o "lixo" de DNA, são agrupados em cromossomos. Todos os seres humanos têm quarenta e seis cromossomos, dos quais vinte e três vieram da mãe e vinte e três, do pai.

• O número 5, "o núcleo das células": os vinte e três pares de cromossomos são armazenados no núcleo das células. Praticamente todas as células do corpo humano contêm o código genético completo necessário para compor um ser humano.

• O número 6, "o corpo": cada uma das células do corpo acaba se especializando e obedecendo a apenas algumas das instruções contidas no DNA. O resultado é a formação de sangue, ossos, músculos e órgãos. O corpo é formado por cerca de cem trilhões de células.

A história de cada um de nós começa com a fusão de dois gametas, o óvulo materno e o espermatozoide paterno, que irão reunir em uma nova célula suas informações genéticas, criando um indivíduo com características próprias. As células são como um relógio biológico programado para seguir as impressões da mente.

A pineal seria a glândula por onde as transformações do corpo físico dar-se-iam ao longo

Ilustração de um óvulo sendo fecundados

42   Eduardo Augusto Lourenço

da evolução do princípio inteligente, como do próprio espírito, por meio de sucessivas reencarnações; seria ela "a glândula da mutação", onde as células, sendo pequenas usinas elétricas, obedeceriam a esse comando mental. A reação do pensamento pode alterar as células como o próprio DNA, por meio dos hormônios que carregam em si a vibração do espírito, elaborando as energias psíquicas em hormônios físicos, em conjunto com as glândulas hipotálamo e hipófise, coordenando junto com o perispírito a construção do novo corpo físico, onde ela seria a organizadora dessa nova estrutura, sendo "a glândula mestra" ou, como disse Descartes, "a sede da alma".

Sabemos que as células do corpo humano se comunicam por meio da emissão e absorção de biofótons. O DNA é um receptor, transmissor, tradutor e centro de armazenamento de energia fotônica ou energia psíquica. Para que o leitor possa saber, fóton é a partícula elementar mediadora da força eletromagnética.

O fóton também é o quantum da radiação eletromagnética (incluindo a luz). Fótons são bósons e possuem *spin* igual a um. A troca de fótons entre as partículas, como os elétrons e os prótons, é descrita pela eletrodinâmica quântica, a qual é a parte mais antiga do modelo padrão da física de partículas.

Ele interage com os elétrons e o núcleo atômico, sendo responsável por muitas das propriedades da matéria, tais como a existência dos átomos, das moléculas e dos sólidos e sua estabilidade.

Segundo a enciclopédia livre Wikipédia, em alguns aspectos, um fóton atua como uma partícula, por exemplo, quando registrado por um mecanismo sensível à luz como uma câmera. Em outras ocasiões, um fóton se comporta como uma onda, tal como quando passa através de uma lente ótica.

Vemos que a glândula pineal tem uma parcela primordial no momento da reencarnação, "a epífise, como glândula da vida espiritual do homem". A mente elabora a energia pela força do pensamento e pelo sentimento, programando e registrando em cada célula perispirítica a "unidade de força". Quando o esperma penetra no óvulo, surgem os campos eletromagnéticos do pai e da mãe. O óvulo só aceita o espermatozoide que combinar perfeitamente com sua própria esfera eletromagnética.

A glândula pineal seria a codificadora entre o elo da matéria e a dimensão espiritual, registrando em si os hormônios psíquicos e as sensações do corpo espiritual, por intermédio do espírito e decodificando depois no organismo via elementos físico-químicos.

A pineal segrega suaves energias psíquicas. Diz Alexandre: "A glândula pineal possui uma grande responsabilidade e ascendência em todo o sistema endócrino".

Atualmente, podemos encontrar uma vasta bibliografia na literatura médica sobre o efeito da melatonina nas respostas de defesa do organismo. O doutor Kvetnoy diz que parte dessas respostas resulta de uma ação endócrina em resposta à melatonina liberada ritmicamente pela glândula pineal. Os efeitos endócrinos devem ser abolidos por inibição da produção da melatonina pela pineal ou por ablação dessa glândula.

Por outro lado, dados de diferentes laboratórios têm demonstrado que células imunocompetentes são capazes de sintetizar a melatonina localmente, o que resulta em uma ação parácrina, independentemente do ritmo diário.

O doutor Stefulj diz que, na realidade, vários tecidos e células são capazes de acumular melatonina, mas apenas aqueles que expressam RNA mensageiro para a N-acetiltransferase e a hidroxi-O-metiltransferase têm a capacidade de sintetizar esse hormônio.

Estudos eletrofisiológicos, neuroanatômicos e imuno-histoquímicos demonstram que a glândula pineal está ligada em diversos lugares, entre os quais, no folheto intergeniculado talâmico, núcleo paraventricular hipotalâmico, hipotálamo lateral, região hipotalâmica tuberomamilar e núcleo dorsal da rafe. Iremos aprofundar mais nesse assunto no capítulo "Pineal, hipófise e outras glândulas".

Diz Alexandre, mentor espiritual, que "a glândula pineal está ligada à mente, através de princípios eletromagnéticos do campo vital, que a ciência comum ainda não pode identificar".

Sabemos que André Luiz falava sobre a glândula pineal em 1945. Passados sessenta e cinco anos, hoje temos muitas comprovações, por meio de experiências e pesquisas da própria ciência terrena, de que o eletromagnetismo pode influenciar não só a glândula pineal como toda a estrutura orgânica.

Vamos adentrar nesse assunto aprofundadamente no capítulo "A pineal, o geomagnetismo e o eletromagnetismo".

Alexandre também diz que a glândula pineal "comanda as forças subconscientes sob a determinação direta da vontade".

O doutor Sérgio Felipe diz:

A memória é um conjunto de informações que são estocadas no cérebro espacial e temporalmente. Assim, algumas regiões corticais e hipocampais estocam memória, mas a temporalidade da memória, se é passado, presente ou futuro, estaria no relógio biológico representado pelo complexo pineal. Aí o complexo pineal funcionaria como um túnel do tempo, fazendo com que os fatos presentes e passados tenham uma coerência com a vida biológica da atual encarnação da pessoa. Elementos de memória de outras existências são bloqueados pelo túnel do complexo pineal. A menos que haja um processo patológico em que revivecências anímicas de outras existências consigam transpassar o túnel temporal do complexo pineal, perfazendo muitas vezes as manifestações psicóticas em complexos casos psiquiátricos. Também através de hipnose ou algumas técnicas de regressão de memória poderíamos alargar o túnel temporal do complexo pineal permitindo a anuência de memórias de vidas passadas. Também as possibilidades de captação de energias sutis pela glândula pineal permitiriam que as energias envolvidas no processo mediúnico de boas ou más influências espirituais atinjam a estrutura cerebral da pessoa transduzindo essas energias em patologias cerebrais orgânicas. A pineal serviu aí como um transdutor neuroendócrino e psicoespiritual.

E continua o mentor espiritual Alexandre explicando para André Luiz as funções da pineal, dizendo:

As redes nervosas constituem-lhe os fios telegráficos para ordens imediatas a todos os departamentos celulares, e sob sua direção efetuam-se os suprimentos de energias psíquicas a todos os armazéns autônomos dos órgãos. Manancial criador dos mais im-

Ilustração de uma célula.

portantes, suas atribuições são extensas e fundamentais (*Missionários da Luz*).

A mente, sendo o próprio espírito, pelo pensamento, que é sua manifestação, e o perispírito, sendo veículo desse pensamento, criam uma onda eletromagnética que imprime nas células suas impressões e seus estados emocionais, por intermédio da glândula pineal; assunto que iremos tratar no capítulo "A pineal, a célula e o DNA".

O mentor espiritual Alexandre diz para André Luiz, acerca da glândula pineal:

> Na qualidade de controladora do mundo emotivo, sua posição na experiência sexual é básica e absoluta. De modo geral, que todos nós, agora ou no pretérito, viciamos esse foco sagrado de forças criadoras, transformando-o num ímã relaxado, entre as sensações inferiores de natureza animal. Assim, decorrem inúmeros processos dolorosos desencadeados nos fenômenos da hereditariedade fisiológica, que deveria constituir, invariavelmente, um quadro de aquisições abençoadas e puras. E a perversão do nosso plano mental consciente, em qualquer sentido da evolução, determina a perversão de nosso psiquismo inconsciente, encarregado da execução dos desejos e ordenações mais íntimas, na esfera das operações automáticas (*Missionários da Luz*).

A epífise ou (glândula pineal) tem funções importantíssimas no crescimento mental do homem e no enriquecimento dos valores da alma. Diz Alexandre:

> Segregando "unidades-força" continuou –, pode ser comparada à poderosa usina, que deve ser aproveitada e controlada, no serviço de iluminação, refinamento e benefício da personalidade e não relaxada em gasto excessivo do suprimento psíquico, nas emoções de baixa classe (*Missionários da Luz*).

Pineal e a mediunidade

Francisco Cândido Xavier, no livro *Missionários da Luz*,

pelo espírito André Luiz, no capítulo chamado "O psicógrafo", narrou os trâmites da mediunidade e da glândula pineal. Disse o mentor espiritual Alexandre para André Luiz:

> Estamos diante do psicógrafo comum. Antes do trabalho a que se submete, neste momento, nossos auxiliares já lhe prepararam as possibilidades para que não se lhe perturbe a saúde física. A transmissão da mensagem não será simplesmente "tomar a mão". Há processos intrincados, complexos (*Missionários da Luz*).

Comenta então André Luiz, narrando o corpo físico do médium no processo mediúnico como um "grande laboratório de forças vibrantes":

> As glândulas do rapaz (médium) transformaram-se em núcleos luminosos, à guisa de perfeitas oficinas elétricas. Detive-me, porém, na contemplação do cérebro, em particular. Os condutores medulares formavam extenso pavio, sustentando a luz mental, como chama generosa de uma vela de enormes proporções. Os centros metabólicos infundiam-me surpresas. O cérebro mostrava fulgurações nos desenhos caprichosos. Os lobos cerebrais lembravam correntes dinâmicas (*Missionários da Luz*).

• Lobo frontal: está envolvido no planejamento de ações e movimento, assim como no pensamento abstrato. Suas funções parecem incluir o pensamento abstrato e criativo, a fluência do pensamento e da linguagem, respostas afetivas e capacidade para ligações emocionais, julgamento social, vontade e determinação para ação e atenção seletiva.

• Lobo temporal: está localizado na zona por cima das orelhas, tendo como principal função processar os estímulos auditivos. Os sons produzem-se quando a área auditiva primária é estimulada.

• Lobo occipital: recebe e processa informação visual. Suas áreas associativas estão relacionadas com a interpretação do

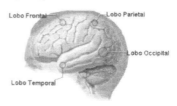
Localização dos lobos cerebrais.

Pineal, A Glândula da Vida Espiritual – As Novas Descobertas Científicas   47

mundo visual e do transporte da experiência visual para a fala.
- Lobo parietal: localizado na parte superior do cérebro, é constituído por duas subdivisões – a anterior e a posterior. A zona anterior é designada córtex somatossensorial e tem por função possibilitar a recepção das sensações, como o tato, a dor, a temperatura do corpo. Nessa área primária, que é responsável por receber os estímulos que têm origem no ambiente, estão representadas todas as áreas do corpo. É a zona mais sensível, que ocupa mais espaço nessa área, porque tem mais dados para interpretar. Os lábios, a língua e a garganta recebem grande número de estímulos, precisando, por isso, de maior área. A área posterior dos lobos parietais é uma área secundária que analisa, interpreta e integra as informações recebidas pela área anterior ou primária, permitindo-nos a localização de nosso corpo no espaço, o reconhecimento dos objetos através do tato, etc. O lobo parietal processa todas as entradas somatossensoriais do corpo (toque, dor), com a ajuda das fibras da medula espinhal, que se distribuem pelo tálamo para várias partes do lobo parietal. Essas conexões formam um "mapa" da superfície do corpo no lobo parietal. Esse mapa é chamado de homúnculo, o qual tem uma aparência bem estranha, porque a representação de cada área está relacionada ao número de conexões sensoriais de neurônios, em vez do tamanho físico da área.

Então, continua Alexandre, comentando para André Luiz:

> As células corticais e as fibras nervosas, com suas tênues ramificações, constituíam elementos delicadíssimos de condução das energias recônditas e imponderáveis. Nesse concerto, sob a luz mental indefinível, a epífise emitia raios azulados e intensos (*Missionários da Luz*).

O córtex sensitivo é também denominado córtex granular, por possuir camadas celulares com abundantes grânulos, responsáveis pela recepção das fibras nervosas. Já o córtex motor possui abundância das células piramidais responsáveis pelas eferências motoras corticais.

Na neurofisiologia, atividade nervosa superior é composta por comportamentos complexos que recrutam áreas e células corticais associativas e que exibimos quando estamos acordados.

Estar acordado significa apresentar determinado estado de consciência. Nosso estado de consciência não é constante, ele varia ao longo de um dia: há períodos em que estamos acordados, atentos e prontos para perceber, interpretar os estímulos ambientais e para executar inúmeras tarefas motoras voluntárias (conversar, escrever uma carta, tocar violão, estudar e preparar um seminário, etc.).

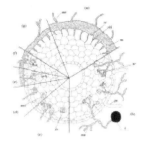

Ilustração de uma célula cortical.

Já em outro período, durante o sono ou mesmo em estado de transe, perdemos temporariamente nosso estado consciente e ignoramos os acontecimentos do ambiente externo. As células do córtex possuem um mecanismo natural de defesa contra o esgotamento por excesso de excitação: a inibição. Quando excitamos as células corticais, elas sofrem um desgaste de substância irritável. A recuperação da substância irritável exaurida torna-se possível graças à inibição que permite o repouso da célula extenuada. Quando as zonas de células corticais excitadas desaparecem, os focos de inibição podem propagar-se livremente mesmo para as células descansadas, difundindo-se pelos hemisférios cerebrais e espalhando-se pelas zonas inferiores do cérebro. Cria-se, assim, um estado passivo correspondente ao sono. Pavlov deu-lhe o nome de "sono passivo".

Já as fibras nervosas, citadas por André Luiz, são formadas pelos prolongamentos dos neurônios (dendritos ou axônios) e seus envoltórios e organizam-se em feixes. Cada feixe forma um nervo; cada fibra nervosa é envolvida por uma camada conjuntiva denominada endoneuro. Cada feixe é envolvido por uma bainha conjuntiva denominada perineuro. Vários feixes agrupados paralelamente formam um nervo. O nervo também é envolvido por uma bainha de tecido conjuntivo chamado epineuro. Em nosso corpo existe um número muito grande de nervos. Seu conjunto forma a rede nervosa. As fibras nervosas conduzem os

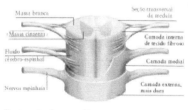

Ilustração de uma fibra nervosa.

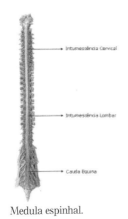

Medula espinhal.

impulsos nervosos para o sistema nervoso central (e também no sentido inverso). A intumescência cervical e inferior ou lombar é chamada de intumescência lombar. Esses abaulamentos correspondem aos seguimentos da medula que dão origem ao plexo braquial e lombossacral. Possuem maior diâmetro porque contêm maior quantidade de neurônios, logo, mais fibras nervosas que entram e deixam a medula para a inervação dos membros e suas infinitas terminações nervosas.

Alexandre novamente instruiu André Luiz:

Transmitir mensagens de uma esfera para outra, no serviço de edificação humana, demanda esforço, boa vontade, cooperação e propósito consistente. É natural que o treinamento e a colaboração espontânea do médium facilitem o trabalho; entretanto, de qualquer modo, o serviço não é automático. Além disso, a nossa cooperação magnética é fundamental para a execução da tarefa. Examine atentamente. Estamos notando as singularidades do corpo perispiritual (*Missionários da Luz*).

Disse Alexandre:

Muito antes da reunião que se efetua, o servidor já foi objeto de nossa atenção especial, para que os pensamentos grosseiros não lhe pesem no campo íntimo. Foi convenientemente ambientado e, ao sentar-se aqui, foi assistido por vários operadores de nosso plano. Antes de tudo, as células nervosas receberam novo coeficiente magnético, para que não haja perdas lamentá-

Reunião mediúnica.

Eduardo Augusto Lourenço

veis do tigroide (corpúsculos de Nissl), necessário aos processos da inteligência (*Missionários da Luz*).

Os neurônios têm forma e tamanhos variados de acordo com sua localização e função, além de núcleo redondo, vesiculoso, com nucléolo nítido. O citoplasma é abundante e possuem corpúsculos basófilos, os corpúsculos de Nissl ou substância tigroide, constituídos por retículo endoplasmático rugoso, responsável pela síntese proteica do neurônio. Algumas dessas proteínas farão parte das membranas celulares, e outras participarão de enzimas que atuam na produção de neurotransmissores. André Luiz, no livro *Evolução em Dois Mundos,* disse que a mente, por meio desses corpúsculos chamados Nissl, fixa seus propósitos, transmitindo pelo pensamento as ideias que o espírito tanto encarnado como desencarnado (via mediunidade) projeta no cérebro. A partir das percepções dos sentidos, o espírito renova suas ideias, projeta na rede de neurônios sua energia que resulta em pensamentos capazes de se adequarem no cérebro, produzindo nossos atos.

Os neurônios sintetizam proteínas em abundância, sendo parte estrutural (constituintes de membranas e organelas) e parte enzimas, necessárias, entre outras funções, à síntese e à liberação de neurotransmissores. Quanto maior o corpo celular, mais nítidos são os corpúsculos de Nissl.

No citoplasma dos neurônios há também neurofibrilas, demonstráveis com impregnação pela prata e constituídas por microtúbulos e neurofilamentos. São responsáveis pelo transporte de substâncias do corpo celular aos prolongamentos e vice-versa (transporte axonal). Os corpúsculos de Nissl são encontrados na porção proximal dos dendritos, mas nunca no axônio.

Continuou, então, o mentor Alexandre, comentando com André Luiz:

Ilustração de um neurônio multipolar comum.

Pineal, A Glândula da Vida Espiritual – As Novas Descobertas Científicas   51

O sistema nervoso simpático, mormente o campo autônomo do coração, recebeu auxílios enérgicos e o sistema nervoso central foi convenientemente atendido, para que não se comprometa a saúde do trabalhador de boa vontade. O vago foi defendido por nossa influenciação contra qualquer choque das vísceras. As glândulas suprarrenais receberam acréscimo de energia, para que se verifique acelerada produção de adrenalina, de que precisamos para atender ao dispêndio eventual das reservas nervosas (*Missionários da Luz*).

O sistema nervoso simpático prepara o organismo para a atividade física ou intelectual. Diante de um agente que acarreta algum perigo, seria ele a via de comunicação entre espírito e corpo físico. É ele quem orquestra o comando, dilata os brônquios para receber mais oxigênio e as pupilas para melhor enxergar. Também acelera a atividade cardíaca, aumentando o fluxo sanguíneo, enviando mais oxigênio e energia para o corpo. Ao aumentar a transpiração e a pressão arterial, como foi dito, o impulso nervoso necessita de neurotransmissores, que são os envolvidos nas atividades, tendo como os mais importantes a noradrenalina e a adrenalina.

Carlos Torres Pastorino, no livro *Técnica da Mediunidade,* diz:

Sobretudo o sistema nervoso simpático é sumamente atingido nas manifestações mediúnicas, de vez que ele é que registra, no corpo físico, as emoções, que são vibrações típicas do corpo astral (perispírito). Com efeito, o corpo astral é a sede de toda e qualquer emoção. Por isso, as emoções repercutem todas no físico, por meio do sistema nervoso simpático e também no mecanismo químico, (repercussão glanduloendócrina) como, por exemplo, na aceleração da produção de adrenalina.

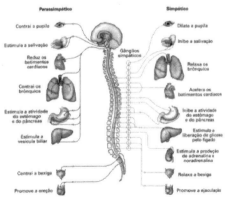

Sistemas nervosos parassimpático e simpático.

Quanto ao sistema nervoso parassimpático, sua ativação conduz a uma diminuição geral das funções do organismo, a fim de reduzir gastos energéticos no que está dilatado, alterado e acelerado pelo sistema simpático.

O sistema parassimpático irá fazer o contrário, o organismo estará mais lento, reduzido e desacelerado. As funções digestivas e sexuais são comandadas por ele por meio de um hormônio chamado acetilcolina, que é o mediador químico liberado pelos nervos parassimpáticos.

Largamente distribuídos pelo organismo, aumentam a permeabilidade das membranas celulares, a entrada e saída de íons – que são partículas carregadas eletricamente e formadas por um átomo ou grupo de átomos que ganhou ou perdeu vários elétrons.

No intercâmbio mediúnico, quando o desencarnado se liga fluidicamente ao perispírito do médium, em um processo de mediunização, o corpo do médium sente a alteração dos batimentos cárdicos e o aumento dos ritmos respiratórios. Há também aumento da temperatura do corpo; o organismo sente a pressão da fabricação de alguns hormônios como adrenalina, cortisol e noradrenalina, em função dos transtornos físicos e emocionais, quando essas entidades espirituais se encontram em estados de aflição e sofrimento, podendo mexer também no eixo hipófise, hipotálamo e suprarrenal.

A espiritualidade superior, então, intervém a favor de seus tutelados em um ambiente preparado e com passes magnéticos para expurgar os miasmas psíquicos deixados no trâmite da mediunidade entre perispírito e corpo físico do médium.

O pensamento do espírito, antes de chegar ao cérebro físico do médium, passa pelo cérebro perispirítico, resultando disso a propriedade que tem o medianeiro, em tese, de fazer ou não fazer o que a entidade pretende. Por exemplo, os médiuns sensitivos ou impressionáveis são aqueles cuja mediunidade se manifesta por uma sensação física experimentada pelo médium, quando da aproximação do espírito. Assim, o médium impressionável, ainda que não ouça ou veja um espírito, sente sua presença pelas reações em seu organismo.

A pineal, no que diz respeito à mediunidade, capta o campo eletromagnético, impregnado de informações, sendo interpretado em áreas cerebrais, como, por exemplo, o córtex frontal, como diz o doutor Sérgio Felipe.

Iremos tratar a respeito da pineal e da mediunidade no capítulo "A ciência pesquisando a glândula pineal", mais adiante.

O doutor Sérgio Felipe, em suas pesquisas, argumenta que a pineal capta ondas mentais oriundas de outras mentes. Uma vez captadas, essas ondas mentais estrangeiras tenderão a agir no organismo da pessoa como todas as suas próprias ondas. Esse fenômeno pode ser denominado telepatia ou mediunidade, dependendo da origem das ondas. Algumas pessoas têm mais facilidade e experimentam-no em larga escala; outras não. Essa capacidade inata depende da anatomia da pineal (para determinados tipos de mediunidade), da produção de energia vital (ectoplasma e funcionamento das mitocôndrias), das alterações hormonais (ciclo menstrual e hormônios sexuais), enfim, de vários fatores orgânicos que entram na realização de um transe mediúnico. A mediunidade, portanto, é orgânica.

Para que o leitor entenda o princípio ou energia vital, tem por fonte o fluido universal, podendo ser chamado de fluido magnético ou fluido elétrico animalizado, sendo o intermediário o elo existente entre o espírito e a matéria. O princípio da vida material e orgânica, qualquer que seja a fonte de onde provenha, é comum a todos os seres vivos, desde as plantas até o homem, pois pode haver vida com exclusão da faculdade de pensar; o princípio vital é uma propriedade da matéria, um efeito que se produz achando a matéria em dadas circunstâncias.

Segundo outros – e essa é a ideia mais comum –, ele reside em um fluido especial, universalmente espalhado e do qual cada ser absorve e assimila uma parcela durante a vida, tal como os corpos inertes absorvem a luz. Esse seria, então, o fluido vital, que, na opinião de alguns, em nada difere do fluido elétrico animalizado, ao qual também se dão os nomes de fluido magnético, fluido nervoso, etc.

No livro *A Caminho da Luz*, Emmanuel explicou:

> O princípio vital é essência fundamental que regula a existência das células vivas, e no qual elas se banham constantemente, encontrando assim a sua necessária nutrição,

força que se encontra esparsa por todos os escaninhos do universo orgânico, combinada às substâncias minerais, azotadas e ternárias, operando os atos nutritivos de todas as moléculas. O princípio vital é o agente entre o corpo espiritual, fonte da energia e da vontade, e a matéria passiva, inerente às faculdades superiores do espírito, que o adapta segundo as forças cósmicas que constituem as leis físicas de cada plano de existência, proporcionando essa adaptação às suas necessidades intrínsecas. Essa força ativa e regeneradora, de cujo enfraquecimento decorre a ausência de tônus vital, precursor da destruição orgânica, é simplesmente a ação criadora e plasmadora do corpo espiritual sobre os elementos físicos.

O doutor Nubor Facure diz que a pineal é sensível às irradiações eletromagnéticas. Essa glândula é o sintonizador dos fenômenos de comunicação mental, mantendo-nos em permanente ligação com todos aqueles que compartilham conosco a mesma faixa de vibração. Nos processos mediúnicos, a aproximação espiritual se vale da pineal para difundir sua mensagem até as diversas áreas cerebrais que ressoam sua transmissão.

Nos mamíferos, a glândula suprarrenal ou adrenal é uma glândula endócrina com formato triangular, envolvida por uma cápsula fibrosa e localizada acima do rim. Sua principal função é estimular a conversão de proteínas e de gorduras em glicose, ao mesmo tempo em que diminui a captação de glicose pelas células, aumentando, assim, a utilização de gorduras. Consiste na síntese e libertação de hormônios corticosteroides e de catecolaminas, como o cortisol e a adrenalina.

Nesse instante, comentou André Luiz:

> Vi que o médium parecia quase desencarnado. Suas expressões grosseiras, de carne, haviam desaparecido ao meu olhar, tamanha a intensidade da luz que o cercava, oriunda de seus centros perispirituais. Calixto (espírito) então postou-se ao lado do médium, que o recebeu com evidente sinal de alegria. Enlaçou-o com o braço esquerdo e, alçando a mão até ao cérebro do rapaz, tocava-lhe o centro da memória com a ponta dos dedos, como a recolher o material de lembranças do companheiro. Pouco a pouco, vi que a luz mental do co-

municante se misturava às irradiações do trabalhador encarnado. A zona motora do médium adquiriu outra cor e outra luminosidade. Alexandre aproximou-se da dupla em serviço e colocou a destra sobre o lobo frontal do colaborador humano, como a controlar as fibras inibidoras, evitando, quanto possível, as interferências do aparelho mediúnico (*Missionários da Luz*).

Para que o leitor possa entender um pouco melhor o córtex pré-frontal, situado no lobo frontal na região não motora, corresponde a um quarto de toda a área cortical associativa, incluindo o lobo orbitário. Lesões nessas áreas causam predominantemente distúrbios comportamentais psíquicos. Recebe conexões de todas as áreas de associação cortical, recebe informações pré-processadas sobre as coordenadas espaciais do corpo e deste com relação ao meio ambiente externo, o que vai contribuir para o planejamento da motricidade voluntária e processos mentais complexos (como o pensamento), servindo para operacionalizar a "memória de trabalho" de curto prazo, utilizada na análise de cada nova ideia.

Relaciona-se com o sistema límbico, por meio de conexões com o núcleo dorsomedial do tálamo. Enquanto o lobo orbitário está relacionado com o controle do comportamento social e do caráter, o restante da área associativa pré-frontal está relacionado com a iniciativa (escolha de opções e estratégias comportamentais) e a manutenção da atenção e do sequenciamento lógico do raciocínio. Ambos exercem efeitos controladores sobre o sistema límbico, que está relacionado à experiência e à expressão das emoções.

Quando analisamos seres como aves e répteis, o sistema nervoso tem a função de regular as necessidades mais básicas de sobrevivência: respiração, digestão, batimento cardíaco, pressão sanguínea, exploração e expressões de dominação territorial e sexualidade. Esses seres apresentam hemisférios cerebrais rudimentares, mas que já abrigam funções. Pode-se dizer que a maior parte de seus comportamentos está sob controle subcortical, mas se observam áreas como o paleocórtex, ligadas ao processamento de memória e emoções. Essas áreas compõem o sistema límbico, cuja função e manifestação são bem evidentes em mamíferos e facilmente testadas em primatas. Em humanos, o sistema límbico é responsável pelos sentimentos subjetivos e pelas respostas emocionais aos eventos do mundo, em interação com o sistema motivacional inato de valores. O maior território cortical em humanos, no entanto, é ocupado pelo neocórtex (lobo frontal), cujas células são responsáveis por nossas funções cognitivas superiores, como razão e pensamento lógico; a sede do conhecimento consciente está envolvida com as expressões do comportamento, com as interações sociais e, principalmente, com as questões espirituais.

Segundo o doutor Nubor Facure, os lobos frontais passaram por um processo extraordinário de expansão quando se iniciou a evolução do ser humano na Terra. O lobo frontal é a região que mais nos distingue do cérebro de um chimpanzé. Estão relacionados com nossos pensamentos abstratos, com nossa capacidade de classificar os objetos, de organizar nossos atos e programar nosso futuro. Sem o lobo frontal o homem se torna irresponsável, perde a capacidade de organizar as coisas num ambiente, deixa de se preocupar com os outros, pode se tornar jocoso e não percebe a gravidade da situação em que vive. É o lobo frontal o que mais nos torna humanos.

Em *Missionários da Luz*, André Luiz disse:

> Nos planos dos lobos frontais, silenciosos ainda para a investigação científica do mundo, jazem materiais de ordem sublime, que conquistaremos gradualmente, no esforço de ascensão, representando a parte mais nobre de nosso organismo divino em evolução.

Os lobos frontais são "a casa das noções superiores", indicando as eminências que nos cumpre atingir, como finaliza André Luiz.

Para concluir, André Luiz, no capítulo II, chamado "A epífise", disse:

> Enquanto o nosso companheiro se aproveitava da organização mediúnica, vali-me das forças magnéticas que o instrutor me fornecera, para fixar a máxima atenção no médium. Quanto mais lhe notava as singularidades do cérebro, mais admirava a luz crescente que a epífise deixava perceber. A glândula minúscula transformara-se

em núcleo radiante e, em derredor, seus raios formavam um lótus de pétalas sublimes. Examinei atentamente os demais encarnados. Em todos eles, a glândula apresentava notas de luminosidade, mas em nenhum brilhava como no intermediário em serviço. Sobre o núcleo, semelhante agora à flor resplandecente, caía luzes suaves, de Mais Alto, reconhecendo eu que ali se encontravam em jogo vibrações delicadíssimas, imperceptíveis para mim. Estudara a função da epífise nos meus apagados serviços de médico terrestre (*Missionários da Luz*).

E André Luiz finalizou:

Pode reconhecer, agora, que todo centro glandular é uma potência elétrica. No exercício mediúnico de qualquer modalidade, a epífise (pineal) desempenha o papel mais importante. Através de suas forças equilibradas, a mente humana intensifica o poder de emissão e recepção de raios peculiares à nossa esfera. É nela, na epífise, que reside o sentido novo dos homens; entretanto, na grande maioria deles, a potência divina dorme embrionária (*Missionários da Luz*).

Para concluirmos o assunto pesquisado e para que o leitor possa entender mais claramente o complexo papel da mediunidade e do próprio pensamento individual, o escritor e espírita Carlos Torres Pastorino, no livro *Técnica da Mediunidade*, narra os trâmites da mediunidade, bem como o processo do pensamento pela glândula pineal, no capítulo chamado "Mediunidade receptiva". Ele comenta:

Assim denominada porque recebe os impulsos vindos de fora, enquanto a mediunidade "captativa" é a que tem a capacidade de buscar, em sua origem, as ideias e os pensamentos. Os impulsos provenientes do espírito são transferidos do corpo astral (perispírito) ao corpo pineal, irradiando-se daí à substância branca, ao córtex, ao tálamo, até penetrar normalmente no sistema nervoso, comandando o veículo somático. Essa é a ligação direta do próprio espírito (personalidade) com seus veículos físicos. No entanto, quando a irradiação provém da "mente" (da própria criatura, a individualidade), a emissão é feita através da onda emitida pelo "átomo-monático" localizado no coração. Daí sai e é recebida, também, pelo corpo pineal, que a transfere a seus veículos, sobretudo à zona pensante do cérebro, onde se transforma em raciocínio. Assim como serve ao próprio espírito, a pineal também deteta (recebe) as irradiações de outros espíritos, encarnados e desencarnados, naquele fenômeno que foi batizado de "telepatia". A onda pensamento, desde que esteja sintonizada com a pineal da criatura, é recebida, distinguida e retransmitida aos veículos, através da palavra escrita ou falada. Para isso, é indispensável que haja sintonia vibratória entre os dois (emitente e receptor), exatamente como ocorre com a galena, que recebe as ondas da emissora de acordo com a faixa em que ela emite as ondas. Com a galena a diferenciação das faixas é feita pelo número de voltas do fio enrolado na bobina. No corpo pineal, essa sintonia se realiza de acordo com o número de ciclos por segundo alcançado pela evolução da criatura através dos milênios. Quanto mais evoluída espiritualmente a pessoa, mais elevada a faixa de onda que pode receber. Quer do próprio espírito (personalidade), quer da "mente" (individualidade), quer de outro espírito (encarnado ou não), o corpo pineal constitui, então, a "chave" ou "válvula" da recepção mediúnica por telepatia. Aparelho de alta sensibilidade, mas que necessita, não obstante, de treino, de exercício, para que se desenvolva, para que não se embote. E quanto mais exercitada, mais fácil e fielmente recebe. No entanto, como as vibrações do próprio espírito e a dos espíritos afins são do mesmo tipo, o médium frequentes vezes não sabe distinguir se a ideia recebida é própria ou alheia.

4

A evolução da glândula pineal

... Nos répteis avançam em progresso mais vasto, configurando já, com alguma perfeição, o aqueduto de Sylvius, aprimorando-se, com mais segurança, em semelhante fase, na forma espiritual, o centro coronário do psicossoma futuro, a refletir-se na glândula pineal, já razoavelmente plasmada em alguns lacertídeos, qual o rincocéfalo da Nova Zelândia, em que a epífise embrionária se prolonga até a região parietal, aí assumindo a feição de um olho com implementos característicos.

ANDRÉ LUIZ, *Evolução em Dois Mundos*

A pineal era anteriormente considerada uma glândula vestigial sem função, mas agora se sabe que é uma glândula endócrina ativa. Sua atividade é influenciada pelo ciclo diário da luz e da escuridão, em uma relação entre o ambiente e a fisiologia do organismo. Ela responde às mudanças do dia. Em alguns vertebrados primitivos, serve como receptora de luz, embora não necessariamente com a obtenção de imagens visuais.

Os pinealócitos em vertebrados inferiores têm uma forte semelhança com as células fotorreceptoras do olho. Alguns biólogos acreditam que as células pineais humanas e dos vertebrados partilham de um ancestral comum às células da retina.

Em alguns vertebrados, a exposição à luz pode desencadear uma reação em cadeia de enzimas, hormônios e neurorreceptores, que pode ajudar a regular o ciclo circadiano do animal.

Em humanos e outros mamíferos, essa função é suprida pelo sistema retino-hipotalâmico, que regula o ritmo no núcleo supraquiasmático. Interações sociais e culturais produzem exposições à luz artificial, que influenciam o "relógio" supraquiasmático. As evidências sobre o papel de compostos fotossensíveis relacionados à opsina na pele de mamíferos são atualmente controversas.

Estudos sugerem que a pineal possa ter alguma função como magnetorreceptor, em alguns animais, especialmente em pássaros migratórios, a qual poderia funcionar como bússola. Alguns fósseis de crânios têm um foramen pineal, corroborada pela fisiologia da lampreia moderna, da tuatara e de alguns outros vertebrados. Na maioria dos peixes e anfíbios, o órgão pineal é um saco único.

Os peixes são o grupo mais antigo dos vertebrados. Eles existem há aproximadamente mais de quinhentos milhões de anos. As primeiras formas não tinham mandíbulas. Os peixes respiravam por brânquias. Com o tempo e o com a evolução, essas brânquias foram transformadas em pulmões.

Basicamente, a evolução do complexo pineal dos vertebrados traduz-se na transformação de estruturas sensoriais (nervosas), como os olhos pineais dos vertebrados inferiores, estruturas endócrinas e as glândulas pineais dos vertebrados superiores.

Há cerca de quatrocentos milhões de anos, os grupos principais de peixes penetraram nos estuários e cursos de água doce, sofrendo as adaptações necessárias para a sobrevivência, em um meio onde a concentração de sais era muito inferior.

No peixe *Rhipidistiano Osteolepis*, há dois ossos no teto do crânio que correspondem aos ossos parietais dos vertebrados terrestres. Entre eles existe uma abertura para a glândula pineal ou "terceiro olho", que nos animais terrestres serve como detector de luz para calibrar os relógios internos.

As rãs possuem uma parapineal logo abaixo da epiderme do dorso da cabeça, onde ela pode ser vista. Muitos nervos e terminações nervosas são encontrados na pineal de vertebrados inferiores. Em 1918, Nils Holmgren, um anatomista sueco, fez detalhadas análises microscópicas das glândulas pineais de sapos e tubarões.

Nessas glândulas ele descobriu, na superfície do órgão, células que pareciam muito as células-cone (fotorreceptores sensíveis a cores) da retina desses animais. Devido a essa semelhança, Holmgren sugeriu que a pineal nem mesmo seria uma glândula, mas que funcionaria como um "terceiro olho" em sapos e tubarões.

Os pesquisadores Segoviano e Rodriguez comentaram em suas pesquisas que a pineal era um olho e seu nicho era um orifício escavado no osso parietal direito. Ela não estava sozinha – seu companheiro fotorreceptor existe, ainda hoje, debaixo da pele que cobre o dorso do crânio de alguns animais. Ele é o órgão parapineal, ou terceiro olho dos anfíbios e répteis contemporâneos. Já a pineal se introduziu profundamente no crânio e alojou-se no teto do terceiro ventrículo.

Por exemplo, o *proteus* (*Proteus anguinus*) é um anfíbio cego endêmico às águas subterrâneas das cavernas dos carstes dináricos, do sul da Europa. Seu habitat inclui as águas que fluem debaixo do solo, por uma extensa região calcária que inclui as águas da bacia do rio Soca, perto de Trieste, Itália, pelo sul da Eslovênia, sudoeste da Croácia e Herzegovina.

O corpo pineal também possui células fotorreceptoras que, apesar de regredidas, retêm pigmentos visuais como o das células fotorreceptoras do olho regredido. A glândula pineal do *proteus* provavelmente possui algum controle sobre processos fisiológicos. Experiências sobre comportamento revelaram que a pele em si também é sensível à luz. A fotossensibilidade da pele é decorrência do pigmento melanopsina. Segundo a enciclopédia livre Wikipédia, uma análise preliminar imunocitoquímica indica que também podem existir pigmentos fotossensíveis na pele do animal.

As aves, por exemplo, "sabem", mediante essa glândula, quando se encurtam os dias de entrada do inverno, época em que diminui ou cessa sua produção de ovos, já que não é adequado reproduzir-se, em virtude de recursos alimentares escassos e baixas temperaturas. Os avicultores "enganam" as aves, mediante a luz artificial.

No século XIX, como o subcontinente da Austrália e de seu território circundante veio a ser explorado, ocorreu uma onda de interesse centrado em um lagarto nativo da área, o tuatara (*Sphenodon punctatum*). Ele possuía uma pineal mais elaborada, contendo uma retina simples, que consistia em fotorreceptores apoiados nas células, que continham pigmentos; seu componente parietal incluía uma lente semelhante.

Esse animal possuía, além de dois olhos perfeitamente normais, localizados em cada lado da cabeça, um terceiro olho enterrado no crânio, que foi revelado pela abertura no osso, coberto por uma membrana transparente, rodeado por uma roseta de escalas. Foi indiscutivelmente um terceiro olho, mas a dissecação mostrou-se não funcional.

Os pinealócitos dos mamíferos evoluíram a partir das células fotorreceptoras da glândula pineal dos vertebrados primitivos. No decurso de sua evolução, a partir de elementos sensíveis à luz do sistema endócrino, as células especializadas para o fotorreceptor foram perdidas, juntamente com os nervos sensoriais, ligando-o a outras regiões do cérebro.

O doutor Nubor Facure diz que até hoje é possível de se perceber, em determinados animais, que a pineal pode se comportar funcionalmente como um terceiro olho. Nesses animais a pineal está situada acima do crânio funcionando a modo de um periscópio que exerce um papel de vigilância para o animal. Não se deve estranhar, portanto, a forte sensibilidade que a nossa pineal tem para com a luz. A entrada da luz, que atinge a pineal pelas fibras nervosas que nosso nervo óptico conduz, reduz a produção de melatonina. No ambiente escuro, aumenta acentuadamente a produção do hormônio. Todos sabemos que os ursos hibernam em cavernas durante meses de escuridão e, nessa ocasião, o aumento da melatonina produz o entorpecimento do seu interesse sexual, que depois volta a se revelar no alvorecer da primavera.

Durante a escala evolutiva, os peixes, anfíbios e alguns répteis desenvolveram uma pineal sensitiva, a qual recebe raios luminosos diretamente por meio do crânio. Nos mamíferos, em especial o homem, a pineal também estabelece ligação com os impulsos visuais, por meio de conexões da retina com o núcleo supraquiasmático e deste com a glândula. Dessa forma, os impulsos visuais regulam os níveis de melatonina na circulação.

Durante o dia, o nível de melatonina no sangue circulante é baixo, aumentando várias vezes durante a noite. A ação inibidora da pineal sobre o desenvolvimento das gônadas foi comprovada em animais pinealectomizados que entravam em puberdade precoce e em seres humanos cegos, os quais também apresentaram desenvolvimento precoce das gônadas.

A melatonina pode ser encontrada em todo o reino animal. Em répteis e aves, a glândula pineal é encontrada perto da pele, não necessitando de interação com o olho, no sentido de saber se é dia ou noite. Curiosamente, esse é o sentido do termo "terceiro olho", sua origem. A glândula pineal é, portanto, o relógio mestre para esses animais. Para os mamíferos, no entanto, a glândula pineal é subordinada ao olho e ao núcleo supraquiasmático, de forma severa, porque a luz interrompe a produção de melatonina.

As evidências acumuladas nos últimos anos sugerem que a pineal pode funcionar para converter a informação neural sobre as condições da luz na produção hormonal. A conversão funciona da seguinte maneira: informações sobre o ciclo da luz recebida pelos olhos vão primeiro (pelo cérebro) para o tecido nervoso do pescoço e, em seguida, são transmitidas por vias nervosas para a glândula pineal; a pineal responde com a secreção de melatonina em proporção inversa à quantidade de luz. Quanto mais luz houver, menor será a quantidade de melatonina secretada. O habitual efeito inibitório da melatonina ocorre no outono. Por exemplo, como os dias ficam mais curtos, o aumento da produção de melatonina tende a desligar a secreção gonadotrófica.

A literatura contemporânea mostra, ainda, que a glândula pineal, em particular a melatonina, pode agir praticamente sobre qualquer sistema fisiológico e, às vezes, aparentemente, com efeitos contraditórios, como ser antigonadotrófica em roedores noturnos e pró-gonadotrófica em ovelhas, por exemplo.

Segundo o pesquisador Vollrath, a solução dessa aparente contradição surge quando se passa a estudar a glândula pineal sob a ótica da análise filogenética e da fisiologia comparada. Constata-se que essa glândula faz parte do plano geral de organização de todos os vertebrados. De mesma origem embriológica que os olhos laterais, o órgão pineal de peixes, anfíbios, répteis e algumas aves é diretamente fotossensível. Nessas mesmas classes, além de suas características de fotossensibilidade e de secreção endócrina, a glândula pineal mantém conexões, tanto aferentes quanto eferentes, com o sistema nervoso central, através do pedúnculo pineal. Em mamíferos, no entanto, apesar de manter seu caráter endócrino, os pinealócitos perdem sua capacidade fotorreceptiva. E a pineal, perdendo grande parte de suas conexões diretas com o sistema nervoso central, passa a estar sob o comando do ciclo de iluminação ambiental, de forma indireta, através de projeções da retina para estruturas diencefálicas que, projetando-se para o simpático cervical, atingem a glândula pineal.

Comum a todos os vertebrados, portanto, é o caráter de glândula endócrina, cuja produção hormonal é controlada pelo ciclo de iluminação ambiental característico do dia e da noite. Esse controle é tal que qualquer que seja a espécie considerada (seja de atividade diurna, noturna ou crepuscular), a produção de melatonina é predominantemente noturna, e a magnitude e duração de sua concentração no meio extracelular está na estrita dependência da duração do período de escuro (escotoperíodo) da alternância dia/noite. Como corolário dessa sua flutuação diária, a melatonina circulante tem, também, seu perfil plasmático variável de acordo com as noites mais longas ou mais curtas, típicas das diversas estações do ano.

Essas características de produção e secreção de melatonina determinam, portanto, o papel fisiológico da glândula pineal: sinalizar para o meio interno, pela presença (ou maior concentração) e ausência (ou menor concentração) da melatonina na circulação e nos diversos líquidos corpóreos, se é noite ou dia no meio exterior, pelas características de seu perfil plasmático noturno (duração do episódio secretório de melatonina), qual é a estação do ano. Isso significa que o papel da glândula pineal, pela produção de melatonina, é de sinalizar para o organismo se é dia ou noite e o sentido da mudança de estações.

Em função desse sinal temporal, estruturas do sistema nervoso central, principalmente e eventualmente órgãos periféricos, disparam os mecanismos adaptativos para a noite ou o dia e para a estação do ano correspondente; mecanismos estes que são típicos da espécie considerada. Assim, por exemplo, noites crescentes (fotoperíodos decrescentes) provocam o bloqueio do eixo hipotálamo-hipófise-gonadal em roedores noturnos.

De acordo com a história filogenética adaptativa da espécie, uma ou outra resposta reprodutiva é disparada pelos sistemas fisiológicos integradores. Dessa forma, a glândula pineal está associadamente ligada a outras estruturas neurais – como os núcleos supraquiasmáticos, hipotalâmicos e outras glândulas endócrinas, que constituem o sistema neuroendócrino responsável, em última instância, pela organização temporal dos diversos eventos fisiológicos e comportamentais, necessários à adaptação do indivíduo e da espécie às flutuações temporais cíclicas do meio ambiente.

Basicamente em todos os vertebrados o metabolismo da glândula pineal está sob o controle dos ciclos diário e sazonal de iluminação ambiental. Em mamíferos, a luminosidade típica da flutuação de claro-escuro ambiental diária, agindo por meio da retina, cumpre o papel clássico de arrastador da ritmicidade circadiana na produção de melatonina, fazendo com que seu pico diário coincida sempre com a noite, independentemente da espécie considerada, diferentemente, no entanto, do que acontece com outros ritmos endógenos. Com a luz incidindo sobre a retina de mamíferos durante o período de escuro da noite circadiana, pode-se bloquear, dependendo de sua intensidade e do comprimento de onda, completamente e instantaneamente, a produção de melatonina, fazendo com que sua concentração plasmática caia a níveis basais em poucos minutos.

O sistema neural envolvido no controle do metabolismo da glândula pineal origina-se no núcleo paraventricular hipotalâmico, que, de forma direta e indireta, projeta-se sobre a coluna intermediolateral da medula torácica alta.

No livro *Evolução em Dois Mundos,* André Luiz, no capítulo 9, chamado "Evolução e cérebro", no tópico "Formação do mundo cerebral", comenta:

> Nos peixes, os hemisférios cerebrais mostram-se ainda muito reduzidos, nos anfíbios denotam desenvolvimento encorajador e nos répteis avançam em progresso mais

vasto, configurando já, com alguma perfeição, o aqueduto de Sylvius, aprimorando-se, com mais segurança, em semelhante fase, na forma espiritual, o centro coronário do psicossoma futuro, a refletir-se na glândula pineal, já razoavelmente plasmada em alguns lacertídeos, qual o rincocéfalo da Nova Zelândia, em que a epífise embrionária se prolonga até a região parietal, aí assumindo a feição de um olho com implementos característicos. Zoólogos respeitáveis consideram o mencionado aparelho como sendo um globo ocular abandonado pela natureza; contudo, é aí que a epífise começa a consolidar-se, por fulcro energético de sensações sutis para a tradução e seleção dos estados mentais diversos, nos mecanismos da reflexão e do pensamento, da meditação e do discernimento, prenunciando as operações da mediunidade, consciente ou inconsciente, pelas quais espíritos encarnados e desencarnados se consorciam, uns com os outros, na mesma faixa de vibrações, para as grandes criações da ciência e da religião, da cultura e da arte, na jornada ascensional para Deus, quando não seja nas associações psíquicas de espécie inferior ou de natureza vulgar, em que as almas prisioneiras da provação ou da sombra se retratam reciprocamente.

De acordo, então, com o doutor Sérgio Felipe, a filogênese da glândula pineal tem um interessante trajeto, começando nos peixes, até os mamíferos, chegando aos seres humanos. A pineal nos peixes funciona como um fato receptor. A cabeça do peixe é translúcida, e a pineal é facilmente exposta à luz. Histologicamente, vamos encontrar células retinianas caracterizando a função fotorreceptora. Na evolução, em anfíbios e répteis, a pineal passa a somar a função fotorreceptora às possibilidades de transdução neuroendócrina.

Já nos mamíferos, explica o médico, o papel da fotorrecepção é deixado exclusivamente aos olhos, que faz sua ligação com a pineal na comunicação da mensagem luminosa por meio de vias neuronais adrenérgicas. No homem julgamos que, além da função neuroendrócrina, a pineal esteja relacionada aos mecanismos de percepção extrassensorial, estando ligada a desconhecidos processos da neurofisiologia da mediunidade.

De acordo com o doutor Jorge Andréa, no livro *Palingênese, a Grande Lei*:

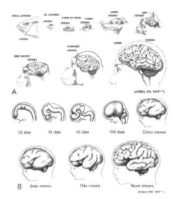

Ilustração – (A) evolução filogenética e (B) evolução embriológica e fetal do Sistema Nervoso Central do ser humano.

O olho pineal poderá ser visto como o ponto em que se iniciam os verdadeiros alicerces da glândula pineal e, como tal, o início da individualidade espiritual – as expressões de um "EU" em formação –, não existente nos invertebrados, cuja zona espiritual deve fazer parte de um conjunto próprio da espécie, sem as nuanças que caracterizam o indivíduo, o "EU". Lógico seria admitir que, à medida que a escala zoológica avança, os instintos se desenvolvem atingindo os seus mais altos graus, sendo que, na espécie humana, a glândula pineal responderia pelos mecanismos da meditação e do discernimento, da reflexão e do pensamento e pela direção e orientação dos fenômenos psíquicos mais variados.

O doutor Jorge acrescenta, no livro *Palingênese, a Grande Lei*:

> A pineal seria o órgão por onde o psiquismo profundo (espírito) se expressaria no soma. Devido a essa condição, a partir dos répteis, lacertídeos (lagarto) mais precisamente, podemos considerar como o início da individualização da energia espiritual; isto é, nesse momento a energia espiritual dos seres vivos, que deverá ser representada por um "sincício energético" (alma grupo das espécies), começa a ter individualidade – EU. Os deslocamentos dessa energia psíquica ou espiritual que adquiriu individualidade, quando na matéria (animais a partir dos lacertídeos) ou na dimensão que lhe é própria (desencarnação), passariam, doravante, a não mais pertencer ao patrimônio energético da espécie (sincício energético ou alma grupo). Teria os seus limites próprios e seria um EU ou individualidade, impulsionando na matéria a espécie e forma que lhe é afim, promovendo, destarte, a evolução. Assim, os seres vivos tanto vegetais ou animais até determinados anfíbios, as suas respectivas essências psíquicas ou energias espirituais pertenceriam ao grupo (alma grupo), a espécie de que fazem parte. A partir dos lacertídeos, entretanto, haveria como que um desligamento no "sincício energético", de uma série de vórtices, pontos centrais e vitais das respectivas individualidades que se emanciparam energeticamente

de suas próprias fronteiras. O EU indestrutível se afirmou, desligando-se dum determinismo compulsório para a conquista de mais um degrau evolutivo, embora ainda determinismo, bases do futuro livre-arbítrio da espécie humana. Nos lacertídeos (lagarto), as amiudadas reencarnações de suas energias espirituais em maturação determinariam na massa cerebral marcos tão violentos que a estrutura química começaria a sofrer modificações no sentido do aparecimento do olho pineal, zona que evolve para a futura glândula pineal, local e sede onde mais bem se projetaria a quase totalidade dessa potente energética.

Finaliza, então, o doutor Jorge Andréa, no livro *Palingênese, a Grande Lei*, comentando:

> Poderíamos pensar que o olho pineal, em vez de ser um elemento regressivo, com tendência ao desaparecimento, fosse, ao contrário, um elemento em desenvolvimento. Do olho externo e ímpar de certos animais haveria, aos poucos, nos lentos e meticulosos processos de mutações e transformações evolutivas que desconhecem o tempo, uma inflexão para o interior da caixa craniana, tomando características histológicas especiais sem perderem aquelas de sua origem. Atenderia esta formação ao controle de funções de alta relevância para o animal, tais sejam os diversos mecanismos dos instintos, com tonalidades próprias, conforme o desenvolvimento da espécie. Com o aprimoramento progressivo em relação à escala zoológica, portanto evolutivo, iria aparecendo ao lado do olho pineal o divertículo epifisário, até que no homem alcançaria, em conjunto com as paráfises (formações embriológicas mais ou menos constantes), o estado mais completo do desenvolvimento pineal.

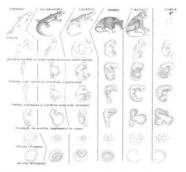

Embriologia comparativa do peixe ao homem.

Vemos as explicações do doutor Jorge Andréa e chegamos à conclusão de que essa pequenina glândula seria responsável pela transformação do corpo físico, em conjunto com o corpo espiritual (perispírito), ao longo da evolução das espécies, como foi dito no capítulo "André Luiz, a glândula pineal e a mediunidade". Ela seria "a glândula da mutação", transformando e elaborando o organismo físico de acordo com as espécies.

5

A glândula pineal, a melatonina e a luz

> Segregando "unidades-força" continuou –, pode ser comparada à poderosa usina, que deve ser aproveitada e controlada, no serviço de iluminação.
>
> ANDRÉ LUIZ, *Missionários da Luz*.

Existem muitas teorias sobre a influência da luz e do magnetismo nos processos humanos, metabólicos e nos ciclos biológicos. Vemos, em vários períodos da história da medicina, pensadores e médicos discorrendo sobre o assunto. Hoje, a ciência se voltou para uma pequena glândula, que até pouco tempo não tinha nenhuma função, era considerada como um órgão vestigial. A ciência descobriu que a glândula pineal tem um papel primordial quando da influência da luz e do escuro. É considerada também como válvula de memória, uma válvula de controle do fluxo de fluido vital, a sede da alma e, possivelmente, a geradora de certos tipos de doenças mentais.

O moderno estudo sistemático da glândula pineal começou em 1954, com Mark Altschul e Julian Kitay, que, por meio de revisões de literatura extensa existente, concluíram que a função da glândula é sensível ao efeito da luz em certos mamíferos.

Em 1958, um professor de dermatologia da *Yale Medical School*, chamado Aaron B. Lerner, publicou um artigo sobre a glândula pineal, que colocou essa substância elusiva, vaga, em algum tipo de perspectiva histórica, prevendo-lhe um papel funcional real no cérebro dos mamíferos.

Ele provou que um hormônio chamado melatonina foi produzido especificamente pela glândula pineal. Descobriu, além disso, como a melatonina foi fabricada pela pineal – pela ação de certas enzimas em um precursor químico que deve preexistir na pineal, para que se transforme em melatonina. Esse precursor químico acabou por ser a serotonina.

Em 1968, o doutor Brownstein e o doutor Heller mostraram que essa enzima (que catalisa a conversão de serotonina em melatonina) é modulada por nervos e inserida diretamente na glândula pineal, cuja atividade depende de impulsos dos nervos ópticos. A luz inibe a produção de melatonina no nervo, inibindo também a glândula pineal, enquanto no escuro há aumento da atividade neuronal da glândula, estimulando a produção de melatonina. Esse efeito de luz depende do comprimento e da intensidade de onda. Por exemplo, a luz vermelha produz estimulação mínima, enquanto a verde gera a estimulação máxima.

A tarefa de explorar o papel da melatonina no corpo dos mamíferos foi realizada por um brilhante bioquímico, Julius Axelrod, que trabalhava no *National Institute of Health*, em Bethesda, Maryland, na companhia de vários colegas mais novos. O doutor Julius Axelrod foi agraciado com o Nobel de Fisiologia ou Medicina de 1970, juntamente com o sueco Ulf Svante von Euler e o britânico Sir Bernard Katz, por pesquisas sobre os mecanismos que regulam a formação do hormônio noradrenalina como um importante transmissor de impulsos nervosos.

Os doutores Richard Wurtman e Solomon Snyder descobriram as sequências realizadas pela pineal na produção da melatonina. Eles verificaram que era produzida a partir da serotonina, pela ação de duas enzimas: uma enzima acetilante e uma enzima methoxylating. Ao bloquear ou aumentar a ação dessas enzimas, Axelrod e seus assistentes foram capazes de estimular ou reprimir o próprio organismo quanto à produção da melatonina.

Essa substância pode ser encontrada em todo o reino animal. Em répteis e aves, a glândula pineal é encontrada perto da pele e não precisa de interação com o olho para perceber se é dia ou noite. Curiosamente, esse é o lugar onde o terceiro olho "prazo" se originou. A glândula pineal é, portanto, o relógio mestre para esses animais. Para mamíferos, entretanto, a glândula pineal é subordinada ao olho e ao núcleo supraquiasmático, porque a luz para severamente a produção de melatonina. O doutor Heubner Otto descobriu que a pineal produzia uma substância que interferia no desenvolvimento sexual. A melatonina, de fato, reprimia a sexualidade fisiológica nos mamíferos. Quando os animais de teste foram estimulados à produção de quantidades excessivas de melatonina, as gônadas e os ovários reduziram de tamanho, encolheram, atrofiaram. Quanto ao cio ou à fertilidade, o ciclo em mulheres poderia também ser alterado experimentalmente por doses de melatonina.

Julius Axelrod e seus colaboradores também descobriram outro fato incrível: a glândula pineal produz substâncias químicas de acordo com um ritmo regular de oscilação. A base desse efeito é denominada ritmo circadiano. Esse pulso se mantém constante, se a escuridão e a luz se sucedem no decorrer do dia, em uma alternância regular. Eles descobriram que a pineal responde de alguma forma de acordo com as condições da luz. Assim, alterando as condições de luz, seria possível modificar o ritmo orgânico e mesmo estabilizar os ritmos de produção química da pineal.

O zoólogo da Universidade da Califórnia, WF Ganong, implantou fotocélulas no local da pineal em ovinos, o que tem alterado as leituras de seus instrumentos, dependendo de se os animais estavam em pé ao Sol ou na sombra. Por outro lado, se os animais eram cegos ou os nervos que ligam o olho ao cérebro eram cortados, a pineal era umedecida, como se os animais estivessem sendo mantidos no escuro contínuo.

Axelrod e Wurtman acreditam que existem outras substâncias químicas desconhecidas sendo fabricadas pela glândula pineal, porque veem sinais de atividade da enzima que não podem ser explicados pela serotonina ou pela melatonina.

Como analisamos, a produção da melatonina está diretamente ligada à presença da luz. Quando a luz incide na retina, o nervo óptico e as demais conexões neuronais levam essas informações até a glândula pineal, inibindo a produção da melatonina. A maior produção ocorre à noite, entre duas e três horas da manhã, em um ritmo de vida normal; essa produção, quando aumentada, produz sono.

Durante o sono normal, quando grande parte da energia e do equilíbrio orgânico se restabelecem, além da adequada produção de melatonina, outros fenômenos concomitantes acontecem. Entre eles podemos citar:
- Diminuição significativa da produção de cortisol e de adrenalina.
- Restauração das moléculas de DNA lesadas.
- Bloqueio dos canais de cálcio.

A melatonina também pode ser secretada, causando sonolência e relaxamento, quando se faz uma refeição muito rica em carboidratos, quando se toma um banho quente prolongado ou quando há exposição ao Sol.

O fato de que a pineal responde à luz, mesmo que essa resposta seja indireta, por intermédio do sistema nervoso central, provoca muitas mudanças comportamentais nos animais, quando as estações mudam, o que pode ser produzido fora de época em laboratório, simulando o período adequado de luz artificial.

Nos animais, a glândula pineal determina muito do comportamento sazonal, de acordo com as estações climáticas. Graças a essa atividade pineal, eles migram no inverno, hibernam, acasalam-se, enfim, mantêm comportamentos típicos que se repetem a cada ano.

A melatonina é o mais importante hormônio produzido por nossa glândula pineal, uma pequeníssima glândula existente no cérebro, situada aproximadamente atrás da região dos olhos, responsável pelo controle do ritmo de harmonia entre o dia e a noite, a luz e o escuro.

Nas crianças a glândula pineal é muito pequena, e sua secreção de melatonina não está regularizada. Talvez seja essa uma das explicações

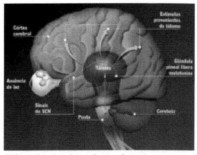

Glândula pineal produz melatonina.

para o sono imprevisível das crianças. A melhor produção da melatonina ocorre na adolescência e no adulto jovem, começando a decair após os trinta ou quarenta anos. Com setenta ou oitenta anos, a secreção do hormônio está severamente diminuída. Tais mudanças sazonais no humor e no comportamento persistem nos seres humanos. É possível que a glândula pineal humana responda a alterações no comprimento do dia, alterando o equilíbrio de neuro-humores no cérebro.

Uma pessoa sob estresse produz normalmente mais adrenalina e cortisol. Para cada molécula de adrenalina formada, quatro moléculas de radicais livres serão produzidas. Com isso, a probabilidade de lesão nas células aumenta. Além disso, a adrenalina e o cortisol induzem à formação de uma enzima, "a triptofano pirolase", capaz de destruir o triptofano antes que atinja a glândula pineal.

Com isso, nem a melatonina é fabricada, nem a serotonina (o que pode gerar compulsão a hidrato de carbono, com tendência a aumento de peso e depressão).

A melatonina é uma substância antirradical livre, portanto, antioxidante. Ela é capaz de atravessar a barreira hematoencefálica (membrana que protege o cérebro), portanto, capaz de desempenhar funções neurais. Essa ação é de fundamental importância para a proteção dos neurônios contra as lesões dos radicais livres. Nosso tecido cerebral é muito mais suscetível à ação dos radicais livres do que qualquer outra parte de nosso organismo. À medida que os níveis de melatonina vão caindo, pode haver um concomitante declínio na função cerebral.

As desordens do sono podem ser também um dos efeitos do decréscimo da melatonina. Com o envelhecimento, a glândula pineal funcionaria menos e haveria uma queda na produção da melatonina.

Recentes estudos demonstraram que os níveis de melatonina são maiores na mulher, tornando-a mais sensível às mudanças sazonais da luz do que os homens. No outono e inverno, a mulher está mais exposta aos distúrbios sazonais psíquicos, como ganho de peso, do que no verão.

Na revista *Saúde e Espiritualidade*, o doutor Sérgio Felipe comenta que:

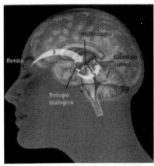

Glândula pineal e o relógio biológico..

Na evolução filogenética, a pineal perde a sua capacidade fotorreceptora transformando-se num órgão neuroendócrino, os olhos passam a responder pela função fotorreceptora. Vale dizer que a visão não vai somente estar ligada à percepção e cognição, mas também se liga a funções neuroendócrinas cujo órgão efetor é a glândula pineal. A luz atinge a retina dos olhos havendo estimulação de vias nervosas que seguem o seguinte trajeto: núcleo supraquiasmático, área tuberal ventral hipotalâmica – área hipotalâmica lateral –, asta intermédio lateral – gânglio simpático cervical superior –, glândula pineal. Esta é uma via adrenérgica; isso significa que a estimulação indireta da pineal pela luz se dá através das vias citadas, pela adrenalina. Maior incidência de luz – menor funcionamento da pineal. Menor incidência de luz – maior funcionamento da pineal.

À influência de padrões diversos de frequências luminosas, as cores merecem ser estudadas, observando os seguintes critérios, continua o doutor Sérgio:

> A luz é uma entidade física que impressiona a neurofisiologia cerebral – tema tratado no texto acima. Uma vez sendo percebida, a frequência luminosa passa a ser interpretada pela mente em um fenômeno que não é mais físico, mas sim psicológico, mental, simbólico. O simbolismo das cores promove também alterações psíquicas, emocionais, promove indução da memória, associação de fatos, os quais podem ser traduzidos em alterações psicossomáticas retornando à esfera física. A não incidência de luz física, mas o imaginar luz e cores como em inúmeros tratamentos alternativos cromoterápicos não pode ser confundido com os mecanismos neurofisiológicos acima colocados. É outro campo de estudos que deve ser realizado com metodologia apropriada.

As cores interagem em nossas vidas e causam uma reação fisiológica e emocional no íntimo de cada indivíduo. A cromoterapeuta, pesquisadora e professora Vânia Maria Abatte escreveu um artigo na revista eletrônica do Núcleo de Estudos e Pesquisas Landell de Moura (NEP) sobre a importância das cores em nossa vida. Segundo o estudo e a pesquisa da Academia Alemã de Ciência da Cor, promovidos por um fotobiólogo da Universidade de Alberta no Canadá:

> As minúsculas partículas de energia eletromagnética que compõem a luz afetam um ou mais neurotransmissores do cérebro; os neurotransmissores são substâncias químicas que transmitem os impulsos, as mensagens e a vontade da mente.

A luz interage com a retina, e esta, por sua vez, influencia na síntese da melatonina, que, por essa comunicação, provoca a síntese da serotonina, um neurotransmissor que age no sistema nervoso central, anulando ou incentivando a atuação dos neurônios do hipotálamo e do sistema límbico, modificando as formações emocionais, psicológicas e físicas.

Tudo isso acontece porque a rede de cones e bastonetes é de alta convergência nos corpos geniculados do sistema límbico, formando a ligação com muitos neurônios de outras regiões talâmicas. Antes da interpretação intelectual, a primeira sensação de cor acontece no sistema límbico, que está intimamente ligado com a vida vegetativa emocional.

A energia interior da cor, isto é, eletromagnética, interage com as glândulas hipófise, pineal e hipotálamo. Todas essas glândulas regulam o sistema endócrino e as funções do sistema nervoso simpático e parassimpático, como, por exemplo, o sexo, a fome, entre outras. Com isso, o resultado emocional de dor, amor, ódio tem sua origem no grupo de núcleos que formam o sistema límbico. Dizem os pesquisadores: "Devido a tudo isso, a interferência psicológica e fisiológica das cores fazem a diferença".

Resumindo, as partículas de energia eletromagnética que compõe a luz afetam os neurotransmissores do cérebro, os compostos químicos que transmitem as mensagens de neurônio a neurônio; a luz, ao atingir a retina, estimula a síntese da melatonina produzida pela glândula pineal, que provoca a síntese da serotonina, neurotransmissor do sistema nervoso central que inibe ou ativa a ação dos complexos de neurônios do hipotálamo.

No olho humano, as cores são percebidas pelas células denominadas "cones", presentes na fóvea, no centro da retina. Essa rede de cones é de alta convergência nos corpos geniculados do complexo límbico, onde fazem conexão com neurônios talâmicos e com as glândulas pituitária e pineal, ocasionando resposta emocional, ou seja, ativando o sistema nervoso simpático e parassimpático.

Os olhos nada veem. Eles apenas captam a luz e enviam-na ao cérebro, onde a imagem é processada. Nossos olhos não são mais que uma "câmera" orgânica que captura a luz. É nosso cérebro que decodifica a luz e a converte em imagem.

Quando estamos imaginando algo e estamos de olhos fechados, usamos uma glândula em nosso cérebro denominada pineal, que contém em seu interior um cristalzinho de quartzo. Assim como os cristais que existem nos instrumentos de comunicação, nossa pineal capta as ondas eletromagnéticas (frequência vibratória do pensamento), da mesma forma que os olhos captam a luz e enviam essas ondas para a mesma região do cérebro onde as ondas são convertidas em imagem.

Disse Jesus: "A luz do corpo são os olhos: pois quando teu olho é luz, todo o teu corpo está cheio de luz; mas quando teu olho é mal, o teu corpo será tenebroso"; os olhos são espelhos da alma.

Para finalizarmos o capítulo, colocaremos algumas explicações do doutor Nubor Facure a respeito da glândula pineal, publicadas na *Revista Cristã de Espiritismo*:

> Ficou demonstrado experimentalmente que a luz interfere na função da pineal através da retina, atingindo o quiasma óptico, o hipotálamo, o tronco cerebral, a medula espinhal, o gânglio cervical superior, chegando, finalmente, ao nervo coronário na tenda do cerebelo. Entre a pineal e o restante do cérebro não há uma via nervosa direta. A ação da pineal no cérebro se faz pelas repercussões químicas das substâncias que produz. Hoje já se identificou um efeito dramático da pineal (por ação da melatonina), na reprodução dos mamíferos, na caracterização dos órgãos sexuais externos e na pigmentação da pele. Investigações recentes demonstram uma relação direta da melatonina com uma série de doenças neurológicas que provocam epilepsia, insônia, depressão e distúrbios de movimento. Animais

injetados com altas doses de melatonina desenvolvem incoordenação motora, perda de motricidade voluntária, relaxamento muscular, queda das pálpebras, piloereção, vasodilatação das extremidades, redução da temperatura, além de respiração agônica. Descobriu-se também que a melatonina interage com os neurônios serotoninérgicos e com os receptores bendiazepínicos do cérebro, tendo, portanto, um efeito sedativo e anticonvulsante. Pacientes portadores de tumores da pineal podem desenvolver epilepsia por depleção da produção de melatonina. A melatonina parece ter também um papel importante na gênese de doenças psiquiátricas como depressão e esquizofrenia. Outros estudos confirmam uma propriedade analgésica central da melatonina, integrando a pineal à analgésia opiácea endógena. A literatura espiritual há muito vem dando destaque para o papel da pineal como núcleo gerador de irradiação luminosa, servindo como porta de entrada para a recepção mediúnica. Como a pineal é sensível à luz, não será de estranhar que possa ser mais sensível ainda à vibração eletromagnética Sabemos que a irradiação espiritual é essencialmente semelhante à onda eletromagnética que conhecemos, compreendendo-se, assim, sua ação direta sobre a pineal. Podemos supor que este primeiro contato da entidade espiritual com a pineal do médium possibilitaria a liberação de melatonina predispondo o restante do cérebro ao "domínio" do espírito comunicante. Essa participação química ao fenômeno mediúnico poderia nos explicar as flutuações da intensidade e da frequência com que se observa a mediunidade. Até o presente, a espécie humana recebe a mediunidade como uma carga pesada de provas e sacrifícios. Raras vezes como oportunidade bem aproveitada para prestação de serviço e engrandecimento espiritual.

6
A pineal e os estados alterados de consciência

A glândula pineal reajusta-se ao concerto orgânico e reabre seus mundos maravilhosos de sensações e impressões na esfera emocional.

ANDRÉ LUIZ, *Missionários da Luz*

Segundo a literatura, os estados alterados da consciência podem ser induzidos pelo jejum, pela privação sensorial decorrente da meditação disciplinada (com exclusão intencional de informações sensoriais), pela histeria, por meio da dança frenética ou sexualidade orgiástica, por hipnose ou pelo uso de vários psicodélicos naturais intoxicantes, até mesmo pelo intercâmbio mediúnico.

Segundo a obra *O Livro dos Espíritos*, no capítulo intitulado "Resumo teórico do sonambulismo, do êxtase e da segunda vista", poderíamos dividir em três categorias esses estados alterados da consciência:

• O sonambulismo natural se produz espontaneamente e é independente de causa exterior. Certas pessoas são capacitadas de uma estrutura especial e pelo perispírito podem ser provocadas artificialmente, por meio de um agente magnético, por intermédio de um indivíduo encarnado ou desencarnado. No sonho e no sonambulismo, a alma erra nos mundos terrestres.

• O êxtase já é o estado no qual a independência da alma e do corpo se manifesta de maneira mais sensível e se torna, de alguma sorte, palpável. Nesse estado de consciência, todos os pensamentos terrestres desaparecem para dar lugar ao sentimento purificado, que é a essência mesmo de nosso ser imaterial. Nesse estado, o aniquilamento do corpo é quase completo; não há mais, por assim dizer, a vida orgânica, e sente-se que a alma não se prende ao corpo, senão por um fio. Nessas condições conhecemos, então, os santos, os místicos, os espíritos de uma elevação moral e intelectual.

• Na emancipação da alma no estado de vigília, produz-se o fenômeno denominado segunda vista para aqueles dotados da faculdade de ver, ouvir e sentir além dos limites de nossos sentidos físicos. Eles percebem por todas as partes onde a alma estende sua ação. Na segunda vista, o estado físico está sensivelmente modificado. Toda a fisionomia reflete uma espécie de exaltação.

O sonambulismo natural ou provocado, o êxtase e a segunda vista não são mais que variedades ou modificações de uma mesma causa, como disse Kardec.

Os espíritos desencarnados exercem um papel nos fenômenos que se produzem em alguns indivíduos, as chamadas convulsões, febres, euforias, entre outras coisas, alterando o estado de consciência da criatura, como um efeito magnético que age sobre o sistema nervoso do ser, da mesma maneira que certas substâncias químicas adentram no organismo, gerando desgoverno e desequilíbrio.

A exaltação do pensamento pelo desencarnado enfraquece a sensibilidade da vítima, como uma espécie de efeito anestésico. O próprio intercâmbio mediúnico acarreta uma espécie de sobrecarga neural no cérebro do médium.

Kardec, em *O Livro dos Espíritos,* comentou:

> Entre as faculdades estranhas que se distinguem nos convulsionários, reconhecem-se sem dificuldades as que o sonambulismo e o magnetismo oferecem numerosos exemplos: tais são, entre outras, a insensibilidade física, o conhecimento do pensamento, a transmissão simpática das dores, etc. Não se pode, pois, duvidar de que

os que sofrem crises não estejam em uma espécie de sonambulismo desperto, provocado pela influência que exercem uns sobre os outros. Eles são, ao mesmo tempo, magnetizadores e magnetizados, sem o saberem.

Assim, grandes nomes como Hitler, Alexandre "O Grande", Júlio César, Machado de Assis e Napoleão Bonaparte, segundo a imprensa, sofriam de convulsões misteriosas que recaíram sobre eles em momentos aparentemente aleatórios – muitas vezes inconvenientes. Dostoievski também sofreu desses estados. Os relatórios sobre ele são suficientemente detalhados para permitir determinado diagnóstico médico acerca de sua aflição – algum tipo de epilepsia psicomotora.

A epilepsia é uma crise convulsiva, uma breve ruptura da função cerebral por meio de uma atividade elétrica temporária anormal entre os neurônios. Os tipos de convulsão dependem do local do córtex cerebral afetado por essa alteração de atividade elétrica.

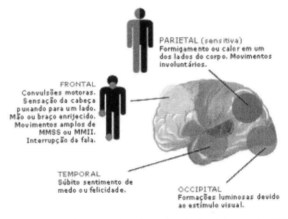

Tipos de convulsão segundo a área afetada do córtex cerebral. Fonte: *www.psiquiatriageral.com.br*

O doutor Sérgio Felipe diz na revista *Saúde e Espiritualidade*:

> André Luiz, no livro *Evolução em Dois Mundos*, tem um termo que talvez defina com bastante propriedade esse quadro: chamado alterações histeroepileptiformes. Nesses casos, o paciente tem uma crise semelhante à convulsiva, mas, quando avaliada do ponto de vista neu-

rológico, apresenta um aspecto conversivo. Na alteração histeroepileptiforme há uma síntese de dois conceitos: a conversão histérica, que foi muito bem estudada por Charcot, na Salpetrière, e as crises epilépticas. Não é nem uma coisa, nem outra, mas um estado alterado de consciência que leva à perda de controle das funções motoras e ao aparecimento, no eletroencefalograma, de um padrão de onda denominado onda fantasma, o que não configura exatamente uma anormalidade. Dá-se um alentecimento de ondas nos lobos frontal e pré-frontal, o que não justifica a proporção da crise pela qual a pessoa passa.

Nos experimentos do doutor Sérgio, em eletroencefalografia e mapeamento cerebral de médiuns em transe psicofônico, ocorre a mesma alteração com o alentecimento de ondas ao eletroencefalograma dos lobos frontal e pré-frontal. Curiosamente, esse alentecimento acontece nos estados de sonolência, no momento em que o indivíduo vai dormir, quando perde sua capacidade de expressão.

No entanto, o médium em transe tem ondas mais lentas no lobo frontal e pré-frontal, de forma semelhante ao que ocorre nos estados de sonolência, só que, inversamente, ele tem uma hipercapacitação de expressão, fala coisas além de sua capacidade, com grande traquejo de linguagem e, às vezes, com alteração, inclusive, do padrão de personalidade ou de comportamento, em um movimento intenso, muitas vezes até muscular. No entanto, ele não está dormindo, diz o médico.

No livro *Evolução em Dois Mundos*, no capítulo chamado "Histeria e psiconeurose", André Luiz explica a epilepsia, sem lesão orgânica:

> Entretanto, as simbioses dessa espécie, em que tantas existências respiram em reciprocidade de furto psíquico, não se limitam aos fenômenos desse teor, nos quais espíritos desencarnados, estanques em determinadas concepções religiosas, anestesiam ou infantilizam temporariamente consciências menos aptas ao autocontrole, porquanto se expressam igualmente nas moléstias nervosas complexas, como a histeroepilepsia, em que o paciente sofre o espasmo tônico em opistótono, acom-

panhado de convulsões crônicas de feição múltipla, às vezes sem qualquer perda de consciência equivalendo a transe mediúnico autêntico, no qual a personalidade invisível se aproveita dos estados emotivos mais intensos para acentuar a própria influenciação. E, na mesma trilha de ajustamento simbiótico, somos defrontados na Terra, aqui e ali, pela presença de psiconeuróticos da mais extensa classificação, com diagnose extremamente difícil, entregues aos mais obscuros quadros mentais, sem se arrojarem à loucura completa. Tais entidades imanizadas ao painel fisiológico e agregadas a ele sem o corpo de matéria mais densa vivem assim, quase sempre por tempo longo, entrosadas psiquicamente aos seus hospedadores, porquanto o espírito humano desencarnado, erguido a novo estado de consciência, começa a elaborar recursos magnéticos diferenciados, condizentes com os impositivos da própria sustentação, tanto quanto, no corpo terrestre, aprendeu a criar, por automatismo, as enzimas e os hormônios que lhe asseguravam o equilíbrio biológico, e, impressionando o paciente que explora, muita vez com a melhor intenção, subjuga-lhe o campo mental, impondo-lhe ao centro coronário a substância dos próprios pensamentos, que a vítima passa a acolher qual se fossem os seus próprios. Assim, em perfeita simbiose, refletem-se mutuamente, estacionários ambos no tempo, até que as leis da vida lhes reclamem, pela dificuldade ou pela dor, a alteração imprescindível.

De acordo com o doutor Stewart, na epilepsia humana é observado um ritmo diário nos fenômenos de convulsão, o que sugere o envolvimento de sinais temporais endógenos dependentes do relógio biológico. Apesar da melatonina exógena, quando administrada em doses farmacológicas poder levar a uma diminuição dos quadros convulsivos, provavelmente devido ao seu efeito antioxidante; um aumento do número de convulsões é observado quando do aumento noturno de melatonina endógena. Uma possível explicação para esta discrepância é de que a melatonina inibe a liberação de dopamina, que é um neurotransmissor envolvido no controle de convulsões epilépticas.

Outro fator na atividade epiléptica pode ser um mau funcionamento da glândula pineal. Em três artigos na revista *PubMed* sobre a glândula pineal, bem como sobre o neuro-hormônio melatonina, são discutidos tais fatores em relação às crises epilépticas. Algumas alterações significativas foram encontradas em níveis de melatonina, durante as convulsões, consistentes com a hipótese de que a melatonina tem uma função inibitória sobre a atividade do sistema nervoso central.

Pacientes com crises epilépticas tiveram menor secreção urinária, significativamente de melatonina, o que pode indicar que a melatonina tem efeito protetor sobre as apreensões, e da glândula pineal. A melatonina exerce uma grande influência no controle da atividade elétrica do cérebro e tem se mostrado importante no envolvimento com a apreensão do mecanismo do sono.

A pineal é uma glândula magnetossensível. Pacientes epiléticos relataram choques elétricos, arrepios na cabeça ou no corpo, bem como cintilação de luz na cabeça e aumento na gravidade, quando se trabalha atrás de um monitor de computador, pois estes são conhecidos por emitir ondas eletromagnéticas de baixa frequência.

Sabendo que os campos eletromagnéticos (CEM) afetam a serotonina e a melatonina da glândula pineal, essas ondas eletromagnéticas, portanto, poderiam desencadear atividade epiléptica, alterando as funções da glândula pineal.

Aqui é um campo de investigação para estabelecer se esses efeitos são de fato epileptiformes de natureza e se formam apreensões serotoninérgicas, dopaminérgicas e colinérgicas, bem como com o envolvimento da glândula pineal.

Poderíamos também incluir as obsessões espirituais, sendo o pensamento um raio ou uma onda de baixa frequência, atuando no cérebro da vítima, que recebe as vibrações pesadas do obsessor; seria uma descarga neural extra no cérebro da vítima, gerando, então, a convulsão epilética.

Como analisamos, existe uma relação profunda entre a epilepsia e a função da glândula pineal. Há estudos, pesquisas e muitos mecanismos já conhecidos. A melatonina possui reconhecidas funções hormonais e cronobiológicas. Porém, a função de neuroproteção contra a ação de radicais livres é um achado recente, assim como sua ação anti-inflamatória e de seu precursor N-acetil-serotonina, em processos agudos.

Estudos *in vitro* demonstram que a melatonina causa uma diminuição no influxo de cálcio para o interior da célula, causando diminuição da atividade glutamatérgica, diminuindo a resposta excitatória neuronal. A epilepsia refere-se a um distúrbio da atividade elétrica cerebral e é caracterizada pela ocorrência periódica e espontânea de atividade altamente sincronizada, sendo acompanhada de manifestações comportamentais. A melatonina tem sido capaz de proteger a cultura neuronal primária de morte induzida pela estimulação de receptores de glutamato da lesão no DNA e da morte desencadeada pelo estresse oxidativo.

Alguns cientistas pesquisaram e descobriram que esses estados alterados da consciência estavam relacionados com a glândula pineal, gerando patologias psíquicas.

Em 1948, o hematologista Maurice Rapport, trabalhando na Clínica Cleveland, estava envolvido na busca por uma substância no soro do sangue que poderia estar relacionada com a tendência do sangue a coagular, o que também pode causar a constrição dos vasos sanguíneos. Ele, finalmente, encontrou apenas uma substância, que tendia a fazer formação dos coágulos sanguíneos, e isso tende a ser um músculo, bem como um vaso constritor.

O pesquisador Rapport nomeou essa substância de serotonina, que é fabricada totalmente e profusamente por células especializadas que ficam na parede do intestino. Presume-se que desempenha um papel de alguma forma nos movimentos peristálticos. Ele dizia que a serotonina desempenha um papel importante no sono, no apetite, na memória, na agressividade, no comportamento sexual, na atividade cardiovascular, na atividade respiratória, na saída motora, sensorial e no neuroendócrino de funções; contudo, o papel mais importante é a percepção.

A doutora Ann Blake Tracy afirma que um aumento da serotonina produz junco de insulina soltando os níveis de açúcar e quimicamente induzindo a hipoglicemia (baixa de açúcar no sangue). Além disso, danifica os vasos sanguíneos de serotonina, especialmente nos pulmões e pode também prejudicar válvulas cardíacas. Isso se deve ao fato de que a serotonina é um vaso construtor muito potente.

O pesquisador E. J. Gaddum, professor de farmacologia na Universidade de Edimburgo, parece ter sido um dos primeiros a notar a ligação entre a serotonina e os estados mentais do ser. Em um artigo publicado em 1953, ele apontou para o fato estranho de que o LSD-25 foi um potente antagonista da serotonina. Dois bioquímicos que trabalham no Instituto Rockefeller, Woolley D. W. e E. Shaw, foram igualmente afetados por essa estranha coincidência. Eles testaram uma série de outros produtos químicos antagonistas à serotonina e escreveram em um tom um pouco assustado: "Entre cada um desses compostos, alguns causam aberrações mentais".

Esses pesquisadores disseram que o que ocorre naturalmente nos transtornos mentais, por exemplo, a esquizofrenia, que são imitados por essas drogas, pode ser imaginado como o resultado de uma deficiência de serotonina cortical metabólica decorrente de falha ao invés de ação da droga.

Entre os primeiros a perseguir o rastro de hormônios pineal e neuro-humores está Nicholas Giarmin, um professor de farmacologia que tinha sido um ex-aluno de Gaddum, em Edimburgo, e lembrou a ligação que Gaddum tinha feito cinco anos antes entre LSD e serotonina. Com ele trabalhava um professor de psiquiatria, Daniel Freedman, que ficou fascinado pelo novo campo inteiro da farmacologia que se abria com os estados de espírito.

Eles começaram a medição do conteúdo de serotonina nas várias partes do cérebro humano, usando autópsia, a fim de explorar os limites de nossa capacidade tecnológica. Neuro-humores existem no cérebro infinitamente em pequenas quantidades. Eles são medidos por uma unidade conhecida como nanograma, que é um bilionésimo de um grama. Não são apenas os procedimentos de um ensaio muito crítico, mas, desde que acontecem drásticas mudanças químicas entre o estado que chamamos de vida e o que nós definimos como a morte, é difícil provar que as quantidades de qualquer entidade, presentes na autópsia, são as mesmas que podem ser encontradas no mesmo tecido no resplendor da vida.

O doutor Giarmin Freedman confirmou que o cérebro humano produz serotonina em vários locais diferentes da pineal. É produzida em células isoladas, dispersas, mas a densidade dessas células varia de acordo com sua localização no cérebro. Por exemplo, no tálamo, descobriram sessenta e um nanogramas de serotonina por grama de tecido; no hipocampo, cinquenta e seis; no cinzento, seção central do mesencéfalo, encontraram quatrocentos e oitenta e dois nanogramas, mas na pineal encontraram três mil, cento e quarenta nanogramas de serotonina por grama de tecido. A pineal foi indiscutivelmente o local mais rico em serotonina do cérebro. A pineal parece produzir serotonina em excesso, além de suas necessidades de melatonina. Pergunta-se: o que acontece com esse excesso? A glândula pode fornecer uma espécie de reservatório de serotonina para o cérebro como um todo? Pode-se fazer uma correlação entre a serotonina pineal e o transtorno mental? Como o próprio nome implica, a pineal parece uma pinha em miniatura, sentada no meio do cérebro, em cima de um apêndice.

O doutor Giarmin Freedman pesquisou a glândula pineal de certos doentes mentais que sofriam de transtornos psíquicos específicos e achou um forte excesso de serotonina em suas pineais. A quantidade média de serotonina encontrada nas pineais de pessoas normais é de cerca de 3,52 microgramas por glândula. Na glândula pineal de um esquizofrênico foram encontrados dez microgramas de serotonina, enquanto outro paciente, que sofre de *delirium tremens*, teve a pineal contendo 22,82 microgramas de serotonina.

Pesquisas indicam que o neurotransmissor serotonina produzido pela glândula pineal pode criar estados similares aos produzidos pelas drogas ditas psicodélicas (LSD). A serotonina pode gerar modificações da percepção sensorial, alucinações, sensação de fusão com o mundo, ou seja, nem mais nem menos do que as sensações que os místicos dizem experimentar durante seus estados extáticos.

Descobriu-se que o cérebro reage às moléculas do LSD e da psilocibina (molécula presente em um cogumelo mágico) como se fossem serotonina, porque suas estruturas moleculares são muito parecidas com esta última, como explica o biólogo Olivier Cases (Unidade Inserm 106, Hospital da Pitié-Salpêtrière, Paris).

Devido a essa semelhança, essas drogas conseguem induzir artificialmente uma libertação em massa de glutamato, um neurotransmissor que assegura a transmissão de informações sensoriais, fazendo-se passar pela serotonina, o que, no fim das contas, provoca as alterações de percepção. Daí a hipótese de que as experiências místicas naturais, ou seja, sem influência de drogas, poderiam ser provocadas pela serotonina; tal hipótese já foi um passo.

No ano de 2003, com a orientação da neurobióloga Jaqueline Borg e de sua equipe (Universidade Karolinska de Estocolmo, Suécia), uma experiência que envolvia quinze voluntários estabeleceu que a tendência para ver o mundo como habitado pelo divino – uma tendência batizada de religiosidade pelos investigadores – depende efetivamente da taxa de serotonina.

Investigando o cérebro de seus voluntários por tomografia, com emissão de positrões (TEP), a equipe sueca pôs em evidência o papel de certos receptores químicos, chamados 5HT1A. Situados em uma categoria de neurônios ditos "serotoninérgicos", esses receptores têm a arte de fazer baixar a quantidade de serotonina libertada no cérebro.

Parece que quanto mais fraca era a quantidade desses receptores 5HT1A e quanto mais elevada era a taxa de serotonina, maior era a religiosidade demonstrada. Ou seja, nesse caso, os sujeitos tinham uma tendência para apreender as dificuldades da vida desenvolvendo a ideia de que uma presença divina existe no mundo. Diziam também muitas vezes ter vivido experiências místicas. Ou, ainda, acreditavam em milagres ou na existência de um sexto sentido. Assim, uma taxa elevada de serotonina no cérebro aumentaria o grau de religiosidade.

Como é que os cientistas fizeram para avaliar essa famosa religiosidade? Simples: empregaram um instrumento frequentemente utilizado pelos psiquiatras para determinar as grandes tendências da personalidade de seus pacientes. O Inventário de Temperamento e Caráter (TCI – *Temperament and Character Inventory*), um registro composto por duzentas e trinta e oito questões, permite avaliar a importância no indivíduo de vinte e cinco aspectos fundamentais da personalidade humana, tais como a impulsividade, a dependência da opinião dos outros, o medo do desconhecido, etc. Ora, neste questionário, há uma série de perguntas destinadas a avaliar o grau de religiosidade dos sujeitos, do gênero: "Já se sentiu em contato com uma presença espiritual divina?" ou "as experiências religiosas ajudaram-no a compreender o sentido da sua vida?", conta Jacqueline Borg.

A dimensão perturbadora do resultado obtido pelos investigadores suecos aparece desde logo, quando se fica sabendo que, entre os vinte e cinco aspectos da personalidade dos voluntários avaliados pelo TCI, a religiosidade se revelou o único parâmetro correlacionado com a densidade dos receptores 5HT1A.

Um estudo alemão realizado em 2002 sugere que outros neurotransmissores poderiam estar implicados na religiosidade: os opioides, que são conhecidos por terem papel importante na sensação de dor. Assim como para a LSD e a serotonina, verifica-se que as drogas opiáceas, tais como a morfina ou o ópio, que imitam a ação dos opioides naturalmente segregados pelo cérebro, modificam as percepções sensoriais.

Com base em entendimentos de sua pesquisa, financiada pelo governo federal, o doutor Rick Strassman (Novo México) escreveu *DMT The Spirit Molecule*, uma investigação sobre a biologia do *Near-Death and Mystical Experiences* (2001). Nesse livro, Strassman tem especulado como a glândula pineal tem um potencial considerável metabólico para produzir um psicodélico poderoso chamado DMT, que pode ser amplificado em "tempos extraordinários em nossas vidas", como a morte (quase-morte) ou o nascimento, além de transcendentes experiências místicas.

Outros sugerem que a pineal produz a substância DMT, a qual estimula a sonhar. O DMT é estruturalmente semelhante à melatonina. O precursor bioquímico para ambas as moléculas é a serotonina, um neurotransmissor-chave, cujas vias estão envolvidas nos humores e orientadas para os tratamentos de transtornos psiquiátricos.

A substância DMT também possui estruturalmente semelhanças com outras drogas psicodélicas, como o LSD e a psilocibina. É o agente ativo nos xamãs, chamado "ayahuasca amazônica", usado para provocar *out-of-body experiences*. Como muitos fármacos, interfere no controle de humor (por exemplo, o Prozac). Esses agentes psicodélicos atuam em interação com a serotonina.

Vestígios de DMT foram encontrados em seres humanos, particularmente nos pulmões, mas também no cérebro. Strassman enfatiza que a glândula pineal é, teoricamente, mais capaz do que praticamente qualquer outro tecido para produzir o DMT, incluindo o pré-requisito de possuir precursores bioquímicos e enzimas transformadoras. Contudo, diz o pesquisador que ainda não se sabe ao certo se o DMT é feito pela pineal. Sob condições normais, as enzimas degradam rapidamente o DMT. Enquanto não sabemos quando e em que circunstâncias o DMT sobe naturalmente, é tentadora a hipótese de que, quando se torna elevado, por algum motivo, experiências extraordinárias podem ocorrer. Por exemplo, no caso de morte, Strassman especula que a fisiologia que mantém os níveis de DMT em xeque (por exemplo, as enzimas de degradação), durante a vida, começa a quebrar, permitindo a expressão completa do DMT, e, por sua vez, o *out-of-body*, com percepções sutis ou relatados de experiências de quase-morte.

Strassman foi levado à glândula pineal como uma possível fonte de componentes psicodélicos produzidos sob certos estados mentais e físicos anormais. Essas condições incluiriam limiar da morte, nascimento, febre elevada, meditação prolongada, jejum e privação sensorial. Esse minúsculo órgão — o "assento da alma" ou "terceiro olho" para os antigos — deve produzir o DMT ou substâncias similares, com simples alterações químicas em um bem conhecido hormônio da pineal, a melatonina, ou em um importante componente químico cerebral, a serotonina. Talvez seja o DMT, liberado pela pineal, que abra o olho da mente para realidades espirituais ou não físicas.

A glândula pineal também exerce uma grande fascinação no douto Rick Strassman. Ela se torna visível pela primeira vez no feto humano quarenta e nove dias depois da concepção (geração do embrião). Essa também é a ocasião em que o sexo do feto se torna claramente distinguível. Quarenta e nove dias, segundo diversos textos budistas, é quanto tempo leva para a força vital de alguém que morreu entrar na próxima encarnação. Talvez a força vital de um humano entre no feto após quarenta e nove dias, por meio da pineal; e essa força também deve deixar o corpo, na morte, pela pineal. Essa ida e vinda deve ser acompanhada pela liberação de DMT na pineal, mediando a consciência desses fenômenos incríveis.

O doutor J. C. Callaway, da Universidade de Kuopio, Finlândia, demonstrou experimentalmente que a experiência de "quase-morte" ou "fora do corpo" ou a própria morte (pelo plasma sanguíneo) têm como base psilocina, DMT e 5MeO-DMT. Toda noite, nós produzimos, pela glândula pineal, psilocina, 5-MeO-DMT e DMT. Na verdade, eles estão no líquido espinal cerebral; os sonhos lúcidos são induzidos por DMT. Mais uma vez o doutor Callaway demonstrou isso objetivamente. Quando nascemos, nosso cérebro é inundado com 5-MeO-DMT. O cérebro é 40% mais ativo e aberto para essas percepções espirituais. Esses são fatos objetivos, demonstrados em experimentos rigorosos. De alguma maneira, na puberdade, isso parece cessar e perde-se contato com esse mundo sensorial sutil, conforme diz o pesquisador.

Para que o leitor saiba, o N-Dimethyltryptamine, mais conhecido como DMT, é encontrado em pequenas quantidades no corpo humano, onde sua função natural, se houver, é indeterminada. Estruturalmente, o DMT é análogo ao neurotransmissor serotonina (5-HT) e a outros psychedelic triptaminas, como 5-MeO-DMT, bufotenina (5-OH-DMT) e psilocina (4-OH-DMT). O DMT é criado em pequenas quantidades pelo corpo humano, durante o período normal do metabolismo, pela enzima triptamina N-metiltransferase.

A doutora Marlene Nobre escreveu um artigo que foi publicado na *Revista Cristã de Espiritismo*, edição especial 8, dizendo: "É preciso considerar também o que Philip Lansky descreve sobre a conversão da melatonina em 10- methoxyharmalan, um potente alucinógeno".

Em seu artigo, "Neurochemistry and the Awakening of Kundalini", Lansky enfoca o processo pelo qual ocorre a transmutação de energia sexual em psíquica, procurando explicar, neuroquimicamente, a experiência vivida por Gopi Krishna em sua autobiografia. Este é o trecho descrito por Krishna, denominado *kundalini* citado por Lansky em seu artigo:

> Durante uma dessas intensas concentrações, eu subitamente senti uma estranha sensação na base da espinha,

no lugar onde toca o assento, enquanto eu sentei de pernas cruzadas em um tapete dobrado espalhado no chão. A sensação foi tão extraordinária e prazerosa que minha atenção foi dirigida forçosamente para isso. No momento em que minha atenção foi então inesperadamente para o ponto onde foi focalizado, a sensação cessou. Quando completamente imerso, de novo experimentei a sensação, mas, desta vez, ao invés de alongar minha mente até o ponto onde eu tinha fixado, eu mantive uma rigidez de atenção para fora. A sensação de novo estendeu-se para cima, crescendo em intensidade, e eu senti a mim mesmo flutuando; mas com um grande esforço, eu mantive minha atenção centrada ao redor da lótus. De repente, eu senti uma corrente de líquido luminosa entrando em meu cérebro através da medula espinhal.

Ao buscar explicações neuroquímicas para a experiência espiritual, Lansky faz as seguintes observações:

1) Os conceitos tradicionais conhecidos revelam uma interação entre os centros sexuais dos chacras inferiores e os centros psíquicos localizados no cérebro, nos chacras superiores.

2) A experiência de Gopi Krishna envolve a percepção subjetiva da luz. Esse fenômeno mental poderia ser chamado de "alucinatório".

3) O chacra superior, o mais importante deles, está associado à glândula pineal.

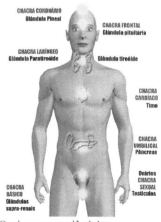

Os chacras e as glândulas.

O doutor Lansky faz considerações sobre a melatonina, sobre suas funções, ainda em grande parte desconhecidas, ressaltando as experiências que evidenciam o efeito inibitório sobre mamíferos, machos e fêmeas, e também o inverso, os hormônios sexuais, testosterona, estrógeno e progesterona, inibindo a biossíntese da melatonina. E ressalta também o que já está muito estabelecido: que a pineal está envolvida na percepção da luz.

Nesse ponto, Lansky diz:

> A melatonina pode se transformar em 10-methoxyharmalan, que é um potente alucinógeno. Isso poderia explicar também as alucinações que ocorrem em diferentes desordens mentais. Como se vê, a experiência do nascimento da *kundalini* e de sua transformação parece envolver diretamente a pineal (*Revita Cristã de Espiritismo*).

É interessante destacar também que ela permite ao homem reencarnado adaptar-se ao tempo da terceira dimensão, bem como lhe faculta a percepção, durante o fenômeno mediúnico, do tempo em outras dimensões. O fato de que ela provê o organismo de um tempo circulante parece estar ligado à sua atividade rítmica em torno de vinte e quatro horas, que produz maior ou menor quantidade de melatonina, conforme os períodos de obscuridade e claridade. "Na realidade, o olho humano deixa passar a informação de claro-escuro, mas só a pineal é capaz de interpretar mais amplamente os dados ambientais, inclusive aquele do polo magnético da Terra, sob a direção da mente", conforme diz a médica Marlene Nobre em matéria publicada pela *Revista Cristã de Espiritismo*.

Como vemos nas experiências narradas pelo doutor Lansky, a glândula pineal tem um papel importantíssimo na meditação. O cérebro humano possui muitas funções, mas pouco se sabe sobre seu relacionamento científico com a mente e o espírito. Estudos focados na relação entre ciência e religião foram realizados recentemente, em que os neurocientistas, os estudiosos budistas e seguidores de Dalai Lama, em pesquisas sobre concentração, atenção, imaginação mental, emoção, mente, as funções cerebrais e meditação, sugeriram que a meditação religiosa oferece um meio eficaz para investigar a mistério da mente e do espírito.

Na última década, os cientistas esforçaram-se para obter mapeamentos do cérebro de vários estilos de meditação, com observação de técnicas de imagem cerebral e resultados diferentes de estimulações. Nessas pesquisas constaram que outras regiões do cérebro, por exemplo, a glândula pineal, nesses fenômenos, possuem uma ativação significativa durante o processo de meditação, de apoio à especulação de longa duração. A pineal desempenha um papel importante nesse aspecto.

Ela é conhecida como uma glândula endócrina que produz substratos como melatonina, à qual têm sido atribuídas várias funções ainda misteriosas, mas sua ativação durante a meditação nunca foi observada pela técnica de imagem cerebral. Inspirados pelo centro geométrico do cérebro, fisiologistas, psicólogos, filósofos e religiosos têm especulado, durante séculos, sobre a função relevante do espírito e da glândula pineal.

Nessas pesquisas, a ciência estudou meditação, para explorar essa especulação de longa duração, usando técnica de ressonância magnética funcional. Nossos resultados demonstram uma correlação entre a ativação da pineal e da meditação religiosa, que pode ter profundas implicações no entendimento fisiológico da consciência intrínseca.

O que a meditação faz ao cérebro? No silêncio da meditação, a glândula pineal produz mais melatonina – esse acréscimo é usado pelo próprio cérebro na regeneração das células, ativando áreas ainda "silenciosas".

À medida que a prática meditativa vai aumentando, ocorre uma atividade no córtex pré-frontal, pela persistência do participante em sua focalização e concentração. O aumento da atividade do córtex pré-frontal corresponde ao aumento na liberação do cortisol de glutamato, estimulando o hipotálamo na produção de beta-endorfina, sendo que esse neurotransmissor produz depressão respiratória, diminuição da dor e redução das sensações associadas ao medo, além de reprodução de euforia; efeitos esses relacionados com a prática da meditação.

A estimulação da parte lateral do hipotálamo pode implicar em alterações na atividade do neurotransmissor, chamado serotonina, tendo como fato a existência de grande quantidade de serotoninérgicos na urina de quem pratica a meditação. A serotonina é um neuromodulador que influencia fortemente as percepções produzidas nos centros visuais presentes no lobo temporal.

As células do núcleo dorsal da rafe no tronco cerebral produzem e distribuem 5-HT, quando estimuladas pelo hipotálamo lateral e também pelo córtex pré-frontal. O aumento na concentração de serotonina, quando combinado com a inversão do hipotálamo lateral na glândula pineal, pode conduzir a um aumento das concentrações de um neuro-hormônio chamado melatonina, por meio da conversão 5-HT. A melatonina é um depressor do sistema nervoso central, com concomitante redução da percepção da dor e indução do sono e do relaxamento.

Para que o leitor possa entender, no campo da neuroquímica, 5-HT são receptores para o neurotransmissor e mediador de sinais periféricos, serotonina, também conhecida como 5-hidroxitriptamina ou 5-HT. Os receptores 5-HT estão localizados na membrana celular de células nervosas e outros tipos celulares, incluindo músculo liso em animais, e fazem a mediação dos efeitos da serotonina, com ligamento endógeno, além de uma série de drogas farmacêuticas e halucinogênicas.

Os receptores 5-HT afetam a libertação e a atividade de outros neurotransmissores, como o glutamato, a dopamina e o GABA. Os receptores 5-HT2 aumentam a atividade do glutamato em muitas áreas do cérebro, enquanto outros receptores de serotonina têm o efeito de suprimirem o glutamato. Segundo a enciclopédia livre Wikipédia, a estimulação crescente dos receptores 5-HT parecem opor-se às ações terapêuticas de estimulação crescente de outros receptores de serotonina em tratamentos ansiolíticos e antidepressivos.

Durante a meditação, as concentrações plasmáticas de melatonina tendem a aumentar, e metabólicos da melatonina também são encontrados na urina dos praticantes. Isso poderia contribuir para o aparecimento de sensações tranquilizantes, assim como menor consciência dos estímulos dolorosos, podendo explicar os feitos pelos faquires indianos.

Willian James (1842-1910), fundador da psicologia americana, escreveu na obra *Variedades da Experiência Religiosa* que o que é chamado de "consciência religiosa" é um tipo especial de consciência, estando lá as formas potenciais de consciência inteiramente diferentes, embora muitas pessoas possam passar pela vida sem suspeitar da existência desses estados de consciência. Ele deu ênfase ao caráter altamente pessoal dos processos do pensamento, ao caráter sempre mutável das percepções, que seriam alteradas pelo estado subjetivo da pessoa. Ele acreditava em uma "corrente da consciência", compreendendo que os conteúdos mentais não são estáticos e desconexos, mas, sim, resultavam de uma atividade organizadora, dinâmica da mente, considerando que os processos mentais servem aos interesses dos organismos vivos.

Por volta de 1908, um psiquiatra austríaco chamado Hans Berger anunciou que foi possível registrar as fracas correntes elétricas (ondas cerebrais) geradas no cérebro, sem abrir o crânio, e mostrá-las em uma tira de papel. Berger denominou essa nova forma de registro de eletroencefalograma (EGG, para abreviar): eletro = elétrica; encéfalo = cabeça ; grama = desenho, gráfico, foto.

Berger constatou que essa atividade de ondas cerebrais era alterada de acordo com o estado funcional do cérebro, como no sono, na anestesia, na hipóxia (falta de oxigênio) e em certas doenças nervosas, como na epilepsia. As ondas cerebrais descobertas pelo doutor Berger receberam o nome de "Alpha", que é a primeira letra do alfabeto grego, como o nosso "a".

Um dos primeiros pesquisadores, o doutor Elmer Green, PhD em biopsicologia da clínica Menninger, em Kansas, durante anos, tem explorado os reinos da consciência. Ele utilizou instrumentos para estudar a meditação dos iogues orientais e descobriu que certos iogues poderiam controlar seus estados internos somente pela meditação e pelo pensamento. Em recente pesquisa (um estudo da psicofísica e psicofisiologia, durante uma forma de meditação tibetana), ele e seus colegas encontraram anômalos efeitos de campo elétrico em torno do corpo dos "curandeiros".

Em uma matéria publicada pela revista *Sexto Sentido*, o francês neurofísico Patrick Druot diz que existe uma diferença entre o nível das ondas cerebrais e o nível de consciência:

> Nós pensamos que a atividade cerebral é ligada a sinais elétricos emitidos pelo cérebro, mas o nível de consciência é ligado ao campo magnético emitido pelo cérebro; nós pensamos que todas as pessoas que têm capacidades ditas mediúnicas têm uma atividade cerebral elétrica e magnética particular. O objetivo do caminho espiritual é a realização; no caminho dos iogues você vai encontrar o que eles chamam de ativação dos *sidhis*; eles possuem o que a gente chama aqui no Ocidente de dons paranormais: a clarividência, a clariaudiência, etc.

Então, de acordo com sua estrutura psíquica, pode haver a clariaudiência (audição de sons psíquicos), que pode ser ativada, ou a clarividência (paravisão), ou os dois, como conclui Patrick.

Estudos do doutor Roger Penrose mostram, por meio de tomografias por emissão de pósitron (PET) e ressonância magnética, que os estados de meditação e transe consomem oxigênio e glicose, com aumento da microcirculação cerebral.

Stanley Krippner, PhD, diretor do Centro de Estudos da Consciência, Saybrook Institute, autor de *Decifrando a Linguagem dos Sonhos*, diz que as motivações mais comuns são os "chamados" em sonhos e em estados alterados de consciência.

O psiquiatra Stanilav Grof registrou em sua obra *Além do Cérebro* que, em estados alterados de consciência, é bastante comum se verificar episódios quase concretos e realísticos de memória fetal e embriônica; muitos sujeitos relatam vívidas sequências, da consciência celular, que aparentam refletir sua existência sob a forma de esperma ou óvulo, no momento da concepção. Algumas vezes, a regressão parece aprofundar-se mais, e o indivíduo tem a convicção de estar revivendo lembranças da vida de seus ancestrais ou mesmo se aproximando do inconsciente coletivo e racial.

Alguns outros fenômenos transpessoais envolvem a transcendência de barreiras espaciais, em vez de barreiras temporais. Pertencem a esse campo as experiências de fusão com outra pessoa, em um estado dual ou de identificação completa com o outro, sem perda da própria identidade; sintonização com a consciência de um grupo inteiro de indivíduos ou expansão da própria consciência a ponto de parecer incluir toda a humanidade. Outro fenômeno relacionado com a transcendência das limitações espaciais comuns é a consciência de certas partes do corpo — vários órgãos, tecidos ou mesmo células individuais. Uma importante categoria de experiências transpessoais, envolvendo transcendência de tempo e/ou espaço, trata dos variados fenômenos de experiência extrassensorial (PES), tais como experiências fora do corpo, telepatia, premonição, clarividência, clariaudiência e viagem através do tempo e do espaço.

Os parapsicólogos doutores Charles Tart e Raymond Moody afirmam que há ampla evidência de que algum estado alterado de consciência provoca sentimentos extremamente agradáveis e podem afetar profundamente a personalidade de um indivíduo. Por exemplo, algumas experiências religiosas são descritas como uma sensação muito agradável da presença divina e como o acesso ao significado de todas as coisas. As drogas como LSD podem induzir sentimentos semelhantes.

O pesquisador e escritor Aldous Leonard Huxley diz que, quando o indivíduo se entrega por tempo muito prolongado às orações, inúmeras vezes e em ritmo acelerado, pode provocar alterações na frequência respiratória, fazendo aumentar a concentração de CO^2 nos alvéolos pulmonares e no sangue, diminuindo, assim, a eficiência do cérebro, tornando possíveis experiências visionárias. Assim os místicos entram em estados de êxtase, cujos mecanismos indutores podem envolver rezas, penitências, jejuns propiciatórios e, sobretudo, posturas corporais diferenciadas.

O neurocientista Mario Beauregard, da Universidade de Montreal, no Canadá, estudou o cérebro de quinze freiras carmelitas, enquanto elas rezavam. Achou uma dezena de pontos ativados, especialmente nas áreas relacionadas à emoção, à orientação corporal e à consciência de si próprio.

Já o radiologista Andrew Newberg, da Universidade da Pensilvânia, nos EUA, mapeou a ativação cerebral de monges budistas. Analisando tomografias dos religiosos durante a meditação, Newberg notou que a área relacionada à orientação corporal é quase toda desativada, o que pode justificar a sensação relatada de desligamento do corpo. Ele também estudou freiras franciscanas durante longas preces. Descobriu que o fluxo sanguíneo do lóbulo parietal esquerdo, parte responsável pela orientação, caía bruscamente. Para Newberg, as irmãs experimentavam a sensação de união com Deus porque o cérebro delas deixava de fazer a separação do próprio corpo com o mundo.

O doutor Ramachandran comenta que alguns pacientes que sofrem de epilepsia do lóbulo temporal sentem sua doença como um êxtase, com sentimentos de unidade com Deus.

Se o cérebro é a chave para as alucinações, os cientistas se dedicam, agora, a saber quais circuitos movem essa engrenagem. O médico Olaf Blanke, da Escola Politécnica de Lausanne, na Suíça, criou em laboratório aquela sensação desagradável de ter uma presença parada às costas. A cobaia foi uma mulher de vinte e dois anos, com epilepsia, que se submetia a uma cirurgia para retirar a lesão que provocava as crises.

A equipe de Blanke aplicou estímulos elétricos em pontos do lado esquerdo do cérebro. A reação foi sinistra: a mulher sentiu que alguém estava atrás dela. Empolgados, os médicos estimularam ainda mais a área, e a paciente foi capaz de descrever o ser invisível como uma pessoa jovem. Os pesquisadores, então, pediram que ela tentasse abraçar os joelhos. Ao se abaixar, a mulher podia jurar que a presença que sentia tinha segurado seus braços.

A área estimulada está relacionada à noção corporal – sem ela fica impossível, por exemplo, mexer os braços na hora de trocar de roupa, por mais que o braço esteja perfeito. Para o médico Olaf Blanke, estímulos nesse ponto podem explicar não só a presença de fantasmas como também os relatos sobre viagens feitas fora do corpo. A tese é reforçada por uma experiência similar realizada em 2002. Ao tentar identificar a área de lesão de uma inglesa de quarenta e três anos, com epilepsia havia onze, Blanke estimulou o giro angular, uma área que fica na parte posterior do lobo temporal, e se surpreendeu com o resultado: a mulher sentiu como se tivesse saído do corpo e levitado dois metros acima da mesa de cirurgia. "O giro angular é importante para processos cerebrais associados à experiência extracorpórea", afirmou Blanke na revista *Nature*.

A Teoria da Mente Humana acredita que a atuação da glândula pineal é realizada pela liberação dos hormônios: noradrenérgicos, dopaminérgicos, serotoninérgicos. São vias que regulam a percepção, a atenção, a ansiedade, o estresse, a excitação e a depressão; hormônios que podem estimular áreas da memória para ativar mecanismos conscientes ou inconscientes, alterar a atividade dos órgãos do corpo e formular pensamentos.

De acordo com o material canalizado pelo professor universitário, premiado consultor, especialista intuitivo Kevin Ryerson, a *kundalini*, que é o poder do desejo puro dentro de nós, é a energia de nossa alma que se utiliza do circuito cristalino do corpo, especialmente a glândula pineal. Uma especial energia ressonante se estende desde a região coccígea até o tronco cerebral. Embora essa via de energia seja principalmente envolvida com a ascensão da *kundalini*, verifica-se que esse circuito também funciona em mais um dia e nos permite comunicar-nos com nossos *higher self*.

A glândula pineal é uma estrutura cristalina que recebe informações da alma e corpos sutis, especialmente o corpo astral.

A doutora Saskia Bosman, investigadora da *Foundation of Environmental Consciousness*, em Gravelnd, Holanda, e do *International Institute of Inclusive Science*, além de responsável pela *SOTHIS Research*, doutorado em Biologia, conta com o apoio da Academia Holandesa das Ciências, em Amesterdã, para aprofundar o estudo da glândula pineal em termos de estímulo-resposta nos seres humanos.

Seu projeto prevê também a medição de dados fisiológicos no decurso de estados alterados de consciência, como, por exemplo, a meditação. Ele considera a glândula pineal uma antena cósmica por meio da qual estamos em contato com uma experiência mística, com evidências profundas de que a glândula pineal tem certamente um papel místico (ou transcendental) ou de experiências paranormais.

Os hormônios serotonina, melatonina, o DMT (dimetiltriptamina), 5-MeO-DMT (5-metoxi dimetiltriptamina) se ligam aos receptores de muitas partes do cérebro. Isso leva a padrões complexos de atividade elétrica, vivenciando os indivíduos, então, experiências que vão desde alucinações e sonhos até experiências místicas.

A questão do projeto, como disse o pesquisador, foi tentar responder quais as estruturas que estavam ativas antes de a glândula pineal começar a produzir esses hormônios envolvidos na experiência mística e que mostram a atividade da glândula pineal em si, bem como quais os mecanismos e processos envolvidos na estimulação e inibição da produção de hormônios e a atividade elétrica da glândula pineal como um resultado do ciclo claro/escuro e se os mecanismos que produzem determinados hormônios da pineal causam as experiências místicas.

O doutor Harold G. Koenig, psiquiatra e professor de Psiquiatria e Ciências do Comportamento na Duke University, reuniu algumas estatísticas sobre ocorrência de delírios religiosos em pacientes com distúrbios mentais ao redor do mundo.

Em amplo estudo realizado nos Estados Unidos, de um mil cento e trinta e seis pacientes com esquizofrenia e distúrbio bipolar, foi verificado que 15% dos bipolares e 25% dos esquizofrênicos tinham delírios religiosos. Na Áustria e na Alemanha, 21% de duzentos e cinquenta e um esquizofrênicos relataram delírios religiosos. Já no Japão, país pouco religioso, entre pacientes psiquiátricos, somente 7% de trezentos e vinte e quatro pacientes analisados apresentaram delírios de perseguição e religiosos de culpa.

Em outro estudo realizado no mesmo país, somente com esquizofrênicos, acusou-se que 11% de quatrocentos e vinte e nove pacientes tiveram delírios religiosos. Os dados foram publicados em 2007 no Suplemento 1 da *Revista Brasileira de Psiquiatria Clínica*.

Em artigo de 2007 da revista *Psychotherapy and Psychosomatics*, Almeida e Lotufo Neto, além de Bruce Greyson, da Universidade de Virgínia, nos Estados Unidos, comentaram os resultados dessa mesma pesquisa. Segundo eles, dos vinte e quatro médiuns analisados, doze foram diagnosticados com esquizofrenia pelos critérios do Código Internacional de Doenças (CID-10), depois de entrevista com base no *Schedules for Clinical Assessment in Neuropsychiatry* (SCAN), um instrumento neuropsiquiátrico de avaliação clínica desenvolvido pela Organização Mundial da Saúde).

Os autores do artigo citado acima alegam que o equívoco se deve ao fato de que "um diagnóstico baseado exclusivamente no cumprimento dos critérios de objetivo diagnóstico tem uma série de limitações, especialmente quando não lidam com uma população não clínica".

Para fazer a prova real, eles testaram se os médiuns diagnosticados com esquizofrenia apresentavam indicadores de distúrbio mental diferentes daqueles que não foram diagnosticados como doentes. Os escores dos ques-

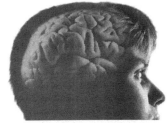

Pessoas com sintomas psicóticos e as saudáveis que viveram experiências místicas apresentaram maior ativação no hemisfério direito do cérebro (fonte: filosofiacienciaevida.uol.com.br/ESPS/Edições).

tionários utilizados para avaliar doenças psiquiátricas e desajustes sociais, o *Self Report Psychiatric Screening Questionaire* (SQR) e o *Self Report Psychiatric Screening Questionaire* (SAS), confirmaram a inexistência de diferenças significativas. Eles completam: "Essas considerações tornam essa via de diagnóstico de esquizofrenia inadequada para médiuns".

A ciência, por pesquisas, chegou à conclusão de que esse poderoso neurotransmissor chamado serotonina é um dos principais agentes da experiência psicodélica, ou seja, mística, mas está envolvido nas operações químicas que produzem o estado alterado de consciência.

7

O homem que se alimenta do sol

> A glândula pineal, se me posso exprimir assim, segrega "hormônios psíquicos" ou "unidades-força" que vão atuar, de maneira positiva, nas energias geradoras.
>
> ANDRÉ LUIZ, *Missionários da Luz*

Para os egípcios, o Sol era o deus Rá. Também Aton, o disco solar, representou o primeiro conceito impessoal de divindade e introduziu uma religião monoteísta. O Sol, em qualquer religião, sempre foi considerado o deus mais importante. Para os persas era Mitra; para os hindus era Brahma; para os fenícios era Adonai; para os gregos, Helios e, depois, Apolo; para os astecas, Quetzalcoalt. Na maçonaria usa-se a forma Sol-om-on – a expressão da luz.

O Sol é o doador da vida, o centro do Sistema Solar, o centro espiritual, por meio do qual fluem a luz e a vida do Logos. É a consciência mestre, a fonte e a meta de tudo, quando se refere à alma. Quando se refere ao corpo físico, é o prâna ou a força vital. Ele vitaliza os planetas à sua volta. É, portanto, o princípio universal pelo qual tudo vive, movimenta-se e existe.

O deus Rá simbolizava o Sol e era o guardião da cidade de Heliópolis (que em grego significa a cidade do Sol).

As forças vitais de cada um são renovadas pelo Sol; é a força espiritual que nos dá vida. O mito grego de Helios conta que esse deus tinha a função de trazer luz e calor aos homens. Percorria o céu em um carro de fogo puxado por quatro cavalos brancos, soltando fogo por suas narinas. Todas as manhãs, depois que a aurora aparecia de madrugada no horizonte, em seu carro dourado, Helios saía do Oriente com seu carro e subia até o ponto mais alto do meio-dia. Então, começava a descer para o Ocidente e mergulhava no oceano ou descansava atrás das montanhas. Foi-lhe dado de presente a ilha de Rhodes. Mais tarde, o deus Apolo, com outros atributos, um deles o dom da adivinhação, substituiu o deus Helios. Porém é do deus Helios que derivou a palavra "heliocêntrico", isto é, o sistema que concebia o Sol como o centro do Universo (precedeu o sistema geocêntrico, que tinha a Terra como o centro do Universo).

Surya é o deus Sol hindu adorado nos Vedas, escrituras sagradas da Índia.

De acordo com Allan Kardec, na obra *O Livro dos Espíritos*:

> O Sol não seria mundo habitado por seres corpóreos, mas simplesmente um lugar de reunião dos espíritos superiores, os quais de lá irradiam seus pensamentos para os outros mundos, que eles dirigem por intermédio de espíritos menos elevados, transmitindo-os a estes por meio do fluido universal. Considerado do ponto de vista da sua constituição física, o Sol seria um foco de eletricidade. Todos os sóis como que estariam em situação análoga.

Sabe-se que a Lua regula as marés, influencia a vida das plantas e faz oscilar as emoções humanas. O Sol define o rumo de nosso planeta e manda a energia vital que anima todos os seres vivos.

O Universo é movido por forças magnéticas inesgotáveis, que não são apenas físicas, mas também espirituais e emocio-

Apolo, o deus Sol, deus das artes e da poesia na mitologia grega.

nais. Trata-se da força dos elétrons que giram em torno do núcleo de cada átomo, gerando uma luz que é uma onda eletromagnética. O planeta Terra é um grande campo magnético, carregado com uma espécie de eletricidade, produzindo uma ação espontânea em seu interior ou centro de movimento. Como os corpos humanos, também o campo magnético está carregado com a forma oposta de eletricidade. Sabemos que o magnetismo pode ser físico e ter a realidade de outros níveis, diferentes em sutileza e densidade.

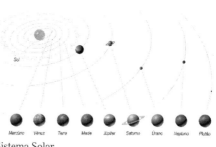

Sistema Solar.

O Sol, o Astro-Rei, por intermédio da falange de espíritos missionários, pela força dos pensamentos e sentimentos desses espíritos que habitam essa estrela luminosa, é responsável pelo surgimento da vida e manutenção das condições climáticas na Terra, além de todo o Sistema Solar.

Os fenômenos magnéticos dessa estrela podem proteger nosso planeta do aquecimento global, do calor etéreo, o que faz com que sua força magnética e elétrica se oponha às forças da luz da Lua. O Sol é responsável pelo equilíbrio da vida e pela gestação dos seres da Terra. Indicamos ao leitor, para melhor entendimento a respeito da influência do magnetismo, o livro *O Espírito e o Pensamento*.[1]

Na bíblia, encontramos a expressão em que Deus, o Criador, disse: *Fiat lux* (faça-se a luz), e a vida começou. Hipócrates e Galeno, médicos gregos do início da nossa era, também conheciam as qualidades terapêuticas da luz, embora de maneira intuitiva. Aristóteles foi o primeiro a afirmar que a luz se propagava em forma de ondas.

Todos os seres vivos precisam da energia que provém dos raios solares para produzir as substâncias necessárias à manutenção da vida e à reprodução. Os seres vivos obtêm a energia basicamente de duas maneiras: os clorofilados, por meio da ener-

---
[1] Publicado em 2010 pela **EDITORA DO CONHECIMENTO**.

gia do Sol, e os não clorofilados, a partir da alimentação dos clorofilados. Como exemplo, temos as plantas e as algas, seres clorofilados, que não se alimentam de outro ser vivo, obtendo do Sol a energia de que necessita para a fotossíntese.

O processo básico da fotossíntese.

No processo da fotossíntese, as plantas retiram água e sais minerais do solo pelas raízes. Na maioria das plantas, a água é levada até as folhas por pequenos tubos, os vasos condutores de seiva bruta. A folha retira também um gás do ar, o gás carbônico. As plantas usam, então, o gás carbônico, a água e a luz solar absorvida graças à clorofila (pigmento verde presente principalmente nas folhas) para fabricar açúcares. Esse processo é chamado de fotossíntese.

O Sol é uma estrela comum tanto no que se refere a suas dimensões, ao seu estágio de evolução e à sua composição quanto à sua situação na galáxia chamada Via Láctea. Trata-se de uma massa gasosa, mais ou menos esférica, localizada a cento e cinquenta milhões de quilômetros da Terra. Se considerarmos que a velocidade da luz é de trezentos mil quilômetros por segundo, a luz do Sol demora oito minutos e dezoito segundos para percorrer a distância do Sol até a Terra. Seu raio é cento e nove vezes superior ao da Terra, ou seja, seiscentos e noventa e cinco mil quilômetros, e sua massa é trezentos e trinta e três vezes superior à da Terra.

O comprimento das radiações geradas pelas ondas depende do corpo que emite energia. O Sol apresenta um brilho branco incandescente, e sua energia é denominada radiação de ondas curtas (ultravioleta). A Terra e a atmosfera aquecer-se-ão, absorvendo radiação de ondas curtas. Em contrapartida, irradiam energia (em temperatura muito inferior à do Sol, naturalmente), e essa radiação é emitida em ondas longas (infravermelho).

O efeito mais "visível" do benefício da luz solar para a saúde do corpo físico é a síntese da vitamina D, que, na realidade, é um hormônio que é produzido na pele após cerca de dez minutos de exposição à luz solar (luz ultravioleta). Depois de modificado no fígado, vai aos rins, onde se transforma em calcitriol, sua forma mais ativa. Nos ossos e no intestino, proporciona a absorção de cálcio, prevenindo a osteoporose. Mais ainda, além de ser um poderoso antioxidante, estimula o cérebro e o intestino a produzirem uma substância que age na regeneração celular neuronal e no aumento da imunidade do organismo, mediada pelo intestino: a neurotrofina ou fator de crescimento neuronal.

Além disso, é bom lembrar a importância da luz solar no equilíbrio da secreção de serotonina e melatonina, gerando a biossíntese, que significa integração da vida e se refere aos processos específicos de autoformação que orientam o crescimento orgânico e o desenvolvimento pessoal e espiritual.

A biossíntese é composta de três correntes energéticas fundamentais no corpo, associadas a três camadas de células germinativas no embrião (ectoderma, mesoderma e endoderma), a partir das quais se formam os diferentes órgãos. Essas correntes energéticas se expressam como fluxos de movimento nos músculos; como fluxos de percepções, pensamentos e imagens, pelo sistema nervoso; e como fluxos da vida emocional no centro do corpo, pelo sistema vegetativo, tendo como base princípios da embriologia funcional, integrando e coordenando padrões de respiração, tônus muscular (conhecido na doutrina espírita como fluido vital) e de expressão emocional e mental do indivíduo, conectando, assim, três áreas fundamentais de nossa qualidade humana: nossa existência somática, nossa experiência psicológica e nossa essência fundamental.

O doutor Richard Gerber, no livro *Um Guia Prático de Medicina Vibracional*, comenta uma experiência interessante com os raios solares:

> Vários físicos russos demonstraram experimentalmente que os raios energéticos que vêm do Sol à Terra contêm, além da luz visível, um largo espectro de energias magnéticas e eletromagnéticas. O espectro abarca desde oscilações magnéticas extremamente lentas até energias eletromagnéticas cuja frequência de vibração situa-se na faixa do gigahertz (frequências que, aliás, situam-se na mesma faixa de ressonância do DNA humano). Além disso, certas energias contidas na radia-

ção solar parecem apresentar propriedades sutis muito incomuns. Este elemento sutil de energia solar tem, por exemplo, a propriedade de poder ser conduzido por diversas substâncias orgânicas (geralmente consideradas isolantes) e metais. T. Galen Hieronymous, especialista em radiônica, demonstrou que um fio metálico podia conduzir um desconhecido elemento energético-sutil da luz solar. Essa energia sutil podia assim ser transmitida a plantas mantidas na escuridão total. De algum modo, o elemento sutil da radiação solar que passava pelo fio metálico tinha a capacidade de estimular o crescimento vegetativo e a produção de clorofila, como se as plantas estivessem expostas naturalmente à luz do Sol. Parece-me que o elemento magnético sutil da luz solar que Hieronymous transmitia pelos fios era, na verdade, o prâna (ou alguma forma semelhante de energia vital magnética sutil).

Sabemos que as transformações moleculares são a base da manutenção das diversas formas de vida. As plantas armazenam energia liberada por reações químicas oriundas da absorção de energia do Sol. Tal energia pode ser transferida posteriormente aos animais na forma de alimento. Há reações químicas básicas que garantem tais transferências. Uma das mais significativas é aquela em que as moléculas de adenosina trifosfato ATP (derivado de nucleotídeo com base adenina e açúcar ribose, unidos a três radicais fosfatos) existentes em forma solúvel no citoplasma celular perdem um grupo fosfato – detentor de grande energia potencial armazenada –, a fim de permitir realização de trabalho na célula.

A ciência sabe que a luz interfere na melatonina, que é a amina biogênica presente na glândula pineal, que atua como hormônio poderoso, modificando a secreção hipofisária (no lobo anterior da hipófise) do hormônio melanotrófico. Esse hormônio, por sua vez, atua nas células do sistema pigmentador e ativa a síntese da melanina, a qual, por sua vez, é um pigmento de cor escura, produzido pela oxidação da tirosina existente normalmente na pele e nos cabelos.

O doutor Nubor Facure afirma que o hormônio da pineal tem ligação direta com o depósito de melanina em nossa pele.

Ele tem um efeito clareador diminuindo a pigmentação da pele. Isso justifica, por exemplo, a cor esbranquiçada dos bagres que vivem nas profundezas de águas escuras.

Por exemplo, sabemos da capacidade do corpo físico de manter o alto nível de energia, em condições adversas. A melanina tem o potencial para transformar energia solar, energia eletromagnética, eletricidade, micro-ondas, música/som das ondas, radar, ondas, ondas de televisão e rádio, ondas térmicas de raios-X, raios cósmicos e luz UV, bem como energia cinética em energia (nos derivar de alimentos para o crescimento e a reparação do corpo), sem a necessidade de comer. A melanina tem a capacidade milagrosa para se duplicar. Esse é o primeiro produto químico que pode capturar a luz para se reproduzir. E ela também pode duplicar-se, mesmo quando as fontes de energia necessárias não estão disponíveis.

Não seria a glândula pineal responsável pelo equilíbrio e a organização da vida mental, sendo um conversor individual captando as energias provenientes do Sol e transformando em alimento vital para a manutenção da vida física, emocional e espiritual? É o que iremos estudar neste capítulo.

A pineal, situada no epitálamo, possui, proporcionalmente, um fluxo sanguíneo superado apenas pelo fluxo renal, e sua fisiologia apenas começa a ser desvendada. Outra recente função atribuída à pineal é sua associação com o estresse e com a atividade imunológica. Sabe-se, também, que em pássaros e outros animais ela é o centro de navegação, contendo material magnético, o qual é utilizado na orientação por meio das linhas magnéticas da Terra. A função a ela atribuída é a de que, a partir da luz solar, possa captar energia para ser usada no metabolismo do corpo, de forma a dispensar a alimentação comum como fonte energética.

O doutor Harry Riley Spitler descobriu que tanto o sistema nervoso autônomo quanto o sistema endócrino estavam ligados ao cérebro pelos olhos. A luz que penetra no corpo pelos olhos estaria restaurando o equilíbrio desses sistemas e de outras funções do cérebro. A glândula pineal está ligada aos olhos, e o escuro lhe serve de sinal para iniciar a produção de melatonina; a pineal é considerada como a nova glândula-mestre responsável pelo relógio biológico e pela liberação da melatonina, hormônio responsável pela produção de uma ampla variedade de hormônios que regulam diversos processos orgânicos, desde a digestão até a reprodução.

De acordo com a terapeuta Rosa Maria Masino, a melatonina age no cérebro como indutora do sono; no coração e no sistema circulatório, reduz a formação de coágulos, o que, por sua vez, ajuda a proteger o organismo de ataques e derrames. Na corrente sanguínea, aumenta a capacidade de produção de anticorpos, fortalecendo o sistema imunológico. E, finalmente, no corpo inteiro, a melatonina age diretamente sobre as células, como antioxidante, protegendo-as dos danos provocados pelos radicais livres, considerados os vilões responsáveis pelo envelhecimento.

Parece que a pineal altera as energias eletromagnéticas da consciência, de forma que o organismo passa a vibrar em uma faixa energética diferente e consegue extrair energia da luz. Nos seres humanos, ela seria essencial para a transformação psíquica, espiritual e energética, chamada por muitos textos religiosos de abertura do "terceiro olho".

Há um ano, cientistas da Universidade de Harvard, Estados Unidos, mostraram que a retina, no fundo dos olhos, é um órgão fundamental para corrigir a programação biológica, quando necessário. A retina sempre registra impulsos luminosos, mesmo no caso dos cegos ou quando as pálpebras estão fechadas. Desse modo, no primeiro dia em que você passar no Japão, sua retina vai mandar sinais da presença de luz para o núcleo supraquiasmático, o relógio biológico. Ele, por sua vez, passará um recado à pineal: "Interrompa sua produção de melatonina".

O doutor Sudhir V. Shah M. D., do Departamento Médico de Neurologia, e o doutor Navneet Shah M. D. (EUA), clínico endocrinologista, estudaram o caso do senhor Hira Hatan Manek, que ficou quatrocentos e onze dias em jejum; trezentos e setenta e cinco dias completados em 09 de janeiro de 2001. Ele começou em 1º de janeiro de 2000.

O senhor Hira Hatan Manek consumia apenas água fervida diariamente, entre onze horas da manhã e dezesseis horas da tarde; nenhum outro líquido e nenhuma comida, nenhum tipo de injeção. Os checapes médicos começaram poucos dias antes do programa do jejum. Eles consistiram em registros diários de pulso, pressão sanguínea, respiração, temperatura, consumo de água, urina, peso, etc., além de testes hematológicos e bioquímicos (básicos e alguns mais avançados), feitos mensalmente ou a cada quarenta dias.

Na literatura religiosa, essa capacidade de viver sem alimentos é normalmente atribuída a santos, como a indiana Giri Bala (nascida em 1868, que vivia ainda em 1936, já com cinquenta e seis anos de total jejum), o indiano Ramana Maharshi (1879-1950) ou a católica Teresa Neumann (1898-1962). Diversos outros santos católicos que viveram sem comer são conhecidos. Destacam-se: Santa Lidwina de Schiedam, Santa Catarina de Siena, Dominica Lazarri, São Nicolau de Flue, a bem-aventurada Ângela de Foligno e Louise Lateau.

No caso de Hira Hatan Manek, eletrocardiograma, eletroencefalograma, ultrassonografias são realizados regularmente, além de tomografias computadorizadas e mapeamento cerebral feitos ao final de um ano. Uma equipe composta de clínico-gerais, fisicistas, cirurgiões, cardiologistas, endocrinologistas e um neurologista o examinam regularmente, desde o primeiro dia de jejum. Exceto pela perda de dezenove quilos (estabilizados nos três meses seguintes), uma leve queda na pulsação e nos batimentos cardíacos e uma diminuição na taxa respiratória (de dezoito para dez por minuto), surpreendentemente, não há anormalidades médicas, conforme comentam os pesquisadores. Mesmo as capacidades cerebrais e mentais estão absolutamente normais, como finalizam os especialistas.

O senhor Hira Hatan Manek diz que extrai a energia de uma fonte cósmica – "energia solar". Qualquer quantidade de energia que é utilizada deve vir de alguma fonte, mas ele só tem consumido água fervida – o que, pela ciência, dificilmente poderia suprir qualquer necessidade calórica.

De todas as fontes de energia cósmica, o Sol é a mais poderosa e disponível e tem sido usada por sagas e *rishis* (sábios) desde os tempos mais remotos, tais como o senhor Mahavir, os lamas tibetanos, entre outros.

Novamente, como a energia solar é obtida? O cérebro e a mente são os mais poderosos receptores do corpo humano.

A retina e a glândula pineal (o "terceiro olho" ou o "trono da alma", segundo René Descartes) estão equipadas com células fotorreceptoras e podem ser consideradas como órgãos fotossensíveis. Assim como o reino vegetal se baseia na clorofila e na fotossíntese, diretamente dependente do Sol, da mesma forma, algum tipo de "fotossíntese", que seria a biossíntese, ocorre no corpo humano, pelo centro de força coronário, com a pineal captando a energia solar. Por algum meio complexo e mediante algum procedimento, essa energia deve entrar no corpo.

O efeito da luz na pineal é decorrente de seu estímulo na retina, ambos sendo considerados órgãos fotossensíveis. Por intermédio da retina, um estímulo elétrico segue ao hipotálamo pelo trato retino-hipotalâmico, levando informações sobre as variações da luz (ciclos de luz e escuridão) para o núcleo supraquiasmático do hipotálamo. Desse núcleo, os impulsos viajam pelo nervo pineal (pertencente ao sistema nervoso simpático) até a glândula pineal. Esses impulsos inibem a produção de melatonina. Quando os impulsos cessam (quando não há luz para estimular o hipotálamo), cessa também a inibição da pineal, e a melatonina é liberada. A pineal (ou terceiro olho) é, então, um órgão fotossensível e importante regulador de tempo para o corpo humano.

Pesquisando os detalhes de recentes publicações científicas e as comparando com antigos textos espiritualistas indianos, assim como textos ocidentais ocultistas e *New Age*, os pesquisadores chegaram à conclusão de que a ativação da glândula pineal é a peça-chave para os processos de transformação psíquica, espiritual e energética.

Nessa glândula ocorrem o processamento e a distribuição da energia. A glândula pineal é a comandante de todas as glândulas endócrinas, que controlam todo o sistema humoral. Ela também controla todo o ritmo circadiano, os ciclos de sono e vigília e também retarda o processo de envelhecimento. Ela tem propriedades psíquicas e é o "trono da alma" ou o "terceiro olho".

É o chacra (coronário) do sistema tântrico. Sua ativação pode ser feita pela prática prolongada de Ioga e certas técnicas de meditação ou, ainda, pela prática da captação da energia solar. Essa última não segue os passos da Ioga clássica. A pineal também inibe o crescimento e a metástase de alguns tumores. Ela tem um efeito estimulante sobre o sistema imunológico. Nos pássaros e outros animais, ela possui material magnético e é o centro de navegação das aves.

Os cientistas estão estudando essa possibilidade também em humanos. Logo, a ativação da pineal e a captação da energia solar é passo decisivo e porta de entrada para essa via de energia.

Essa pode ser a ativação da *kundalini-shakti*. A pineal normal mede seis por oito milímetros, pelas tomografias computadorizadas e mapeamentos MRI; a pineal do senhor Manek mede oito por onze milímetros. Isso, indiretamente, demonstra a importância do papel desempenhado pela pineal na transformação da energia. Todavia, essa glândula anatomicamente maior não implica necessariamente uma hiperfunção.

Desde que a humanidade passou a ignorar as funções psíquicas e espirituais, ela caiu no plano meramente físico, material, e diversos males recaíram sobre a espécie humana. Parece que *kundalini-shakti* é um meio de se conseguir essa ativação, e seus praticantes relatam a grande alegria, felicidade e paz que extraem dessa prática. É claro que sabemos que qualquer ato de amor ou mesmo uma prece é capaz de ativar essa glândula.

A energia da luz pode ser transformada em energia elétrica, magnética ou química em nosso corpo. Uma vez processada, a energia deve ser transportada e estocada em algum lugar. Certamente, a forma primordial de qualquer tipo de energia é a luz. Energia e luz podem ser transformadas em matéria e novamente transformadas em luz.

O hipotálamo é o comandante do sistema nervoso autônomo, e a pineal é muito próxima desse sistema; é lógico que o transporte dessa nova energia também possa ativar esse sistema para usá-lo como veículo. Os nervos parassimpáticos, seus hormônios e derivados químicos podem ser mais eficientes que o sistema simpático. Uma vez que o sistema simpático aumenta as necessidades do metabolismo (pensamento, agressividade, excitamento, etc.), o parassimpático requer menos gasto de energia. Isso mantém a pessoa serena e em paz mental, ao mesmo tempo em que reduz o ritmo metabólico ao mínimo, podendo haver outros hormônios químicos envolvidos nesse processo.

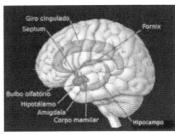

Sistema límbico – estruturas principais.

O papel do lóbulo temporal e do sistema límbico pode também ser importante. Eles funcionam como reguladores, receptores e transmissores físicos da energia até os canais apropriados. No fundo do sistema límbico ou em partes da medula oblonga, essa energia poderia ser estocada e, quando necessário, utilizada e reciclada. A medula oblonga está ligada a todos os centros vitais; logo, pode ser considerada como um armazenador de energia vital. Existem receptores, processadores, transformadores, armazenadores, etc. para explicar a logística da energia.

Uma vez que a matemática dessa forma de energia é diferente da forma convencional (calorias e comida), os pesquisadores resolveram chamá-la de microalimento ou alimentação mental (*Manobhakshi Aahar*). Aqui, nós falamos de energia solar, mas as pessoas podem utilizar qualquer fonte do cosmo – ar, água, plantas, terra.

Os textos de Ioga também comentam que o oxigênio respirado se carrega de prâna, mediante a exposição à radiação solar, antes de ser assimilado pelo corpo pelos pulmões (e centros de força ou chacras).

Os doutores V. Inyushin, N. Vorobev, N. Shouisiki, N. Fedorova e F. Gibadulin, cientistas russos, comentaram que o oxigênio converte alguns de seus elétrons excedentes a certo "quantum" de energia do corpo energético (perispírito). O hinduísmo sempre sustentou que a respiração carrega todo o corpo de "força vital" ou "prâna"; a Ioga possui exercícios específicos de respiração para manter a saúde.

Cientistas da Universidade do Cazaquistão entenderam por que respirar oxigênio ionizado tem grande efeito medicinal para muitas doenças: o simples borrifo de oxigênio ionizado sobre uma ferida é capaz de acelerar o processo de cicatrização. Estudando os iogues, os cientistas russos observaram que o corpo energético se desprende do corpo físico quando eles estão em estado de transe, podendo ser também chamado de *Surya vy-*

gian, assim como *Chandra vygian* ou *Venaspati vygian*, mencionados nos textos antigos dos hindus.

Também separado da retina e da pineal, temos a pele e outros sentidos responsáveis pela recepção da energia. Percebemos que a comida rotineira não é a única forma de sustentarmos nossos corpos. Como dizia o Cristo: "Não só de pão vive o homem". Indicamos ao leitor o livro *O Espírito e o Pensamento*, para entender melhor esse assunto.

De acordo com o escritor Jorge Hessen, em algumas religiões, o jejum (abstinência de alimentação) é uma prática muito comum, normalmente relacionada a conceitos de sacrifício e purificação. Jesus, de acordo com a tradição evangélica, jejuou por quarenta dias e quarenta noites no deserto. No hinduísmo, há os históricos jejuns que Mahatma Gandhi praticou por motivos sociais, religiosos e políticos.

André Luiz informou também que, desde que há vida na Terra, o homem se alimenta muito mais pela respiração do que pelo que chama de "alimento de volume", ou seja, aquele constituído de matéria mais densa, que é complementar. O benfeitor deixa muito claro que a necessidade de alimentação pelo homem é uma das circunstâncias que resultam de um automatismo biológico, pois o organismo corpóreo não prescinde da constante troca de substâncias, as quais se transformam em energia e são necessárias ao curso do processo de crescimento e de reparação do desgaste natural a que o organismo se submete.

O espírito não mais necessita dessa forma "sólida" de alimento, podendo manter-se apenas pela respiração celular de seu corpo somático (perispírito). No entanto, quando o espírito, após a desencarnação, não consegue se desligar, mentalmente, das sensações vivenciadas no corpo físico, seu psiquismo permanece preso ao mundo material, preservando a lembrança do automatismo biológico a que se acostumou. Não conseguindo reajustar-se de imediato à nova forma de vida, permanece preso às circunstâncias da vida terrena, quando a sensação de necessidade de alimentação para repor energia permanece. Para suprir essa necessidade, muitas vezes busca partilhar, psiquicamente, com encarnados que lhe são afins as energias vitais destes. Muitas vezes essa situação leva à instalação de um processo obsessivo, como conclui o pesquisador.

A mente tem um papel crucial nesse processo. Sempre se soube que a mente tem um enorme potencial (a alma deve ter ainda mais ou infinitos recursos). Pelo *tratak*[2] solar e a meditação, tremendas capacidades podem surgir que nos trarão tranquilidade e a desaceleração do metabolismo – como foi explicado –, podendo revitalizar o corpo e curar doenças.

O Sol é, sobretudo, uma grande fonte de benefícios, e suas qualidades são conhecidas há milhares de anos. No Egito e na Índia já se tratavam, há mais de quatro mil anos, as despigmentações da pele aplicando nas zonas atingidas uma planta (*amni majius*), antes de expor a ferida aos raios solares.

Os antigos chineses tratavam a varíola pela exposição ao Sol poente. No século V a.C., Hipócrates havia detectado as virtudes do Sol no combate ao raquitismo e para promover a cicatrização das feridas e a rapidez da convalescença. Ele recomendava expor o dorso aos raios solares, pois manter os nervos em um doce calor traz benefícios para o corpo inteiro. Um de seus discípulos prescrevia a exposição solar a todos os doentes sofredores de ciática.

Vários séculos mais tarde, a moda do tratamento pelo Sol voltou com força, e, em 1955, um sueco abriu o primeiro centro de helioterapia.

O Sol é um fator importantíssimo na saúde mental e física de todos os seres vivos, pois melhora a disposição das pessoas, tornando-as mais sociáveis e sorridentes. Associado com a atividade física, o Sol é igualmente um tratamento eficaz contra a depressão crônica. Assim, a desordem afetiva sazonal (DAS) pode ser tratada com a terapia da luz. O Sol ajuda na proteção contra cancro da mama, da próstata e do cólon. Com o Sol, a vitamina D e o cálcio são assimilados, combatendo-se, assim, a osteoporose. Igualmente, o sistema imunitário é fortalecido, aliviando dores crônicas das articulações e diminuindo os níveis de colesterol.

Hoje, sabemos, pela própria ciência, que 98% do calor que

---

2 *Tratak*, que em sânscrito significa "olhar fixamente", aparece nos dois tratados de *Hatha Yoga: Gerandha Samhita* e *Hatha Yoga Pradipika*.
Segundo estes dois livros, a prática do *Tratak* constitui simplesmente em fixar o olhar, sem piscar, em algum objeto que pode ser uma vela, uma imagem de alguma divindade, ou até mesmo a lua ou o sol nascente em práticas mais avançadas. *http://ernanifornari.com.br*

a Terra mantém para garantir a sobrevivência da espécie vem do Sol. Durante milhares de anos, o "Astro-Rei" tem sido um mediador da vida. Ele é um dos mais potentes desinfetantes conhecidos e uma fonte de energia inesgotável para o homem contemporâneo.

Os efeitos da luz solar, ou seja, da luz ultravioleta, influenciam nos batimentos cardíacos, diminuindo e voltando ao normal mais rapidamente após os exercícios. A luz é responsável pelo desenvolvimento cardíaco, aumentando o ritmo cardíaco em até 40%, após um tratamento cirúrgico. O mesmo ocorre com a tensão arterial, que é diminuída, especialmente se está alta. Os efeitos duram de dois a seis dias após um tratamento e ajudam na diminuição dos níveis de ácido láctico nos músculos, com menor pressão muscular. Colaboram também com os músculos, aumentando a circulação e o crescimento, particularmente pelo aumento da produção hormonal nos homens.

O Sol ajuda a combater o açúcar no sangue; tem efeito semelhante ao da insulina, quando é tomada (particularmente referenciado em diabéticos). O açúcar é retirado do sangue e armazenado como glicogênio no fígado e nos músculos, tornando-o disponível como energia. Os raios solares ajudam também a combater o colesterol no sangue; o colesterol é destruído na pele, provocando sua diminuição no corpo como um todo. O Sol ajuda também na tolerância ao estresse, aumentando o apetite e trazendo uma boa noite de sono.

Ele tem uma ação calorífica, consequência dos infravermelhos. Os raios, penetrando profundamente na pele, provocam dilatação dos vasos e elevação da temperatura. Por um mecanismo de reflexão, a secreção de suor assegura a regulagem da temperatura. As alterações são fundamentalmente ósseas e afetam, principalmente, as zonas ativas do crescimento.

A ação antirraquítica decorre particularmente dos UVB que permitem a fotossíntese, ao nível cutâneo, da vitamina D3, indispensável para crianças, mulheres grávidas e pessoas idosas. A exposição de dez centímetros quadrados de pele durante dez minutos, a cada dois dias, é suficiente para produzir a quantidade de vitamina D necessária ao organismo.

A ação antidepressiva também é claramente comprovada. Plínio, o "Velho", já tinha entendido que o Sol era necessário ao bom humor, quando dizia: "O Sol é o melhor remédio que a gente pode aplicar a si mesmo". O Sol tem um papel maior, tanto preventivo quanto curativo, sobre o psiquismo. Ele diminui a taxa humoral da melatonina, hormônio cerebral cuja produção aumenta em caso de estresse e depressão; por outro lado, estimula a glândula pineal, a qual elabora as endorfinas cerebrais, cuja ação no humor é primordial. Os psiquiatras também atribuem efeitos curativos aos raios solares no caso específico da depressão chamada de sazonal (*Seasonal Affective Disorders* – SAD).

8

A pineal, o geomagnetismo e o eletromagnetismo

> A glândula pineal está ligada à mente, através de princípios eletromagnéticos do campo vital, que a ciência comum ainda não pode identificar
>
> ANDRÉ LUIZ, *Missionários da Luz*

A Terra é uma enorme esfera magnética; os seres vivos têm sido vinculados ao campo magnético da Terra a partir do momento em que a vida começou. Esse campo magnético permeia e contribui para toda a vida no planeta, pela geração do que chamamos de atmosfera. Esse campo varia em força e consistência ao longo dos tempos e o mesmo acontece com a vida no planeta. Nossos próprios corpos geram frequências magnéticas e padrões no biocampo, reagindo com a variação do campo magnético da Terra. Cada célula individual, bem como organismos inteiros, obtém informações do tempo e dos ciclos naturais do campo geomagnético.

Como toda a matéria é feita de padrões de campo magnético de ressonância, de intensidade variável e diversas frequências, a aplicação de um dispositivo magnético de qualquer configuração irá produzir um efeito de uma maneira ou de outra. Todos os campos eletromagnéticos são campos de força, levando energia, capazes de produzir uma ação a distância. Esses campos têm características de ambas as ondas e partículas. Uma corrente elétrica em um fio ou bobina produz seu próprio campo magnético. A agulha da bússola vai oscilar perpendicularmente ao fio.

Os campos magnéticos são produzidos por correntes elétricas em movimento, e o campo de um ímã de barra é produzido pelos elétrons girando ao redor do núcleo atômico em material do ferro do ímã em si. A fim de agir como um ímã, os átomos devem ser alinhados na mesma direção, para que os campos magnéticos individuais se combinem para produzir um campo grande. Se um ímã é deixado cair sobre um piso duro, o campo magnético é destruído, porque os átomos são abalados, e sua direção é alterada, resultando em um padrão aleatório.

Os campos magnéticos variam bastante em relação à frequência, medida em hertz (Hz), e ao tamanho das ondas. O extremo inferior do espectro de frequência (zero hertz) é representado pela corrente direta ou campos estáticos, enquanto o extremo superior, com frequência acima de mil e dezesseis hertz, compreende as radiações ionizantes – raios-X, raios gama e luz ultravioleta. Os campos magnéticos de baixa frequência possuem um longo comprimento de onda.

As ondas eletromagnéticas são transportadas por partículas denominadas quantum de luz, também chamadas de fótons. Os quanta são ondas com frequências mais altas que transportam mais energia que aquelas de menor frequência (comprimentos de onda mais longos). Algumas ondas transportam tanta energia por quantum de luz que são capazes de romper as ligações entre as moléculas.

Assim, como respondem aos comprimentos de onda da música, por exemplo, as plantas, os animais e os seres humanos também são continuamente afetados pelos comprimentos de onda do espectro eletromagnético, vindos da Terra, da Lua, dos planetas, do cosmo e de um sem-número de engenhos concebidos pelo homem.

O primeiro a vincular a eletricidade ao magnetismo foi o sábio do século XVI William Gilbert, cuja perícia no tratamento de doenças e cuja erudição filosófica valeram-lhe o posto de médico da Rainha Elizabeth I.

O verdadeiro conhecimento do magnetismo evoluiu muito

pouco até o século XX. Pouco antes da Primeira Guerra Mundial, o professor Silvanus Thompson declarou, em uma conferência em homenagem a Robert Boyle: "As propriedades ocultas do magnetismo, depois de terem excitado a admiração da humanidade por séculos, continuam ocultas, e não apenas por requererem ainda investigações experimentais, mas também por permanecer inexplicada sua causa última".

Foram várias centenas de milhares de anos, com ondas de milhões de quilômetros de comprimento, até super-rápidas pulsações energéticas que se alternam dez bilhões de vezes por segundo, com comprimentos de onda infinitesimais que medem a décima bilionésima parte de um centímetro; as do primeiro tipo são associadas a fenômenos como a inversão do campo magnético terrestre; as do segundo, à colisão de átomos, em geral de hidrogênio e hélio, que se movem a velocidades incrivelmente altas e se convertem na forma de energia radiante, chamada de "raios cósmicos".

Entre elas, estão: incontáveis faixas de ondas energéticas, inclusive os raios gama, que se originam nos núcleos dos átomos; os raios-x, que se formam em camadas exteriores; uma série de frequências que, por serem visualmente perceptíveis, são chamadas de luz.

O magnetismo da Terra não é constante – ele sobe, cai e reverte-se em ritmos complexos. Um é o ciclo lunar. Por volta de 1900, os geofísicos descobriram que o magnetismo da Terra varia à medida que a Lua roda próxima a ele. Isso é curioso, já que a grande maioria das culturas antigas usava calendários de meses lunares. O naturalista sueco Svante Arrhenius (descobridor do Efeito Greenhouse) sugeriu que o magnetismo em maré é um guardião do tempo para regular os biorritmos. Estamos ligados ao ciclo lunar por nossos hormônios a taxa em que nossas células se dividem e que nosso cérebro opera.

Campo magnético da Terra.

O geomagnetismo contém

outras frequências específicas, algumas tão pequenas que eles chamaram de micropulsações na faixa de um a trinta hertz. O geomagnetismo ressoa em ELF na cavidade oca formada pela superfície da Terra e a ionosfera; a maioria das pulsações ocorre em de sete a dez hertz. Anos atrás o jovem pesquisador médico Robert Becker disse que isso estava no mesmo alcance de frequência das ondas cerebrais humanas: alfa, delta e teta.

Por exemplo, o cérebro é uma complexa caixa elétrica, com capacidade de mensuração em milivoltagem, gerando enorme magnetismo. O doutor Sérgio Felipe comenta em matéria publicada pela revista *Saúde e Espiritualidade*:

> Os aparelhos de imageologia médica, como a ressonância nuclear magnética, ou mesmo a tomografia, captam os campos magnéticos do cérebro, reproduzindo a imagem. Existem também campos magnéticos vindos do meio externo que atingem o cérebro, ressaltando que o magnetismo é uma força física como ímã.

O doutor Sérgio Felipe continua na mesma matéria:

> O cérebro recebe influências dos campos magnéticos da Terra, do Sol, da Lua e dos diversos astros do Universo que alcançam a superfície da Terra. Esses campos magnéticos têm ação norteadora na migração dos animais, mas no homem essa função está latente. A influência do magnetismo em nossa fisiologia é algo que merece estudos da ciência contemporânea. O cérebro capta o magnetismo externo conhecidamente através da glândula pineal. O mecanismo celular desse processo ainda é desconhecido.

O magnetismo é o fenômeno físico semelhante àquele que ocorre entre os dois polos opostos do ímã. A Terra é um imenso bloco magnético dividido em seus dois polos: norte e sul. A superfície da Terra tem se tornado um campo transpassado por raios magnéticos, conhecido como campo magnético da Terra.

A pineal é o órgão captador dessas energias sutis, pois, além de trabalhar com captação de campos magnéticos, liga-se à função de tempo, dentro de seus mecanismos cronobiológicos.

O nome circadiano vem do latim *circa dies* e significa "cerca de um dia". Esse ritmo, bem como seus indicadores fisiológicos, é comandado pela luz solar, a qual afeta a glândula pineal, coordenando todas as funções do corpo humano e dos animais. Sem essa organização do tempo não existe nem forma nem função. Dentro desse sistema temporal, vamos ter diversos ritmos nos sistemas biológicos, como comenta o doutor Sérgio Felipe:

> Ritmos circadianos – por exemplo, ciclo da vigília e sono, são os ciclos de um dia e estão relacionados à incidência luminosa dada pelo Sol; ritmos ultradianos e infradianos, respectivamente, ritmos de mais que um dia e menos que um dia; é o caso da produção de hormônios corticosteroides, hormônio de crescimento e muitos outros; ritmos mensais – obedecem ao mês lunar; por exemplo, o ciclo menstrual da mulher, também o desenvolvimento de anexos epidérmicos como cabelos e pelos; ritmos anuais – seguem o ano lunar; a gravidez humana é exemplo clássico. Assim temos, também, outros padrões rítmicos aqui não relatados. O comando dos ritmos biológicos do ser humano pode vir de fontes externas – chamados Zeitbergers exógenos, por exemplo, o Sol, a Lua, o polo magnético da Terra, a alimentação, as influências ambientais. Existem, também, comandos internos – Zeitbergers endógenos, por exemplo, estruturas genéticas. Ainda endogenamente, a mente humana pode alterar os ritmos biológicos. Assim, uma pessoa emocionalmente abalada por preocupações do trabalho ou desajustes familiares pode alterar o ciclo de vigília e sono, não conseguindo dormir à noite; pode alterar seus ritmos hormonais, promovendo um atraso menstrual, e assim por diante (Revista *Saúde e Espiritualidade*).

O doutor Sérgio complementa, dizendo:

> Tendo no sistema genético corporal elementos de predisposição biológica que respondem às suas necessidades espirituais, vale ressaltar que o complexo pineal numa visão representa o ponto de união do espírito ao corpo. Sendo o complexo pineal elemento anatômico que responde pela função tempo e sendo o tempo uma região dimensional no espaço – quarta dimensão –, há que se pensar na hipótese de que a ligação do espírito ao corpo, em se dando

através da quarta dimensão – dimensão espaço-tempo –, tenha seu foco de ligação no "relógio biológico", o complexo pineal (Revista *Saúde e Espiritualidade*).

Então, a pineal é um órgão cronobiológico, um relógio interno que capta as radiações do Sol e da Lua. A pineal obedece a estímulos externos e internos. Por exemplo, o Sol é um estímulo externo que rege as noções de tempo e que influencia a pineal, regendo o ciclo de sono e de vigília, quando essa glândula secreta o hormônio melatonina. Isso dá ao organismo a referência de horário. Os estímulos internos são os genes, trazendo o perfil de ritmo regular de cada pessoa.

O corpo humano é em si mesmo um ímã. A mente do homem e suas tendências espirituais indicam a presença de uma força magnética, que varia de intensidade e efeito de acordo com o grau de pureza e sutileza do interior de cada pessoa. O corpo humano é como uma máquina automática de alta complexidade, e seu funcionamento interno é parecido com um instrumento elétrico, do qual o cérebro é o centro de comandos.

A partir de um estudo realizado pelo renomado pesquisador doutor Kyoichi Nakagawa, intitulado *Campo Magnético Síndrome da Deficiência*, o corpo humano, sob a influência do campo magnético da Terra, possui com ele uma relação equilibrada. No entanto, em tempos modernos, com as condições de vida também modernas, o efeito desse campo magnético diminuiu ou sofreu alteração. Consequentemente, em algumas situações, podemos supor que essa falta de magnetismo causou mudanças. Em outras palavras, existe uma relação direta entre a diminuição natural do campo magnético da Terra sobre o corpo humano e a melhoria das condições anormais pela aplicação de campos magnéticos. O físico checo Zaboj V. Harvalik constatou que as pessoas podem realmente detectar mudanças no campo magnético tão pequenas quanto 1/1.000 milhões de um gauss.

O doutor Sérgio Felipe diz:

> Sempre que houver uma carga elétrica, parada ou em movimento, haverá um campo. Se a carga estiver em movimento, esse campo será eletromagnético. Trata-se de uma propriedade da carga que modifica o espaço ao

seu redor, fazendo com que toda a matéria sofra uma ação de aproximação ou de repulsão, dependendo do sinal da carga. Essa interação também altera a matéria que entra no campo: no caso de partículas afins, elas tornam-se imantadas. Num campo eletromagnético, as partículas de ferro, limalhas, ficam grudadas umas nas outras, mesmo após a retirada ou o afastamento da fonte do campo. O campo, por si só, tem a propriedade de autorregenerar-se. Ele não desaparece de uma hora para outra. Todo campo tem uma fonte. O corpo humano é fonte de vários campos eletromagnéticos, segundo o órgão enfocado: coração, cérebro, etc. A mente humana é fonte de um campo – o campo mental. A razão disso é o fato de a mente humana produzir, irradiar o pensamento, que é uma onda eletromagnética carregada de informação (Revista *Saúde e Espiritualidade*).

A teoria mais difundida a respeito da fonte dos campos magnéticos originados pelo organismo humano é atribuída à presença de íons de sódio, de potássio e de cloro gerados por músculos e nervos, durante os processos de contração ou transmissão de sinais, respectivamente. O movimento dos fluidos do corpo significa o movimento desses íons, o que resulta em uma corrente elétrica.

Os organismos da Terra evoluíram no ar e na água. Eles também vivem em ambientes eletromagnéticos formados pelo geomagnetismo, que é normalmente de cerca de 0,5 gauss. Até recentemente, rara atenção era dada ao magnetismo na evolução. O magnetismo da Terra é formado por correntes elétricas no núcleo derretido de ferro e níquel e carregado de íons no ar superior.

Pesquisas sobre magnetismo relacionaram a saúde do organismo com os efeitos produzidos por ele. Concluíram que o sistema de defesa do organismo contra as doenças é frequentemente estimulado pela interação com o campo magnético; o sistema de autodefesa do organismo depende da "excitação natural externa". Essa força é que faz com que o organismo desenvolva sua capacidade de adaptação e resistência ao meio ambiente.

Tem-se deduzido que a própria saúde humana está condicionada ao poder do magnetismo. O campo magnético significa a força que impede que se atrofie a autodefesa do organismo.

Então, só o magnetismo torna ativas as forças que estimulam e incentivam o corpo humano a aprimorar cada vez mais sua capacidade de se autodefender contra as enfermidades.

A magnetosfera fornece proteção vital contra a radiação solar abrasadora, que, de outro modo, esterilizaria a Terra. A magnetosfera é a extensão do campo magnético do planeta no espaço. Ela forma uma espécie de bolha magnética protetora, que protege a Terra das partículas e da radiação trazida pelo "vento solar". O campo magnético provavelmente não desapareceria de uma vez, mas poderia enfraquecer, enquanto os polos trocam de posições. A onda de radiação resultante poderia causar câncer, reduzir as colheitas e confundir animais migratórios, das baleias aos pinguins.

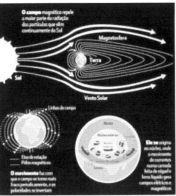

Função do campo magnético da Terra.

Muitas aves e animais marinhos se guiam pelo campo magnético da Terra para viajar de um lugar para outro. A navegação por bússola tornar-se-ia muito difícil. E os satélites – ferramentas alternativas de navegação e vitais para as redes de comunicação – seriam rapidamente danificados pela radiação solar.

Durante a última década, tem havido algum interesse no efeito do geomatismo e do eletromagnetismo sobre o funcionamento da glândula pineal. A maioria dos experimentos foram realizados em animais de vários tipos; devemos ter cuidado com a generalização para os seres humanos. No entanto, o pequeno corpo de pesquisa que tem sido feito com os seres humanos em nada contradiz a pesquisa com outros animais. O que se segue é uma seção de investigação extraída da literatura sobre neuroquímicos, que melhor ilustra os resultados com relação ao efeito dos campos eletromagnéticos sobre a atividade da glândula pineal.

O físico da Universidade de Oakland, Abraham Liboff, sugeriu que os íons dos tecidos neurais estão na ressonância ciclotron com magnetismo externo. Ele alterou o geomagnetismo a um nível no qual os íons de lítio ressoam e descobriu que ratos expostos a sessenta hertz tinham um defeituoso tempo de resposta – um efeito comportamental.

Na década de 1940, Harold Burr, da Universidade de Yale, criou o primeiro voltímetro eletrônico capaz de medir algo tão pequeno quanto 0,001 volt. Burr usou sua nova ferramenta ultrassensível para mapear campos elétricos em organismos vivos. O trabalho de Burr com potenciais elétricos DC foi ignorado pela maioria dos biólogos, mas alguns foram desenvolver EEG, EKG e EMG, que medem a eletricidade AC pulsante do corpo. Um segundo passo foi mostrar que os organismos podem sentir o eletromagnetismo.

Na década de 1950, Frank Brown, endocrinologista em Northwestern, descobriu que os caracóis têm duas antenas para detectar a direção magnética que eles usam para navegar. A maioria dos cientistas descartou isso, taxando como impossível, ainda que Brown continuasse para mostrar que o geomagnetismo afetara todos os organismos que ele testou, incluindo camundongos, abelhas, moscas e humanos.

Em 1971, o naturalista Richard Blakemore, do Laboratório de Biologia da Marinha, Woods Hole, percebeu que bactérias coletadas dos pântanos de Cape Cod se apinhavam do lado norte dos discos de cultura. Ele girou as placas, e as bactérias novamente se moveram para o norte. Usando uma nova ferramenta – um microscópio eletrônico –, ele descobriu que na bactéria pequeninas cadeias de microcristais de magnetita servem como bússola. Havia cristais que uniam as células – o menor cristal de magnetita que pode haver.

Também na década de 1970, Bill Keeton, da Universidade de Cornell, relatou o envio de pombos para casa com magnetos atrás de suas cabeças. Eles perdiam a habilidade nagavegacional em dias nublados. Estudos posteriores com pombos, usando bobinas eletromagnéticas de Helmholtz em suas cabeças, mostraram que eles usam o norte magnético como ponto de referência.

Outra inovação veio em 1971, quando Brian Josephson inventou um novo cristal semicondutor para tornar possível superconduzir os detectores de interferência quantum (SQUID) – que são extremamente sensíveis ao magnetismo. Essa nova ferramenta levou a uma revolução científica: bioeletromagnética. Umas das primeiras coisas encontradas por SQUID foram delicados campos magnéticos ao redor de nossa cabeça. Colmeias inteiras foram descobertas como magnéticas. SQUIDs podem localizar onde o material magnético está em um organismo. A magnetita foi encontrada em todas as espécies estudadas.

O magnetismo das abelhas parece estar em seu abdômen; já os pombos têm um grupamento de cristal de magnetita enrolado nos nervos, na superfície do cérebro, entre o lobo esquerdo e o crânio. O senso magnético foi encontrado em baleias, atuns, golfinhos, borboletas, sapos, vermes e pássaros migratórios. Animais foram treinados em laboratório para detectar diminutos campos magnéticos. Organismos, desde as algas até o homem, usam esse senso interno para orientar-se e navegar.

Uma pesquisa pioneira, realizada pelos pesquisadores Semm, Schneider e Vollrath, publicada em 1980, na famosa revista *Nature*, tem demonstrado que diversas espécies animais, inclusive o homem, captam os campos magnéticos ambientais, emitidos pelo Sol, pela Lua ou os gerados pela própria Terra, por intermédio da glândula pineal. A epífise ou glândula pineal atua como uma glândula captadora desses campos.

Os doutores Semm (1982), Barr (1983) e Cremer-Bartels (1983) demonstraram que ondas eletromagnéticas afetam a atividade elétrica das células da pineal e que a atividade da pineal na enzima hidroxi-indol e a O-metil-transferase (HIOMT) é fortemente dependente de mudanças do campo magnético, de modo que diminui a intensidade magnética e inverte o componente horizontal da atividade HIOMT, diminuindo sua fabricação. HIOMT está envolvido na produção de melatonina e de serotonina.

O doutor Walker descobriu em 1983 que campos magnéticos artificiais, diferenciando-se apenas um pouco de força, a partir das ondas eletromagnéticas, inibiram a biossíntese de melatonina em pineais de ratos, durante a noite, por inibir a NAT (serotonina N-acetil-transferase) da atividade.

O doutor Cremer-Bartels, em 1983 e 1984, constatou que a síntese de melatonina é afetada pela mudança do campo magnético, bem como a retina. O doutor Reuss e o doutor Semm, em 1987, descobriram que quando o campo magnético da Terra muda, resulta na diminuição da atividade NAT (serotonina

N-acetil-transferase); portanto, há diminuição da produção de melatonina em pombos.

Como resultado dessas descobertas, o doutor Cremer-Bartels afirmou que o papel biológico da melatonina, em geral, pode ser interpretado como tradutor das condições ambientais. E concluiu que as determinações das enzimas envolvidas na biossíntese da melatonina revelaram que 50% do aumento ou diminuição das ondas eletromagnéticas afetam a biossíntese de melatonina nas aves *in vitro* e *in vivo*.

Os doutores Reuss e Olcese, em 1986, afirmaram que existe alguma sugestão de que os efeitos do campo magnético sobre a pineal de mamíferos dependem de ativação pela luz da retina.

A pineal e o conteúdo da melatonina em ratos são inibidos pela exposição noturna a um curto prazo, muito intensa (cem microtesla – MF), quando os ratos são mantidos em luz vermelha durante a noite. Se os ratos estavam na escuridão, quando expostos ao MF, seu nível de enzima não foi afetado e, mesmo assim, foi menor do que aqueles em luz vermelha. Como ambas, a retina e a glândula pineal, são enfraquecidas pelo sistema nervoso, a sugestão é de que esse sistema seja influenciado por alterações na intensidade do campo eletromagnético.

O doutor Olcese, em 1985, sugeriu que existe uma janela magnética e o corpo não responde aos campos cuja força seja superior ou muito inferior a essa janela, que é de acordo com o magnetismo da Terra. Isso parece aplicar-se apenas aos mamíferos, já que as aves, em alguns experimentos, utilizaram 50% de aumento ou diminuição do campo eletromagnético.

O doutor Barry Wilson, em 1999, expôs pequenos mamíferos sensíveis à luz, com campo eletromagnético de sessenta hertz (0,1 mT), dividindo-os em dois grupos: um exposto a um pequeno período de luz (8:16) e o outro exposto a um período maior de luz (16:8). Foi observada uma alteração na função da glândula pineal e do eixo hipotálamo-pituitária-gonadal. Essas alterações podem ser determinadas pela supressão da melatonina pela glândula pineal e o aumento das concentrações de norepinefrina. Os animais expostos por dezesseis dias no campo eletromagnético obtiveram aumento no nível da prolactina circulante. Animais expostos diariamente por de trinta a quarenta e dois dias ou mais obtiveram redução no peso das gônadas e retardo no crescimento.

Também concluiu-se que as ondas eletromagnéticas reduzem os níveis de melatonina, hormônio produzido pela glândula pineal, conhecido por prevenir o câncer da mama em ratos. O doutor Barry Wilson também descobriu que pessoas expostas a campos magnéticos de extrema baixa frequência apresentam estados depressivos, por inibição das substâncias produzidas pela pineal.

É muito provável que cães e gatos também possam sentir os campos eletromagnéticos de outros organismos vivos, como de seus donos, por exemplo. Existem estudos em que os cães podem prever quando seus donos estão voltando para casa, mesmo de forma aleatória. O biólogo britânico Rupert Sheldrake documentou em vídeo como alguns cães parecem antecipar a chegada de seu dono. Independentemente da hora do dia em que o proprietário começa sua jornada para casa, alguns desses cães parecem sentir que seu companheiro humano está chegando, mesmo sem receber sinais físicos conhecidos, e são capazes de esperá-los do lado da porta ou na janela.

Cientistas encontraram grandes buracos no campo magnético da Terra, sugerindo que os Polos Norte e Sul estão se preparando para trocar de posição, em uma guinada magnética. Um período de caos poderia ser iminente, no qual as bússolas não mais apontariam para o norte, animais migratórios tomariam o rumo errado, e satélites seriam queimados pela radiação solar.

Os buracos estão sobre o sul do Atlântico e do Ártico. As mudanças foram divulgadas depois da análise dos dados detalhados do satélite dinamarquês Orsted, cujos resultados foram comparados com dados coletados antes por outros satélites. A velocidade da mudança surpreendeu os cientistas.

O pesquisador Nils Olsen, do Centro para a Ciência Planetária da Dinamarca, um dos vários institutos que analisam os dados, afirmou que o núcleo da Terra parece estar passando por mudanças dramáticas. "Esta poderia ser a situação na qual o geodínamo da Terra opera antes de se reverter", diz o pesquisador.

O geodínamo é o processo pelo qual o campo magnético é produzido: por correntes de ferro derretido fluindo em torno de um núcleo sólido. Às vezes, turbilhões gigantes formam-se no metal líquido, com o poder de mudar ou mesmo reverter os campos magnéticos acima deles. A equipe de Olson acredita que turbilhões se formaram sob o Polo Norte e o sul do Atlântico. Se eles se tornarem fortes o bastante, poderão reverter todas as outras correntes, levando os polos Norte e Sul a trocar seus lugares.

Andy Jackson, especialista em geomagnetismo da Universidade de Leeds, Inglaterra, disse que a mudança está atrasada: "Tais guinadas normalmente acontecem a cada quinhentos mil anos, mas já se passaram setecentos e cinquenta mil desde a última". A mudança poderia afetar tanto os seres humanos quanto a vida selvagem.

Em suas pesquisas de biociclos, o doutor Rutger Wever, do Instituto Max Planck, na Alemanha, construiu salas subterrâneas para isolar as pessoas de todas as pistas de tempo, inclusive luz, calor, pressão do ar e eletromagnetismo. As pessoas desconectadas do geomagnetismo foram completamente dessincronizadas, mas um pequenino campo elétrico pulsado a dez hertz restaurou os padrões normais.

Wever foi capaz de mostrar que a sincronização dos biorritmos é acoplada às pulsações geomagnéticas ELF (frequência). Mas Wever nunca soube como esse senso ocorreu. Somente na última década os cientistas descobriram uma glândula insignificante no centro geométrico do cérebro, em nosso marcador biológico de tempo, a glândula pineal, não maior que a unha de seu dedo mínimo. Esse pequenino botão escuro de tecido acima do tronco cerebral acredita-se agora ser a glândula endócrina mestra.

A pineal produz uma farmacopeia de químicos psicoativos para regular todas as nossas glândulas. Ela também secreta neuro-hormônios como a melatonina, a serotonina e a dopamina, para regular as operações cerebrais. A secreção da melatonina pode ser alterada pela exposição magnética do geomagnetismo. A pineal é nossa glândula magnética para ler as pulsações geomagnéticas e traduzi-las em hormônios para dirigir nossos biociclos. Isso sugere como o magnetismo em frequência das linhas elétricas pode interromper nosso biorritmo.

A revista *Solstice* publicou relatos do aparente declínio no conteúdo de vitamina B12 em nossa comida. Brevemente, disse-se que o cobalto, o elemento traço da B12, é um ímã natural e apontava para uma desconhecida função magnética para formar nossas células sanguíneas vermelhas. Os cientistas recentemente descobriram que a concentração mais alta de B12 ocorre não no fígado, como se pensava, mas no tecido da pineal.

Percy Seymour, com doutorado em astronomia e astrofísica, é diretor do Planetário Dia William e professor na Universidade de Plymouth. Autor do livro *Astrologia: A Evidência Científica*, desenvolveu um modelo físico, que, com base na mecânica dos fluidos e em seu conhecimento do magnetismo cósmico, explica de forma séria e científica como isso afeta o movimento das estrelas, por intermédio do que ele chama de marés e de ressonância magnética.

Com a atividade do Sol e suas erupções magnéticas, que, por sua vez, estão espalhados por todo o sistema solar, os seres humanos entram em vibrações harmônicas ou desarmônicas, pela glândula pineal, que age de forma seletiva, de acordo com a natureza de cada indivíduo.

Diz o geofísico Greg Braden que o geomagnetismo da Terra tem uma ação direta e correlata com nosso sistema endócrino, que é regido por diversos efeitos químicos e também pelo fluido vital dos outros corpos sutis do espírito, que utilizam os centros de força como pontos de contato entre as diferentes realidades de nossos corpos sutis.

A frequência Schumann, considerada como o batimento cardíaco da Terra, está sendo alterada. Os corpos sutis e nossos centros de força passam a receber uma nova carga de energia, e, como consequência, o processo endócrino passa a sofrer a ação disso. Da mesma forma, a pineal e a pituitária (hipófise) passam a receber novos vetores de energia e valores que acabam por despertar o hemisfério direito, que estava adormecido na maior parte dos seres humanos. Também uma nova função passa a ser desenvolvida e manifestar capacidades que eram antes desconhecidas pelas pessoas normais.

O doutor Robert Becker comenta que a ressonância Schumann é a vibração de um campo eletromagnético entre a superfície e a parte inferior da ionosfera, a camada de ar superior. A frequência principal básica da ressonância Schumann é de 7,8 hertz. De acordo com o espectro de frequência Schumann, inclui-se a aplicação de todos os organismos vivos que têm cérebros. O pesquisador suspeita ainda do espectro de base de vibrações eletromagnéticas de todas as células vivas na Terra, incluindo as plantas. No cérebro, as ondas alfa provavelmente se aprofundam, no tronco cerebral, que é uma extensão da nossa medula espinhal, e vai até a glândula pituitária e pineal.

O doutor Becker acredita que nos animais as estruturas dos cérebros contêm pequenos cristais de magnetita, incluindo a glândula pineal, envolvidos em combinar o cérebro e a frequência fundamental de Schumann. Ele postula que os sentidos da pineal trabalham com o campo eletromagnético da Terra e dá-nos o biorritmo cíclico.

As aves migratórias também utilizam esse órgão magnético chamado pineal para encontrar seu caminho em dias nublados, quando pistas visuais e de luz polarizada não estão disponíveis para eles.

Becker induziu anestesia profunda em salamandras, usando fortes campos magnéticos, então, acrescentou as descobertas de que as fraturas ósseas curam com estimulação elétrica. Ele explorou os efeitos dos campos magnéticos externos, inclusive da Terra, em ondas cerebrais, e, em 1963, mostrou uma relação entre as admissões psiquiátricas e as tempestades magnéticas solares.

Em 1965, ele expôs voluntários a campos magnéticos pulsados similares a tempestades magnéticas e descobriu mudanças significativas no tempo de reação. Becker ficou preocupado de que esses campos estivessem no mesmo alcance do campo magnético da Terra, ao qual nosso corpo humano está harmonizado por sua longa evolução.

Em 1957, Robert Becker foi voluntário para o Ano Internacional Geofísico de Observação da Aurora, para determinar se a Aurora ocorre em resposta a mudanças no geomagnetismo. Isso provou ser verdadeiro, mas Becker supôs que as tempestades geomagnéticas afetavam os pacientes psiquiátricos.

O doutor Michael Persinger, da *Laurentian University*, no Canadá, criou um instrumento (um capacete) que contém diversas bobinas elétricas dispostas em posições preestabelecidas, a ser colocado na cabeça de um indivíduo com os olhos vendados. A passagem de determinadas correntes elétricas por essas bobinas cria um campo magnético de intensidade suficiente para estimular pulsos nervosos em regiões específicas do cérebro dos indivíduos sob teste, gerando pensamentos e sensações. Por esse experimento, os cientistas desejam simular, artificialmente, as chamadas experiências espirituais.

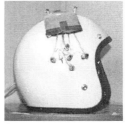

Capacete criado pelo doutor Michael Persinger.

Quando determinadas regiões do cérebro foram estimuladas pelas ondas eletromagnéticas com capacetes, as pessoas disseram sentir a presença de entidades, de Deus ou disseram estar vendo determinadas "formas". O pesquisador afirmou que estes campos eletromagnéticos podem afetar a mente humana.

Em experiências com o capacete, as pessoas submetidas aos exames teriam tido "visões" e sentiram presenças espirituais. O doutor Persinger atribui esses fenômenos à influência dessas ondas eletromagnéticas nos lobos temporais.

Sabemos, pela doutrina espírita, que os espíritos se comunicam por intermédio do pensamento. André Luiz nos diz que os espíritos emitem ondas mentoeletromagnéticas, ou seja, uma onda eletromagnética (onda pensamento), que é emitida pela mente e captada pela glândula pineal do médium.

O doutor Michael Persinger diz que a glândula pineal e, especialmente, suas enzimas NAT (serotonina) e HIOMT (melatonina), que estão envolvidas na produção de melatonina e serotonina, além de alucinógenos relacionados, estão definitivamente afetadas tanto por campos magnéticos e elétricos, de modo que, quando diminuem as ondas eletromagnéticas, diminui-se a produção de melatonina, em um curto prazo, com intensa mudança na intensidade do campo magnético, em qualquer direção; inibe-se a produção de melatonina.

Parece que a alteração nas ondas eletromagnéticas é um fator importante que afeta a melatonina e assim propicia os estados alterados da consciência – como diz o pesquisador – por alucinógenos que são produzidos no cérebro por essa enzima pineal.

O doutor Persinger comenta que o cérebro pode criar estados metais favoráveis à telepatia humana. Ele afirma que se você colocar duas pessoas diferentes, a uma distância e colocar um campo magnético circular ao redor de ambos, e ter certeza de que estão conectados ao mesmo computador assim que receber o mesmo estímulo, então se você acender uma luz no olho de um dos indivíduos que se encontra numa sala isolada do outro, a pessoa na outra sala recebe o campo magnético simultaneamente tendo mudanças em seu cérebro como se tivesse visto o *flash* de luz. Essa pode ser a primeira demonstração de uma conexão quântica, ou o chamado entrelaçamento quântico. Se for verdade, então não há outra forma de comunicação em potencial que pode ter aplicações físicas, por exemplo, em viagens espaciais.

O doutor Michael Persinger, também em suas teorias e pesquisas, acha relações com a investigação sobre a ligação entre o campo magnético da Terra e a capacidade "psi". Essa ligação é explorada, com especial referência para a investigação sobre o efeito neuroquímico do cérebro e do campo magnético da Terra sobre a atividade da glândula pineal. Basicamente, a glândula pineal faz com que o hormônio melatonina e um alucinógeno endógeno chamado 6 MeOTHBC possivelmente realizem um estado propício para a "psi" de consciência. Também possui enzimas que afetam a serotonina, a fim de produzir uma variedade de alucinógenos naturais.

O funcionamento da glândula pineal é afetado por ondas eletromagnéticas. Assim, a produção de melatonina e os alucinógenos provindos da serotonina são afetados por variações no campo eletromagnético, e este poderia muito bem estar relacionado com as variações em um estado propício da "psi" da consciência, resultando em ostensivas ocorrências psíquicas. As implicações dessa síntese são de longo alcance e dizem respeito à nossa compreensão da radiestesia e de certos fenômenos anômalos, como comenta o doutor Michael Persinger.

De acordo com o doutor Jorge Andrea, a força "psi" é desenvolvida na própria organização do ser, força em que os vórtices do espírito orientariam o perispírito, e este, por sua vez, o corpo físico. Portanto, seria uma variedade de campo energético limitada à organização dos seres; uma força que propiciaria ao "eu" ou individualidade (espírito) orientar e manipular a personalidade (corpo físico), refletindo-se em um determinado biótipo ou arcabouço psicológico.

O doutor Walter Rawls, que trabalhou com os efeitos monopolares dos campos magnéticos sobre a matéria, com o falecido doutor Albert Roy Davis, realizou algumas experiências com um ímã voltado ao polo norte, situado na glândula pineal. O capacete foi feito, e ele colocou o lado do polo norte de um ímã cilíndrico ao longo da glândula pineal. O objetivo foi estimular a glândula e ver se havia alguma coisa a respeito do "terceiro olho". A exposição ocorreu no intervalo de dez a trinta minutos por dia, durante um período de aproximadamente quatro semanas.

Na primeira semana, ele estava sentado em sua mesa de leitura de documentos, quando notou algo sair do canto do olho. Quando ele olhou para cima, viu a figura fantasmagórica de um homem que havia caminhado por um muro, atravessou a sala e desaparecido através de outra parede. Na segunda semana, a mesma figura fantasmagórica atravessou a sala e olhou para o doutor Walter, quando ele passou. Dessa vez, a figura parecia ter um pouco mais de detalhe, não era tão fantasmagórica.

Na terceira semana de trabalho, ocupado em documentos, Walter notou uma mudança no quarto. Quando ele olhou para cima, o muro tinha se dissolvido, e ele estava olhando para uma pequena colina, onde um homem e uma mulher estavam sentados debaixo de uma árvore. Foi a mesma figura fantasmagórica do sexo masculino que tinha visto nas outras ocasiões. Sentou-se muito quieto, olhando para essa cena pastoral durante vários minutos.

O homem olhou para Walter, que parecia assustado. Parecia que o doutor Walter reconhecia o fantasma que vira na semana anterior. A imagem desapareceu, e a parede restaurou seu estado normal. Daquele momento em diante, o doutor Walter nunca mais utilizou o estimulador pineal novamente.

Em conversas sobre esse assunto, o doutor e outras pessoas interessadas mencionaram, então, que existe uma teoria de que temos vários corpos de energia, bem como o KA e BA do antigo Egito ou o corpo espiritual (perispírito). Cada um vive da energia desse corpo em outra realidade, mas se comunica com nossa consciência aqui nesta realidade.

Outro comentário dele foi de que a consciência simplesmente

cria um corpo de energia em qualquer realidade. Com visitas e a presença prolongada de determinada realidade, aumenta-se a densidade do corpo energético, passando de um formulário, de um fantasma, que não é facilmente perceptível para habitante da outra realidade física, até que o corpo de energia (perispírito) invada e se torne suficientemente denso para acionar seus sentidos.

O doutor Albert Roy Davis e o doutor Walter Rawls, juntos, descobriram que o magnetismo pode ser usado para estender drasticamente a vida dos animais, dos seres humanos, para aumentar significativamente a inteligência deles, a fim de aumentar também as habilidades psíquicas. Os detalhes sobre como aumentar as capacidades psíquicas (o magnetismo do polo norte deve estar dirigido à glândula pineal) podem ser encontrados no livro *O Arco-Íris no seu Hands*, de Davis e Rawls.

Segundo o doutor Albert Roy Davis, os seres humanos precisam tanto de fontes internas e externas de campos magnéticos para a sobrevivência. Internamente, o corpo humano produz minerais (magnetita), os cristais que podem ser magnetizados. Esses cristais magnetizados, contendo ferro e manganês, são encontrados na glândula pineal (localizada no centro do cérebro), glândula magnética. Estes órgãos e estruturas do corpo são realmente ímãs permanentes, campo estático que geram campos magnéticos. As células individuais têm campos paramagnéticos centrados no DNA, produzidos através da transformação bioquímica dos nutrientes, água e oxigênio.

Os principais pesquisadores sobre os efeitos das micro-ondas no cérebro e no comportamento custearam vários laboratórios para estudar os efeitos do eletromagnetismo de baixo nível. O doutor W. Ross Adey estudou como o eletromagnetismo fraco afeta macacos.

O doutor Adey recebeu um doutorado médico em 1949, na Austrália, quando era, então, pesquisador principal da Universidade de Oxford, na Inglaterra. Ele foi para os EUA em 1954, como professor de anatomia da UCLA. Em 1961, uniu-se ao novo Instituto de Pesquisa Cerebral, para ser pioneiro no implante de sensores de EEG em cérebros de macacos vivos, a fim de estudar os efeitos do eletromagnetismo fraco nas membranas externas e nos trabalhos internos das células cerebrais. Hoje, ele é o principal teórico em bioeletromagnética, além de filósofo.

Na década de 1960, usando macacos com implantes de EEG (eletroencefalograma), Adey descobriu que os campos de sete e dez hertz aumentam a ação do EEG no sistema límbico, uma parte antiga do tronco cerebral. Enquanto dez hertz não tinham efeito no comportamento dos primatas, sete hertz causavam demora no tempo de reação. Na década de 1970, ele descobriu os efeitos do eletromagnetismo de baixo nível em sete, quarenta e cinco, sessenta e setenta e cinco hertz em primatas; consistentemente, os campos ELF significam campos elétricos e magnéticos de frequência extremamente baixa, quando um vpm mudou no EEG e no comportamento.

Em janeiro de 1980, o doutor Ross Adey falou sobre os efeitos biológicos das micro-ondas na Associação Americana para o Avanço da Ciência, em seu encontro anual. Os estudos mostravam que o magnetismo pulsado em quinze ou setenta e dois hertz altera a ação do hormônio paratireoide para desencadear a adenilato ciclase, uma enzima da membrana celular crucial para formar o novo. O eletromagnetismo externo fraco pode alterar a química da célula, assim as membranas celulares devem sentir o fraco eletromagnetismo para desencadear as mudanças no comportamento da célula. Adey indicou que esse eletromagnetismo é similar ao radar e acusou a Força Aérea por fracassar em honestamente avaliar seus riscos de emissão eletromagnética.

Para comprovar que o eletromagnetismo estimula a produção de melatonina, o doutor Mortani Barbosa realizou um bioensaio no nervo-glandular em pineais de rato, onde as glândulas são estimuladas por eletrodos de platina (0,1 mseg de voltagem supramáxima). Esse experimento mostrou que a estimulação das pineais produz a liberação de noradrenalina. A produção de melatonina por pineais é estimulada com a frequência de cem hertz.

É sabido que a pineal é diretamente influenciada pelo ambiente externo via retina, convertendo informações recebidas em mensagens neuroendócrinas. Dessa forma, estabelece-se um ritmo diário na produção de melatonina em todos os mamíferos, onde sua síntese é estimulada pelo escuro e inibida pela luz. O ritmo de secreção da melatonina induz variações na função reprodutiva de animais sazonais, onde a produção natural desse hormônio é mais longa no inverno que no verão.

O fisiologista Richard M. Eakin estuda a relação entre luz (ondas eletromagnéticas) e o comportamento da glândula pineal. Eakin realizou uma pesquisa sobre os olhos dos animais, em especial o chamado "terceiro olho" dos lagartos, sapos e outros animais. Esse órgão se parece com um olho que não se desenvolveu adequadamente e, eventualmente, desenvolve-se na glândula pineal. Usando a nova técnica relativamente de microscopia eletrônica, ele também estudou a estrutura fina da luz sobre glândula pineal sensível, chamada fotorreceptor. Sua pesquisa também incluiu estudos de embriologia de anfíbios e transplantes de órgãos e tecidos animais.

Em 2004, o doutor Hilmar Meissl observou a transformação de ondas eletromagnéticas em estímulos neuroquímicos. Ele fez análises das cascatas de transdução de sinal que revelam um papel essencial de íons de cálcio para a regulação da biossíntese de melatonina na pineal sensível ao órgão luz nos peixes truta arco-íris. Existem fortes evidências de que a glândula pineal converte ondas eletromagnéticas em estímulos neuroquímicos.

O doutor Reiter, em 1993, fez uma revisão da literatura sobre os possíveis efeitos de baixa frequência e estático nos campos eletromagnéticos sobre a produção de melatonina pela glândula pineal.

O doutor Kirschvink, em 1992 e 1996, demonstrou a presença de cristais de magnetita no cérebro humano, mais precisamente na glândula pineal, e propôs um mecanismo de acoplamento da radiação de micro-ondas para o cérebro. "Pesquisas adicionais sobre os efeitos das radiações das micro-ondas são definitivamente garantidas", diz o pesquisador.

O doutor Blackwell Grahame comenta que na glândula pineal humana, no centro do cérebro, foi encontrado um grande número de microcristais de calcita que "carregam uma semelhança impressionante" com a calcita (cristais) encontrada na orelha interna. Os encontrados na orelha interna têm sido mostrados para expor a qualidade da piezeletricidade. Se aqueles encontrados na glândula pineal também têm essa qualidade, então, esse seria um meio pelo qual um campo eletromagnético externo poderia influenciar diretamente o cérebro. Sabemos que os cristais de apatita (um dos poucos minerais produzidos por sistemas biológicos) vibram conforme as ondas eletromagnéticas que captam.

O doutor Neill Cherry, um eminente cientista da pesquisa no campo da radiação eletromagnética e seus efeitos sobre a saúde humana, traz à nossa atenção o papel que o cálcio e a melatonina fabricada pela glândula pineal desempenham no nosso sistema biológico e sua vulnerabilidade sob a influência da radiação eletromagnética. Cherry informa que a radiação eletromagnética altera a homeostase do cálcio nas células, e isso ocorre por meio de um complexo conjunto de janelas de exposição. O fluxo e influxo de íons de cálcio, pela membrana celular, ocorre em diferentes temperaturas, e ele dá o exemplo do que ocorre a 36ºC e 37ºC, e não a 35ºC e 38ºC. Convém recordar também o trabalho do pesquisador doutor Klitzing de Lubeck (Alemanha), que já informou, em 1994, que, em densidades de potência de 0,1 muW/cm^2, pode-se alterar o eletroencefalograma; inclusive, com doses de radiação cinco vezes menores (0,02 muW/cm^2), pode-se alterar a segregação de melatonina pela glândula pineal.

De acordo com o doutor Jacobson, do Instituto de Física Teórica e Estudos Avançados de Investigação Biofísica, estudos começaram a apontar para a explicação do mecanismo de interação entre a radiação não ionizante eletromagnética e os sistemas biológicos. Além disso, a avaliação da glândula pineal como uma glândula magnetossensível pode nos ajudar a compreender as condições fundamentais em magnetorreceptores de sistemas biológicos, em termos de sua natureza piezelétrica.

Já os doutores D. Maisch, B. Rapley, R. E. Rowland e J. Podd afirmam que existe um forte foco em ações de campo eletromagnético na glândula pineal, em relação a efeitos sobre a síntese e secreção do hormônio melatonina, e em uma ampla série de funções de regulação mediada por esse hormônio. A melatonina desempenha um papel fundamental no controle das vinte e quatro horas no ritmo biológico diário. A perturbação da melatonina no ritmo diário normal está associada com o receptor de estrogênio, alterando sua formação; uma linha de evidências experimentais atualmente em estudo, ou possíveis vínculos entre exposição a campos eletromagnéticos e ao câncer de mama humano. Além disso, a melatonina tem propriedades gerais como um radical livre, com a possibilidade de um papel preventivo do estresse oxidativo, reconhecido como um fator fundamental em um amplo espectro de desordens degenerativas humanas, incluindo a doença de artéria coronária, de Parkinson e de doenças de Alzheimer e envelhecimento.

Esses cientistas dizem ainda que uma das causas do sistema imunológico deprimido ou com a função imune prejudicada, está associada a exposição a um campo eletromagnético de baixo nível. A prova inclui tanto *in vivo* e *in vitro* em humanos e animais, alterando a produção da melatonina e consequentemente danificando o sistema imunológico.

O pesquisador e médico Simon Baconnier informou que os microcristais de calcita identificados na glândula pineal teriam excitabilidade na onda gama de frequências de comunicações móveis. Sua interação com as ondas GSM poderia constituir um novo mecanismo de transdução eletromecânica na membrana dos pinealócitos, influenciando a produção de melatonina.

Além disso, Baconnier sugere que as ondas eletromagnéticas interagem eletricamente com os cristais da pineal, que podem alterar a função do canal de cálcio, que tem um papel fundamental na célula, pela comunicação e união. Existe uma relação crítica entre as glândulas pituitária (hipófise) e pineal. À medida que a glândula pineal é prejudicada, esse efeito prejudica a hipófise, e, subsequentemente, a gestão eficiente de liberação de hormônio pelo sistema endócrino, para os diversos órgãos que regulam as funções do corpo.

Qualquer comprometimento em sua eficiência irá provavelmente resultar tanto em um desequilíbrio biológico quanto neurológico. Reduções de níveis de cálcio e lítio foram registradas, no caso do TDAH; os minerais foram essenciais para a estabilização do humor e da serenidade. No caso da artrite, a falta de cálcio gera desequilíbrio, conhecido por ser um fator contribuinte, como diz o pesquisador.

O médico e pesquisador espanhol Cláudio Gomez-Perretta alerta que baixas frequências de radiações eletromagnéticas geradas artificialmente podem causar danos ao organismo. Entre os mecanismos biológicos que podem ser vistos e afetados por essas radiações, é bom enfatizar que o papel da melatonina gerada pela glândula pineal e seus hormônios está diminuindo sua secreção noturna pela ação dessas radiações eletromagnéticas artificiais.

Esta diminuição da secreção noturna provavelmente favorece a ação ameaçadora dos radicais livres e o aparecimento de tumores por uma menor atividade do gene antitumor. A diminuição da melatonina pode produzir como equalizador uma redução de serotonina e aumentar o risco de aparecimento de depressão.

O doutor Robin Baker, fisiologista da Universidade de Manchester, na Inglaterra, mostrou que os seres humanos têm seu próprio compasso magnético, como um sexto sentido apurado. Com um mínimo de treinamento, as pessoas demonstram habilidade inata para localizar o norte magnético. Além disso, em várias experiências, Baker tem mostrado habilidade humana, em que as pessoas podem facilmente aprender a escolher a casa na direção correta, em qualquer lugar. O mais intrigante é que esse sentido sensorial é perdido se um ímã é mantido na testa do indivíduo por apenas quinze minutos.

De acordo com o doutor Robin Baker, a glândula pituitária pode sentir o norte magnético do alinhamento da Terra. Ela é altamente sensível eletromagneticamente. Outro ponto do cérebro humano está no domínio da glândula pineal, que é o sistema de corrente elétrica no cérebro, que atua na consciência. A sensibilidade reage muito a baixas frequências (ELF ou frequência extremamente baixa). Esses efeitos aparecem somente no domínio ELF particular, que se aplicaria também às micropulsações naturais de um campo magnético terrestre, como diz o pesquisador.

O doutor William Philpott, MD, é presidente do Instituto de Biomagnética, na cidade de Oklahoma, EUA. Psiquiatra e neurologista, autor de numerosos livros e pesquisador da interação entre a biologia e o campo magnético da Terra, afirma que assim como nos sistemas eletromagnéticos, nossos corpos existem em equilíbrio entre e sob a influência de positivo e negativo, gerando forças magnéticas. A atmosfera terrestre exerce um campo magnético poderoso nos seres vivos. Durante o dia, por meio dos raios solares, a força magnética é positiva. À noite, é negativa.

Assim sendo, durante a noite, quando a força magnética da Terra é negativa, aumenta o oxigênio celular que incentiva o sono reparador profundo, apoia a cura biológica, reduz a inflamação e alivia a dor. Mas, quando o Sol aparece, sua força magnética positiva diminui o oxigênio celular, estimula a vigília, inibe a cura biológica, a dor aumenta, e pode aumentar a inflamação.

Todas as plantas e animais, incluindo os seres humanos, existem e respondem ao campo magnético da Terra. Todos são extremamente sensíveis à energia magnética e produzem sua importante e característica substância, o hormônio melatonina; o sono, quase que inteiramente durante a noite, quando é negativo o campo magnético da Terra, é dominante. Por sua vez, o hormônio do crescimento humano, que é produzido pelo hipotálamo, quando dormimos, parece estar fortemente influenciado pelos níveis de melatonina.

De acordo com o doutor William Pawluk, o corpo humano flutua num mar de campos magnéticos – os da Terra, Lua, Sol e outras áreas da galáxia. O corpo está cheio de materiais magnéticos. Cada célula e átomo do corpo é um pequeno dínamo magnético. Os campos do corpo, que são muito pequenos, são medidos em dispositivos chamados lulas. O campo da Terra é cem mil vezes, ou mais, forte do que o do corpo. Nós somos tão dependentes do campo magnético da Terra que os astronautas, para permanecerem no espaço por longos períodos, requerem campos artificiais de ímãs para manter a saúde. As abelhas, pássaros, tartarugas e diversas outras espécies têm a capacidade de perceber o campo magnético da Terra e, em seguida, empregar sentido na navegação. Pombos-correio e as aves migratórias são conhecidos por usar o campo magnético da Terra na navegação. Os cristais de magnetita têm sido encontrados em todos esses organismos – eles também foram encontrados em seres humanos. A magnetita é feita de ferro e manganês. Nos seres humanos, a magnetita foi encontrada no cérebro, nos neurônios e órgãos magnéticos, tais como a glândula pineal. Os campos magnéticos externos da Terra fornecem até 90% da energia para os seres vivos, como tubarões, tartarugas, entre outros.

O doutor José Delgado, um neurofisiologista espanhol, demonstrou, por meio de pesquisas, a capacidade de manipular o comportamento dos animais e seres humanos com a utilização orientada de radiação eletromagnética. Com base nesses resultados, é evidente que os campos eletromagnéticos têm o potencial de aumentar o risco de disfunção mental. Ele diz que a serotonina (produzida pela glândula pineal), a dopamina, a epinefrina e a acetilcolina são alguns dos neurotransmissores mais importantes que podem ter uma influência significativa sobre o humor e o comportamento.

Segundo Delgado, existem duas regiões do cérebro que são excepcionalmente sensíveis à luz e à eletricidade: a glândula pineal e a glândula pituitária. Quando há interferências nessas duas glândulas pode haver um grande desequilíbrio nos processos fisiológicos, trazendo consequências desastrosas para os seres humanos. Três áreas em particular são controladas pelas duas glândulas: pensamento, percepção sensorial e procriação.

José Delgado investigou e realizou experiências com implantes capazes de atingir uma grande variedade de resultados, também com radiações de micro-ondas, ELF e ondas eletromagnéticas de baixa e alta frequência, destinados a manipular a memória, o comportamento do controle ou simplesmente incapacitar temporariamente.

As vítimas sofrem danos de longa duração para a saúde do órgão afetado e são levadas à insanidade por "vozes", a desenvolver comportamentos compulsivos, realizar determinadas tarefas contra sua inclinação, etc. As últimas experiências apontam no sentido de filtrar a marca das emoções concretas no cérebro com a ajuda de eletroencefalograma (EEG) e *software* de computador específico para sintetizar as frequências e amplitudes relevantes.

O doutor Sérgio Felipe comenta:

> Hoje sabemos que não é possível localizar a alma, posto que ela é imaterial. A hipótese inicial, porém, tem sua validade, pois a pineal é a estrutura cerebral onde a alma se projeta, a estrutura cerebral capaz de captar as ondas eletromagnéticas do pensamento e decodificá-las para as demais partes do cérebro e, portanto, do organismo. As evidências atuais desse papel centralizador e regulador da pineal baseiam-se nos trabalhos recentes de psiconeuroendocrinologia. Prosseguindo, a pineal capta a onda mental e envia-a às demais partes do cérebro. A

captação da onda mental ocorre pela anatomia da pineal com a existência de concreções calcárias em sua periferia que funcionam como uma caixa de ressonância para esta onda. Após captada, a onda mental, para ser enviada às outras áreas cerebrais, sofre uma modificação. Ela passa de onda eletromagnética para corrente elétrica – impulsos nervosos e substâncias químicas –, neurotransmissores. Os próprios impulsos elétricos e neurotransmissores transformam-se uns nos outros durante todo o processo, desde a captação do pensamento à realização do ato, seja como comportamento externo ou evento interno. A informação, porém, mantém-se constante (Revista *Saúde e Espiritualidade*).

Ficou demonstrado que um bom número de pesquisas com animais e com pessoas voluntárias que foram expostos a microondas, inclusive em curtos períodos de tempo, submetidos a esses níveis de radiação considerados muito baixos, produziram alterações na barreira hematoencefálica, que é o sistema regulador da passagem de substâncias para o cérebro.

O doutor Persson, no ano de 1997, já constatou esse fenômeno em seu estudo denominado *Permeabilidade da Membrana Cerebral em Ratos Expostos aos Campos Eletromagnéticos Usados na Comunicação Sem Fio*.

Os doutores Dutra, Ghosh e Blackman, em 1989, também comprovaram o transporte de cálcio por meio das membranas celulares em seu trabalho sobre radiofrequências e radiação induzida em um íon de cálcio e neuroblastomas em células de cultura.

O sistema dopaminérgico/opiáceo, associado com o sistema de gratificação e regulação da dor, entre outros, foi estudado por Lai Guy, Horita e Chou, em 1984, no trabalho *Indução de Micro-ondas sob uma Exposição a Altas Temperaturas: Complicações nos Narcotizantes Endógenos e a Serotonina Fabricada pela Glândula Pineal*, além de diversos neurotransmissores, como a acetilcolina, que regula os processos cognitivos, como a atenção ou a memória, tal como demonstraram de novo os doutores Lai e Guy, junto com Carino, em 1989, em sua investigação sobre a radiação de micro-ondas de baixa frequência e sua influência no sistema nervoso central.

Frank McGillion, médico pela Universidade de Glasgow,

especialista em neurofisiologia e psicofisiologia, em sua investigação de pós-doutoramento, em Oxford, escreveu o livro *A Abertura dos Olhos*, um estudo da glândula pineal como o elo fundamental entre a mente e o corpo humano, além dos fatores ambientais (incluindo geomagnético, fenômenos cosmológicos, radiação e poluição eletromagnética, posição e movimento dos astros no céu), conceitos como "harmonia das esferas", alquimia e transformação de formas geométricas para encontrar uma explicação científica para o estudo desse "olho aberto para o céu", que é a glândula pineal.

No artigo "A glândula pineal e a arte antiga de iatromathematica", é feita uma sólida base científica e define-se a arte da medicina de Paracelso e os astrólogos médicos da Grécia Antiga, além da importância da melatonina, secretada pela glândula pineal nos mecanismos de influência na consciência "astral".

Os pesquisadores e neurobiólogos doutor Kenneth J. Lohmann e doutor Sönke Johnsen comentam que, apesar de nossa maior compreensão das funções e dos mecanismos de ação da glândula pineal em poucas décadas, o mecanismo exato em um nível celular, por meio do qual a radiação eletromagnética pode produzir efeitos biológicos, era, até recentemente, desconhecido. No entanto, na última década, estudos de minerais ferrosos conhecidos como magnetita demonstraram que esse metal pode agir como um transdutor, ligando a atividade eletromagnética do ambiente com a função celular. Além disso, em animais e seres humanos, a magnetita foi identificada na maioria dos tecidos examinados, incluindo a glândula pineal.

O homem influencia o meio em que vive por seus pensamentos e sentimentos, impregnando na psicosfera da Terra suas vibrações, ajudando a formar coletivamente o campo magnético do planeta, depois influenciado por essas mesmas energias pelas ondas eletromagnéticas captadas pela glândula pineal. Conclui-se que existem fortes evidências científicas de variações neuroendócrinas associadas à exposição a campos magnéticos de sessenta hertz.

A maioria das investigações dos efeitos do campo magnético na função da glândula pineal indica que esses campos magnéticos podem inibir a concentração de melatonina na glândula pineal.

As pesquisas científicas comprovam a descoberta da magnetita biogênica em tecido do cérebro humano, por meio da qual o sistema nervoso central humano pode interagir com o campo magnético do ambiente. As pesquisas científicas comprovaram que existe material magnético especificamente na glândula pineal do homem, como existe em pássaros e animais, por meio do qual eles interagem com o campo magnético da Terra para navegação. A glândula pineal está situada no centro do cérebro, como uma minúscula gruta ou cavidade ressonante. Isso pode corresponder à cavidade ressonante que existe entre a superfície de nosso planeta e sua ionosfera – uma concha esférica que é estimulada por faíscas de relâmpagos de aproximadamente duzentas tempestades, com trovoadas que ocorrem em volta do globo ao mesmo tempo.

Foi descoberto que as ressonâncias eletromagnéticas produzidas, assim possuem frequência similar aos estados alfa e teta do cérebro humano, e que outras ressonâncias também existem entre várias camadas da ionosfera eletromagnética da Terra e no cérebro.

9

A ciência pesquisando a glândula pineal

> No exercício mediúnico de qualquer modalidade, a epífise (pineal) desempenha o papel mais importante. Através de suas forças equilibradas, a mente humana intensifica o poder de emissão e recepção de raios peculiares à nossa esfera. É nela, na epífise, que reside o sentido novo dos homens; entretanto, na grande maioria deles, a potência divina dorme embrionária.
>
> André Luiz, *Missionários da Luz*

Se alguma coisa pode ser chamada de o centro do cérebro físico, ela é a glândula pineal. Em forma de cone, com estrutura sólida, localizada no teto do terceiro ventrículo posterior, ela é aproximadamente do tamanho de um grão de arroz e pesa aproximadamente de cem a cento e oitenta miligramas. Ela começa sua composição aproximadamente nos trinta e seis dias de gestação, quando duas pequenas massas de células juntam-se para formar a glândula.

Quase indetectável em seu início e ainda quando ela atinge a diferenciação, em torno do nascimento, ela está centrada entre o cerebelo e é ligada a ele. A glândula é parte do circuito envolvido na tradução visual de todas as mensagens recebidas por intermédio da retina; mesmo que a glândula pineal tenha sido considerada até recentemente sem funcionalidade.

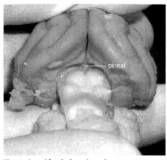

Foto da glândula pineal.

Hoje foram alcançados muitos avanços. Em poucas décadas, tem-se demonstrado suas multifacetadas funções nos seres humanos e mamíferos. A glândula também tem sido referida como a epífise, olho parietal, e, nos reinos espirituais, como o "terceiro olho". A pineal parece estar envolvida na sincronização das funções corporais com o meio ambiente, como o "regulador dos reguladores". A mais recente pesquisa demonstra que a glândula desempenha papel em padrões específicos, com a função de ser a glândula da vida mental.

Em geral, a pineal é uma glândula muito ativa com o fluxo de sangue, a segunda maior, depois dos rins, e, em volume, igual à pituitária. Ela tem a maior absorção de fósforo em todo o corpo e a segunda maior absorção de iodo, após a tireoide. Nenhuma outra parte do cérebro contém serotonina tanto quanto a pineal ou é capaz de fazer a melatonina.

Iremos citar alguns cientistas que aprofundaram suas pesquisas e descobriram o que os hindus já sabiam há muitos séculos.

Swami Satyananda (nascido em Almorah, Uttar Pradesh, na Índia, em 1923), um discípulo de Swami Shivananda, é um professor de Ioga e guru, ligado à Sociedade da Divina Luz (Rishikesh). Começou sua busca espiritual com dezenove anos. Em 1955, viajou pela Índia como asceta. Ele disse: "Todos os sistemas psíquicos têm seus aspectos físicos no corpo".

Ao chacra coronário o equivalente físico é a glândula pineal, que há muito tempo tem confundido os médicos e cientistas quanto à sua função precisa.

O pesquisador passa, então, a discutir a investigação científica recente sobre a glândula pineal afirmando que os iogues, que são os cientistas da mente sutil, sempre falaram da telepatia como um *siddhi*, poder extrassensorial do ser humano, que começa no chacra ajna e termina na glândula pineal, ligada ao cérebro. Essa glândula é o receptor e emissor das vibrações sutis que transportam pensamentos e os fenômenos psíquicos em todo o cosmos.

O doutor Sérgio Felipe de Oliveira é um psiquiatra brasileiro, mestre em Ciências pela Universidade de São Paulo (USP) e destacado pesquisador na área da psicobiofísica. Sua pesquisa reúne conceitos de psicologia, física, biologia e espiritismo. Ele desenvolve estudos sobre a glândula pineal, estabelecendo relações com atividades psíquicas e recepção de sinais do mundo espiritual, por meio de ondas eletromagnéticas. Realiza um trabalho junto à Associação Médico-Espírita de São Paulo (AMESP) e possui a clínica Pineal Mind, onde faz seus atendimentos e aplica suas pesquisas.

Na revista *Saude e Espiritualidade*, o doutor Sérgio diz:

> Agentes espirituais agem pelo campo eletromagnético. Então, dizer que este campo interfere no cérebro não contraria a hipótese de uma influência espiritual. Porque, se há uma interferência espiritual, esta se dá justamente pelo campo eletromagnético. Quando se fala do espiritual, em Deus, a interferência acontece na natureza pelas leis da própria natureza. Se o campo magnético interfere no cérebro, a espiritualidade interfere no cérebro pelo campo magnético. Uma coisa não anula a outra. Pelo contrário, complementam-se.

Após analisar a composição da glândula pineal, o cientista Sérgio Felipe de Oliveira detectou em sua estrutura cristais de apatita, mineral também encontrado na natureza sob a forma de pedras laminadas. Segundo suas pesquisas, esse cristal capta campos eletromagnéticos. "E o plano espiritual age por meio desses campos. A interferência divina sempre acontece obedecendo às leis da própria natureza", esclarece o pesquisador, que é diretor-presidente da Associação Médico-Espírita de São Paulo (AMESP).

Descobriu-se que a glândula pineal apresenta metabolismo intenso e grande captação de substâncias como aminoácidos, fósforo e iodo, sendo que, no caso deste último, só perde para a tireoide. Ela está ligada ao terceiro ventrículo e produz o hormônio melatonina durante a noite, devido à ausência de luz. É constituída por pinealócitos (produtoras de melatonina), astrócitos e vasos sanguíneos. Os pineócitos são as células principais da pineal. São derivados de neurônios, mas não têm axônio. Eles têm formato mais ou menos poligonal, com prolongamentos. Alguns terminam na parede de pequenos vasos, com expansões terminais em forma de bulbo, demonstráveis por imunohistoquímica para marcadores neuronais, como NF, SNF e CGR. Uma feição característica da pineal, que começa a aparecer na infância e aumenta com a passar da idade, são microcalcificações, chamadas de *corpora arenacea, acervuli cerebri* ou areia cerebral, com estrutura lamelar concêntrica, parecendo que são formadas por complexos íons cálcio com proteínas, associados à atividade secretória (por exocitose) dos pineócitos.

As calcificações podem ser visíveis já em radiografias simples do crânio; na era pré-tomografia computadorizada, eram um marco importante da linha média cerebral.

A imagem abaixo mostra três cistos de parede glial no parênquima da glândula. Externamente, a glândula é revestida por fina camada de aracnoide. Algumas pequenas calcificações (*corpora arenacea*) são visíveis.

O escritor Carlos Torres Pastorino, em seu livro *Técnica da Mediunidade*, diz:

> A chamada "areia" (sais calcários) tem sua tarefa específica ainda não revelada: com suas lâminas concêntricas desincumbe-se de seu serviço à semelhança daquela pedra natural denominada "galena", que possui capacidade idêntica de detectar ondas hertzianas. Lembremo-nos de que, na própria galena, é indispensável procurar um "pontinho microscópico", para conseguir essa transmutação. Assim ocorre com o corpo pineal, muito superior em seu funcionamento à galena, tanto quanto o cérebro é superior a um computador eletrônico.

Já o doutor Sérgio Felipe, após analisar a composição da glândula pineal, detectou em sua estrutura concreções calcárias, também cristais de apatita, mineral encontrado na natureza sob a forma de pedras laminadas. Segundo as pesquisas, esse cris-

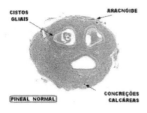

Fonte: *anatpat.unicamp.br/np-tpineocitoma3a.html.*

tal capta campos eletromagnéticos, e o plano espiritual age por meio desses campos. A interferência divina sempre acontece obedecendo às leis da própria natureza.

Atesta Sérgio Felipe:

> Os médiuns são indivíduos capazes de entrar em contato com outras dimensões espirituais; apresentam maior quantidade de cristais de apatita na pineal. Os iogues e místicos, que experimentam estados de meditação e êxtase profundos, têm menor quantidade (Revista *Saúde e Espiritualidade*).

Nos fenômenos espíritas, como é o caso da psicofonia, da psicografia, da possessão, etc., diz o médico, há captação pelos cristais da glândula pineal e sua ativação adenergética. O doutor Sérgio acrescenta:

> Pode ocorrer ataque cardíaco, aumento do fluxo renal, circulação periférica diminuída, etc. Nos fenômenos psíquicos, em que a alma do encarnado se afasta do corpo, como em estado de desdobramento, os sintomas são outros: podemos ter distúrbios de sono, sonambulismo, terror noturno, ranger de dentes, angústia, fobia, etc. Encaixam-se aqui também os fenômenos de cura e ectoplasma. Nos psíquicos, ocorrem mais fenômenos colienergéticos: expansão das atividades do aparelho digestivo, diminuição da pressão arterial, etc. (Revista *Saúde e Espiritualidade*).

As ondas mentomagnéticas vão influir diretamente sobre as áreas do hipotálamo e as estruturas ao seu redor, sem passar pelo juízo crítico do lóbulo frontal e sem receber seu comando. Consequentemente, a pessoa perde o controle do comportamento psicobiológico e orgânico. É o que acontece em muitos casos de obesidade, quando a pessoa come sem fome, ou nos casos de dificuldades nas relações sexuais.

Se o efeito se produz na área da agressividade, haverá talvez um aumento da autoagressividade (desencadeando depressão e fobia) ou da heteroagressividade (com violência contra outras pessoas). Se o sistema reticular ascendente é ativado (esse sistema é responsável pelos estados de sono e vigília), podem ocorrer distúrbios nessa área. Nos casos citados ocorrem sintomas sem desenvolvimento da mediunidade, com alterações hormonais, psiquiátricas ou orgânicas. Se não há o controle do lóbulo frontal, as áreas mais primitivas predominam. A pessoa não usa a capacidade de transcendência. Essas são hipóteses acumuladas durante as investigações e em casos clínicos, conforme atesta o doutor Sérgio.

Em uma linguagem simples, diz o doutor Sérgio, é possível dizer que é como se a onda batesse em um cristal e fosse ricocheteada para outro; deste para outro e assim sucessivamente. Desse modo, o campo magnético é sequestrado pela glândula.

Quanto mais cristais a pessoa apresenta na glândula, maior é a capacidade de captar esse campo magnético, e isso caracterizaria o fenômeno mediúnico propriamente dito, o que vem da dimensão espiritual, dos universos paralelos, o fenômeno de incorporação, e assim também o de telepatia, que seria a comunicação que vem de nossa dimensão, das pessoas que estão encarnadas. Ela captaria determinados planos do mundo espiritual que estariam em sintonia ou ressonância com o tipo de onda que a pessoa produz ou elege para seu próprio clima mental.

Dessa forma, a pineal funcionaria como uma caixa de ressonância das ondas mentais, sendo capaz de intermediar o fenômeno mediúnico.

Agora, se a pessoa não apresenta esses cristais de apatita, comenta o doutor Sérgio, em quantidade suficiente para se tornar radiopaco na tomografia, entende-se que são pessoas cujo contato com a espiritualidade ocorre por desdobramento ou a chamada capacidade anímica, como finaliza o médico. Quer dizer, a pessoa se desloca do corpo, e esse deslocamento provoca um contato com a espiritualidade, mais direto, de espírito a espírito. Já em um fenômeno mediúnico propriamente dito, como é próprio dos que têm bastante cristal de apatita, a comunicação se dá por sequestro do campo magnético, e é como se a entidade comunicante se aproveitasse do aparelho mediúnico da pessoa para traduzir sua comunicação, para expressar-se.

O indivíduo capta pela pineal a onda do espectro magnético, própria da comunicação mediúnica, e muitas vezes não tem

consciência disso; pode ser um fenômeno inconsciente. E essa captação vai amplificar os fenômenos que ocorrem nessa outra área do cérebro, que é o hipotálamo: a fome, a sexualidade, a agressividade e o sono. A pessoa que recebe uma influência espiritual pode, portanto, ter uma alteração e uma perda de controle cíclica desses comportamentos ou da fome, como as bulimias, a obesidade, as anorexias ou os distúrbios do sono, com os diversos padrões de transtorno, bem como da sexualidade. E aí nós diríamos da dificuldade de formar vínculos ou a agressividade, a autoagressividade, a depressão, fobias, que são formas autoagressivas ou a heteroagressividade, a irritabilidade. A pessoa perde o controle desses comportamentos. Ela afirma que não consegue controlar suas tendências no que diz respeito a um ou mais desses comportamentos; por exemplo, a irritabilidade, ela é desproporcional ao estímulo. Assim, tem-se fome, sem precisar se alimentar; com grandes dificuldades de formação de vínculos nos relacionamentos, referentes à sexualidade e ao sono, a pessoa não consegue ter um sono reparador, repousante, e tem dificuldades nesse sentido, como diz o doutor Sérgio.
Ele comenta:

> A pineal capta os pensamentos e, ao direcioná-los para as diferentes áreas do cérebro, possibilita os diversos eventos de nossa vida mental e de relação; esse direcionamento ocorre através de impulsos nervosos, a própria onda mental ou hormônios; ou seja, o direcionamento ocorre através de três grandes sistemas de comunicação do corpo humano: sistema nervoso, sistema endocrinológico e sistema vascular. Quando ocorre a captação do pensamento de mentes "estrangeiras", há uma sobrecarga na pineal e suas funções ficam "excitadas", exacerbadas. As comunicações da pineal com o hipotálamo estarão ampliadas e, daí, haverá maior estimulação da hipófise, com grande liberação de hormônios por ela produzidos (geralmente indutores da produção de outros hormônios pelas diferentes glândulas do organismo). Os neuro-hormônios reguladores do hipotálamo chegam à hipófise através do sangue, pelo sistema de circulação sanguínea porta-hipofisal. A hipófise possui vários tipos específicos de células responsáveis pela produção de um

ou, no máximo, dois hormônios. Respondendo à estimulação pelo hipotálamo, a hipófise irá agir na tireoide, córtex suprarrenal, testículos, ovários, glândulas mamárias, pâncreas, ossos e músculos esqueléticos ligados aos ossos e voluntários (Revista *Saúde e Espiritualidade*).

E ninguém pode aumentar ou diminuir essa concentração de cristais, como garante o psiquiatra. Ela é uma característica biológica, assim como a cor dos olhos e cabelos. Sérgio explica que a glândula é um receptor poderoso, mas quem decodifica as informações recebidas é outra área do cérebro, como o córtex frontal cerebral.

O doutor Sérgio alega que, sem essa interação, as informações recebidas não são compreendidas. É por isso que os animais não podem decodificá-las: as outras partes do cérebro deles não têm esse atributo. Para confirmar sua tese, Sérgio Felipe de Oliveira realizou diversos exames neurológicos (como tomografia e eletroencefalograma) em pacientes em transe. "Verificamos a atividade na pineal durante esses momentos. Ela é uma espécie de antena que capta estímulos da alma de outras pessoas, vivas ou mortas, como se fosse um olho sensível à energia eletromagnética".

O mesmo pesquisador afirma:

> Existem dois tipos de experimentos que podem ser feitos: um, que é a experiência de pesquisa das estruturas do cérebro, responsáveis pela integração espírito/corpo; e outra, que é a pesquisa clínica, das pessoas em transe mediúnico. São testes de hormônios, eletroencefalogramas, tomografias, ressonância magnética, mapeamento cerebral, entre outros. A coleta de hormônios, por exemplo, pode ser feita enquanto o paciente está em estado de transe. E os resultados apresentam alterações significativas (Revista *Saúde e Espiritualidade*).

O cérebro em transe

A equipe do Globo Repórter acompanhou o trabalho de dois especialistas: o psiquiatra Sérgio Felipe, do Instituto de Saúde Mental de São Paulo, e o neurologista Sebastião Alver-

naz, da Escola Paulista de Medicina. Eles estudam as reações de um cérebro em transe.
O aparelho de eletroencefalograma, de última geração, faz o mapeamento cerebral. Para que o exame dê certo, o médium não pode ser portador de nenhuma doença psíquica, como epilepsia, por exemplo. Os médicos só querem registrar as interferências espirituais.
O doutor Sérgio Felipe pediu ao suposto espírito incorporado no médium para emitir sinais que pudessem ser identificados no aparelho. O médium atendeu, e o aparelho começou a registrar os sinais. Até os abalos musculares captados pelos sensores são pesquisados. O especialista consegue analisar cada movimento.
O neurologista Sebastião Alvernaz afirma que pode ser simplesmente um abalo muscular do médium, mas também que uma atividade eletroencefálica registrada tenha desencadeado esses abalos. "Isso não é normal. Se você gravar uma pessoa que não tenha epilepsia, ela não apresenta isso", conclui.
Segundo os pesquisadores, os resultados dos exames indicam que o transe provoca estranhas alterações no cérebro. "Há indícios de que altera, mas não é só eletroencefalograficamente; alterando ritmos cardíacos e outras funções do chamado sistema nervoso autônomo", revela o psiquiatra Sérgio Felipe.

Segredos do cérebro

O grande desafio dos pesquisadores é descobrir se os espíritos se comunicam com o homem. O doutor Sérgio Felipe, do Instituto de Saúde Mental de São Paulo, acredita que a ciência avança na busca dessa explicação. Ele estudou em detalhes a glândula pineal do ser humano. Descobriu que ela carrega pequenos cristais.
Para o psiquiatra, essas pedras funcionariam como antenas na captação de mensagens de outro plano. Observação importante: o doutor Sérgio notou, em repetidos exames de ressonância magnética, que os médiuns carregam no cérebro uma quantidade maior desses cristais.
"Não há pessoas que não tenham esses cristais. O que eu tenho observado é que há pessoas que têm uma quantidade

grande desses cristais. E não depende da idade. Essas pessoas, em tese, teriam capacidade maior de sequestrar o campo magnético", explica o doutor Sérgio Felipe.

Para finalizar, diz ainda:

> A mediunidade é um atributo biológico, que acontece pelo funcionamento da pineal, que capta o campo eletromagnético, através do qual a espiritualidade interfere. Não só no espiritismo, mas em qualquer expressão de religiosidade, ativa-se a mediunidade, que é uma ligação com o mundo espiritual. Um hindu, um católico, um judeu ou um protestante que estiver fazendo uma prece está ativando sua capacidade de sintonizar com um plano espiritual. Isso é o que se chama mediunidade, que é intermediar. Então, isso não é uma bandeira religiosa, mas uma função natural, existente em todas as religiões. E isso deve acontecer através do campo magnético, sem dúvida. Se a espiritualidade interfere, é pelo campo eletromagnético, que depois é convertido, pela pineal, em estímulos eletroneuroquímicos (Revista *Saúde e Espiritualidade*).

Não existe controvérsia entre ciência e espiritualidade, porque a ciência não nega a vida após a morte, não nega a mediunidade, não nega a existência do espírito. Também não há uma prova final de que tudo isso existe. Não existe oposição entre o espiritual e o científico. Você pode abordar o espiritual com metodologia científica, e o espiritismo sempre vai optar pela ciência. Essa é uma condição precípua do pensamento espírita. Os cientistas materialistas que disserem: "Esta é minha opinião pessoal", diz o doutor Sérgio, estarão sendo coerentes. Mas, se disserem que a opção materialista é a opinião da ciência, estarão subvertendo aquilo que é a ciência.

A *American Medical Association*, do Ministério da Saúde dos EUA, possui vários trabalhos publicados sobre mediunidade e a glândula pineal. O Hospital das Clínicas sempre teve tradição em pesquisas na área da espiritualidade e do espiritismo. Isso não é muito divulgado pela imprensa, mas existe um grupo de psiquiatras lá defendendo teses sobre isso, como finaliza o doutor Sérgio.

O professor Sidney B. Lang, engenheiro químico e PhD da Universidade Ben-Gurion do Negev, em Israel, e os médicos Simon

Baconnier e Rene de Sèze, do Instituto Nacional de Meio Ambiente Industrial e Riscos, na França, descobriram, recentemente, a presença de microcristais que estão se formando em nossa glândula pineal. Essa é uma ciência denominada biomineralização. Esses cientistas têm relatado que tais cristais possuem propriedades piezoelétricas com excitabilidade na frequência gama, parecido com as telecomunicações móveis. O cristal piezoelétrico é um cristal que, quando submetido a uma pressão, gera um campo elétrico (em um eixo transversal àquele onde foi aplicada a pressão), que pode ser coletado como tensão. O efeito piezoelétrico ou piezoeletricidade foi descoberto pelos irmãos Curie, em 1880, e utilizado na prática pela primeira vez por P. Langevin, em sonares, durante a Primeira Guerra Mundial. Langevin utilizou quartzo acoplado a massas metálicas para gerar ultrassom na faixa de algum quilo-hertz. Após a Primeira Guerra Mundial, devido à dificuldade de se excitarem transdutores construídos com quartzo, por causa da demanda por alta tensão, iniciou-se o desenvolvimento de materiais piezoelétricos sintéticos.

Os depósitos calcificados na glândula pineal, com medida entre três e cinco milímetros, são chamados de "areia cerebral". Existem cristais assimétricos na glândula pineal que são "piezoelétricos", isto é, eles enviam mensagens eletrônicas de tensão, criando ondas eletromagnéticas. Sempre que uma pessoa é exposta a um campo magnético eletromagnético, tais como o da Terra, a glândula vibra, enviando sinais eletromagnéticos para o resto do corpo.

Quando a glândula pineal é estimulada geomagneticamente, produz alcaloides semelhantes aos psicodélicos originados em algumas plantas. A glândula pineal é influenciada por campos eletromagnéticos e muda sua produção hormonal quando exposta às ondas em níveis baixos.

Como a Terra tem o maior efeito de força de nossa fisiologia, faz sentido que as células de nosso corpo e do cérebro sejam influenciadas por seu magnetismo. Toda a vida dentro do planeta sente a influência vibracional da Terra. Para esse efeito, cada uma de nossas células é constantemente mudada por padrões de energia, a fim de alcançar ressonância harmônica com os sinais de referência de nossa Terra.

O corpo físico é verdadeiramente surpreendente; está ligado energeticamente com a Terra e todos os seus habitantes. Nossos corpos são constituídos por órgãos de complexidade fenomenal e incrível habilidade. Somos feitos de trilhões de várias moléculas, cada uma vibrando e trabalhando em prol do organismo, todos interligados como o Universo.

O cientista e PhD Marcel Vogel, renomado especialista em cristal no mundo, indicou que o campo energético humano existe como uma matriz de pontos de oscilação de energia que tem uma estrutura em camadas e uma simetria definida. Ele ressalta que essas propriedades correspondem à definição de um cristal em forma de material normal. Nossa estrutura óssea tem sido reconhecida como uma estrutura de cristal sólido com propriedades piezoelétricas. Um efeito piezoelétrico é a criação de um pulso de campo eletromagnético, quando uma estrutura cristalina é fisicamente forçada ou empurrada para fora de sua forma normal.

Como um cristal sólido, tem a capacidade de converter energia vibracional, como som ou luz, em energia elétrica e magnética. Os cristais orgânicos podem absorver, armazenar, converter, amplificar, traduzir e transmitir as energias vibracionais, tendo efeitos biológicos; a energia de cura psíquica pode alterar o padrão eletromagnético mensurável de um cristal orgânico.

O pesquisador e professor Sidney Lang e os médicos Simon Baconnier e Rene de Sèze acreditam na interação desses cristais com o Sistema Global de Telecomunicações Móveis (GSM), onde as ondas gama poderiam constituir um novo mecanismo de transdução na membrana da pineal. GSM é uma tecnologia digital que permite até oito conversas telefônicas em um mesmo canal, ao mesmo tempo.

A mente é mais poderosa que qualquer acelerador de partículas, mais sensível do que qualquer outro receptor de rádio ou a maior óptica. Seria muito provável, então, que esses cristais piezoelétricos de calcita na pineal agissem como transmissores ou receptores do canal de luz ou de informação que vem por intermédio de ondas eletromagnéticas, seja de mentes encarnadas e desencarnadas, sejam mesmo as ondas transmitidas pelo magnetismo terrestre, que corresponde a uma sensação de pulsar no lobo frontal, como resposta à ativação da pineal, e que levará ao despertar, além dos cinco sentidos, o olho espiritual.

Para que o leitor entenda a radiação gama ou raio gama, trata-se de um tipo de radiação eletromagnética produzida geralmente por elementos radioativos, processos subatômicos, como a aniquilação de um par pósitron-elétron. Esse tipo de radiação tão energética também é produzido em fenômenos astrofísicos de grande violência. Possui comprimento de onda de alguns picômetros até comprimentos mais ínfimos, como de dez a quinze e de dez a dezoito metros.

Os raios gama são produzidos na passagem de um núcleon de um nível excitado para outro de menor energia e na desintegração de isótopos radioativos. Estão geralmente associados com a energia nuclear e aos reatores nucleares. A radioatividade se encontra em nosso meio natural, desde os raios cósmicos que bombardeiam a Terra, provenientes do Sol e das galáxias de fora de nosso sistema solar, até alguns isótopos radioativos que fazem parte de nosso meio natural.

Por causa das altas energias que possuem, os raios gama constituem-se como um tipo de radiação ionizante capaz de penetrar na matéria mais profundamente que a radiação alfa ou beta.

Um experimento que foi realizado pelo doutor Richard Davidson, em conjunto com o Instituto Mente e Vida, dirigido por Dalai Lama, investigou e comparou a atividade eletroencefalográfica de monges budistas tibetanos com um grupo que não meditava, mas cujos membros foram treinados uma semana antes da experiência.

Durante o ato da meditação, foi presenciado o surgimento de ondas cerebrais de grande escala, conhecidas como ondas gama (de vinte e sete a quarenta hertz em diante) dos exames dos monges. Esse tipo de onda só foi encontrado em praticantes que tinham em seu currículo uma média de cinquenta mil horas de prática meditativa; elas mostram uma grande concentração de atividade de neurônios.

Trata-se de um resultado bastante interessante. Em geral, ondas gama só aparecem no cérebro por um breve período de tempo, limitadas não apenas do ponto de vista temporal, mas também em termos espaciais. Os neurocientistas ainda não sabem dizer que significado elas têm. Essas ondas cerebrais ritmadas, com frequências em torno de quarenta hertz, parecem acompanhar grandes desempenhos cognitivos – momentos de concentração mais intensa, por exemplo. Talvez representem o estado de alerta extremo, descrito por tantos praticantes da meditação, como especulam alguns.

Patrick Druot, neurofísico, diz que nosso cérebro apresenta quatro tipos de ondas cerebrais: beta (vigília, de trinta a quatorze ciclos por segundo); alfa (relaxamento/cochilo, de treze a oito ciclos por segundo); teta (sono leve, de sete a quatro ciclos por segundo); delta (sono pesadíssimo, de três a um ciclo por segundo). Ocasionalmente, algumas ondas aparecem um pouco fora dessa escala, o que confunde um pouco os pesquisadores. As pessoas chamam isso de ondas gama (acima de trinta e cinco ciclos por segundo, totalmente fora da escala considerada normal, e elas podem aparecer nas experiências mediúnicas, kundalínicas ou projetivas). O francês neurofísico Patrick Druot supõe que essas ondas gama muito elevadas seriam uma das chaves da mediunidade.

A ciência moderna tem chamado o cérebro de "o gigante adormecido". Mas o cérebro tem na glândula pineal realmente o que é o centro eletromagnético ressonante de energia. É através dessa glândula que toda a consciência espiritual ocorre.

Além disso, como o centro de controle mestre no cérebro, a glândula pituitária é nosso ponto de contato negativo. Ela age como um receptor, que permite que informações sejam colocadas no cérebro. A glândula pineal é nosso ponto de contato positivo. Ela age como um neurotransdutor endócrino, que transmite informações e sinais diretos da glândula pituitária, pelo hipotálamo.

O córtex cerebral recolhe informações para nossos vários níveis de comunicação, dentro das células, com a capacidade de converter as frequências eletromagnéticas em corrente elétrica. Em outras palavras, essas células funcionam como cristais líquidos. Como resultado, podemos usar a telepatia para conectarmo-nos com as dimensões superiores da consciência.

A ativação desses cristais em nossa glândula pineal está nos avançando para nossa multidimensional tomada de consciência e habilidades telepáticas. É o próximo passo em nossa evolução. "O corpo humano é literalmente um cristal líquido gigantesco", diz o doutor Robert O. Becker, MD.

Como a nova grade da Terra torna-se mais funcional, a quantidade de luz cósmica atinge a Terra e está sendo alterada. Então, ao invés de observar uma oitava de onda de luz e frequência, nossos cérebros em breve serão capazes de absorver pelo menos mais de duas oitavas de luz pela glândula pineal. Essa glândula irá criar um novo receptor para acomodar a luz adicional. Isso produzirá uma experiência dimensional e transformará radicalmente nossa realidade. "O homem sem o espírito não aceita as coisas que vêm do Espírito de Deus, pois são loucura para ele e não pode entendê-las (1 Coríntios 2:14).

De acordo com o doutor Richard Gerber, a capacidade do indivíduo para se conectar com seu "Eu Superior" é, em parte, dependente da energia especializada dentro da rede cristalina do corpo físico. Essa rede cristalina ajuda a coordenar as estruturas energéticas do corpo mais sutil com a consciência da personalidade física. O doutor Richard traz novas e importantes informações que podem explicar certos aspectos do funcionamento do hemisfério direito e as habilidades "psi".

Habilidades psíquicas são mediadas por vias especiais e energéticas biocristalinas, por meio das quais o "Eu Superior" pode interagir com a consciência da personalidade física. Uma estrutura cristalina particular que é importante para nossa receptividade psíquica é a glândula pineal e, mais especificamente, a calcificação da pineal: um cristal que fica no centro do cérebro.

O doutor Richard Gerber fala que a glândula pineal está associada ao fenômeno da luz, de acordo com diversas perspectivas biológicas e energéticas. Ela é a ligação ao sistema dos centros de forças (chacras) por intermédio de um circuito energético especial que se desenvolveu nos seres humanos ao longo da evolução; estrutura elaborada e relacionada com o crescimento espiritual da personalidade de cada indivíduo para uma consciência abrangente.

No livro *Medicina Vibracional*, ele diz:

<blockquote>A glândula pineal é uma estrutura cristalina que recebe</blockquote>

informações a partir da alma e através dos corpos sutis, especialmente do corpo astral (conhecido na doutrina espírita como perispírito); os corpos sutis muitas vezes atuam como filtros dos ensinamentos provenientes da alma. A partir da glândula pineal, a informação desloca-se para a parte direita do cérebro. Se houver necessidade de comunicar essa informação superior à mente consciente, ela passará pelo hemisfério cerebral direito, na forma de sonhos. Depois disso, o hemisfério esquerdo do cérebro analisa a informação para verificar se ela pode ser compreendida. Isso frequentemente ocorre no caso de sonhos claros, que transmitem mensagens. A partir do hemisfério esquerdo, as informações atravessam o sistema neurológico, passando especificamente por dois pontos críticos de reflexão – a medula espinhal e o cóccix. Há um constante estado de ressonância entre a medula espinhal e o cóccix; as propriedades da glândula pineal ressoam entre dois pontos. Em seguida as informações trafegam para outras partes do corpo através dos meridianos e das estruturas cristalinas.

O corpo físico e os corpos sutis são formados por estruturas cristalinas, incluindo áreas como células, tecidos gordurosos, glóbulos brancos e vermelhos, linfa e glândula pineal, sendo essas propriedades cristalinas pontos de retransmissão para energias mais etéreas infiltrarem no organismo, como postula o doutor Richard.

Ele comenta que a ciência vem reconhecendo uma nova classe de cristais líquidos, principalmente na biologia, que passou a compreender que muitas substâncias e membranas que existem no corpo humano parecem atuar como cristais líquidos.

Ele diz, em seu livro *Medicina Vibracional*, que a polaridade entre os sistemas circulatório e nervoso gera uma corrente eletromagnética, existindo uma estreita ligação entre eles – relacionada com a força vital e a consciência. Uma vez que a força vital atua no sangue, a consciência atua no cérebro (mais precisamente na glândula pineal) e no sistema nervoso; esses sistemas apresentam propriedades muito parecidas às do quartzo.

Talvez seria muito provável que os cristais na glândula pineal tivessem a capacidade de absorver, codificar e decodificar o calor, a luz, a pressão, o som, a eletricidade, os raios gama, as micro-ondas, a bioeletricidade e as energias da consciência, seja esta encarnada ou desencarnada, ondas de pensamento ou formas-pensamento, sofrendo determinadas formas e oscilações na estrutura da molécula do cristal, gerando frequências vibratórias e ondulatórias específicas de transmissão eletromagnética.

De acordo com o doutor Richard, os cristais em nosso organismo possuem a função de recepção, reflexão, magnificação, transdução, amplificação, focalização, transmutação, transferência, transformação, armazenamento, capacitância, estabilização, modulação, compensação e transmitância.

Os cristais de apatita na pineal seriam amplificadores da energia do pensamento encarnado e do desencarnado. Operando no nível magnetoelétrico, o cristal poderia ser também um capacitor elétrico, armazenando uma onda pensamento, tornando-se como uma gravação magnética, programada com informações multidimensionais da consciência, como se fosse um banco de dados.

Sem os cristais não existiria a fita-cassete, o televisor, as antenas parabólicas, o computador, que precisa do *chip* de cristal de silício, os monitores de cristal líquido e até o telefone fixo ou celular. Um cristal facetado em um ângulo específico de 51°51' 14,3" cria uma brutal forma de emissão de informações.

O doutor Richard Gerber, em sua obra *Um Guia Prático de Medicina Vibracional*, no capítulo "O Magnetismo e o Papel do Campo Geomagnético na Saúde e na Doença", comenta uma experiência interessante:

> Pesquisas recentes confirmaram que até mesmo os seres humanos possuem um senso magnético comum. Mais especificamente, cada um de nós possui minúsculos depósitos de magnetita tanto em nosso cérebro como nas glândulas suprarrenais. Além do mais, é possível que o senso magnético sutil dos seres humanos seja a base a partir da qual surgem as habilidades rabdománticas (capacidade de adivinhação). Pesquisadores conseguiram bloquear as habilidades rabdománticas de mestres rabdomantes ao cobrirem a cabeça e a região das suprarrenais dessas pessoas com material magneticamente isolante. Isso sugere que pode de fato haver alguma relação entre a rabdomancia e a capacidade humana de sentir campos magnéticos fracos.

Os cristais são compostos de átomos, com blocos de construção de prótons, nêutrons e elétrons que flutuam livremente. O átomo no cristal pode perder tanto íons carregados negativamente como íons carregados positivamente ou ganhar ânions, íons carregados negativamente, que lhe permitem aumentar a energia em torno de qualquer coisa ou a ela associada.

Quando o cristal não está sendo forçado a nada, esses elétrons se organizam em um padrão definido quando o cristal está em repouso. Assim que ele é movido ou tocado por outras fontes que contenham uma energia elétrica, a flutuação livre de elétrons é estimulada e começa a rodar em torno do campo dos cristais.

O cristal, então, tenta reorganizar-se na ordem dos estritos padrões de energia, em razão da expansão de energia elétrica durante esse processo. O corpo humano, em um nível energético, é um arranjo de líquidos e minerais, tornando uma estrutura cristalina. O sistema de cristal é um campo de energia eletromagnética. Existem cristais em ossos, tecidos, células e fluidos do corpo. Células se comunicam por ondas eletromagnéticas e químicas, criando caminhos bioquímicos que se interligam com todas as funções do corpo.

Sabemos que o pensamento é uma onda, e as ondas são fenômenos periódicos, nos quais ocorre transporte de energia, pela deformação de um meio elástico ou por intermédio de um campo oscilante. Por exemplo, quando atiramos uma pedra na água, notamos a formação de montes e vales que fogem do local onde foram criados. Se deixarmos algumas folhas na superfície da água por onde passam ondas, as folhas não são transportadas pelas ondas, por ocasião de sua passagem. Elas apenas se movimentam para cima e para baixo, em decorrência da energia que recebem. Assim "as ondas transportam energia, sem que haja transporte de matéria"; já a matéria mental teria níveis etéreos ou sutis de partículas subatômicas, carregadas de informação do próprio espírito, configuradas como uma onda eletromagnética capaz de imprimir sua vontade em delicado e sofisticado sistema físico.

As ondas podem ser mecânicas ou eletromagnéticas. Ondas mecânicas são aquelas que precisam de um meio material para sua propagação, como a água, o ar, etc. Ondas eletromagnéticas são originadas pela vibração de um campo eletromagnético, não necessitando de um meio material para sua propagação. Elas propagam-se no vácuo e em alguns meios materiais. As ondas de rádio, de infravermelho e a luz visível, além de raios-X, radiação gama, movimentos dos mares e a luz, biorressonância, etc., são exemplos.

No vácuo, todas elas viajam com a mesma velocidade e são muito semelhantes. O comportamento de cada um está associado à sua frequência e ao seu período; sendo período o tempo gasto pela onda para realizar uma oscilação completa. Frequência, por sua vez, é o número de oscilações completas que uma onda realiza na unidade de tempo.

A velocidade de uma onda em um meio homogêneo e isotrópico é constante e depende das propriedades físicas do meio. Cada átomo ou molécula tem sua própria identidade, em se tratando de ondas eletromagnéticas. Também cada órgão formado pelo conjunto de átomos e moléculas se harmoniza para tornar o órgão viável funcionalmente.

Assim, podemos afirmar que cada órgão tem uma identidade com um determinado tipo de onda eletromagnética emitida por seus constituintes atômicos e moleculares que se diferenciaram de sua ressonância original, quando se uniram harmonicamente para formarem o órgão em questão, assumindo a ressonância que identifica o órgão. Dessa maneira, cérebro, pâncreas, fígado, baço e qualquer outro órgão têm sua individualidade eletromagnética e podem ser identificados por aparelhos que se destinem ao rastreamento das ondas eletromagnéticas no corpo humano.

Assim a RM, ressonância magnética diferenciada dos órgãos e tecidos, é captada por um aparelho especial, que a transforma em ondas capazes de impregnar uma película de celulose, que tem diferentes níveis de fotossensibilidade, cada qual correspondendo a um determinado órgão ou tecido.

A observação do médico alemão Reinhold Voll, de formação médica ocidental, das interpretações dos pontos de acupuntura com relação aos órgãos e sistemas levaram-no à pesquisa original dos efeitos eletromagnéticos biorressonantes, em que se fazia correlação entre o ponto de acupuntura e o órgão pesquisado, visto que o órgão ou sistema pesquisado demonstrava ter sempre um mesmo comportamento, quando se encontrava em situação de rigidez.

Da eletroacupuntura de voll (EAV) para o Vegatest foi um pulo muito fácil de concretizar, visto que se verificou que as ondas eletromagnéticas poderiam ser interpretadas por um único ponto, se houvesse filtrações, direcionamento ou seleção na onda investigada.

Precisamos entender que toda a célula viva produz energia a partir dos nutrientes alimentares. A energia produzida por diferentes células gera uma diferença de potencial entre elas, que dá início a um deslocamento de elétrons, com produção de energia eletromagnética.

Essa energia eletromagnética é diferente em suas características, inerente a cada tecido, órgão ou sistema, e isso se faz absolutamente compreensível quando traduzido pela ressonância magnética dos tecidos e órgãos, que já se tornou um método de diagnóstico reconhecido pela sociedade médica mundial.

A pineal é a única glândula que produz energia eletromagnética capaz de unificar a ressonância dos demais órgãos e sistemas ou cuja ressonância interage com todas as demais do organismo, confluindo energias de ciclos diferentes para uma ciclagem; se não igual, semelhante à ciclagem da pineal.

O pesquisador americano Stephen Kosslyn, da Universidade de Harvard, descobriu recentemente, ao verificar imagens de cérebros de médiuns em transe, por meio de um tipo específico de tomografia, uma atividade eletromagnética mais intensa exatamente na glândula pineal. Essa glândula regula o ritmo da produção hormonal no cérebro e funciona como um relógio para o desenvolvimento do corpo.

Em 1958, descobriu-se que ela produzia o hormônio melatonina – que tem efeito sedativo –; sob estímulo da escuridão, ela também é responsável pela percepção da passagem do tempo. "Isso deve explicar o fato de os médiuns geralmente perderem a noção do tempo enquanto estão em transe", comenta o cientista.

O doutor Jacob Lieberrnan, autor de *Light, the Medicine of the Future* (*Luz, Medicina do Futuro*), é um proeminente especialista mundial em luz, juntamente com Malcolm Lillywhite. Ele descreve a glândula pineal como um olho, literalmente. Trata-se de uma bola redonda, oca, com receptores de cor dentro, e apresenta uma lente virada para cima. Seu campo de visão é voltado para cima – não consegue ver para baixo, como nossos olhos. Assim como nossos olhos podem ver até noventa graus para o lado da direção do rosto, a glândula pineal também pode "olhar" noventa graus de distância de sua direção definida. Assim como não podemos olhar para a parte traseira de nossas cabeças, a glândula pineal não pode olhar para baixo em direção à Terra.

No livro *The Super Psychics of China* (*Os Superparanormais da China*), descobriram que a maioria das crianças da China que são paranormais, bem como no mundo todo, são mulheres. A proporção é de cerca de 80% a 85% de mulheres para 20% a 15% de homens. Descobriram que as crianças se tornam paranormais ao redor de cinco a oito anos de idade, e suas capacidades paranormais continuam aumentando até as meninas menstruarem pela primeira vez, ocasião em que suas capacidades paranormais diminuem. Acontece o mesmo quando os hormônios masculinos começam a atuar; as capacidades paranormais dos meninos também diminuem. Na época da puberdade, desenvolvemos ao redor da glândula pineal um escudo de cálcio. Um osso de cálcio cresce, como uma esfera, ao redor da pineal, despertando essas energias. O peso do escudo da glândula pineal determinará a qualidade das capacidades paranormais da pessoa.

O médico Ricardo Di Bernardi, no livro *Gestação Sublime Intercâmbio*, diz:

> A ciência médica avança nos estudos acerca do funcionamento da epífise, mas há muito que pesquisar sobre esta minúscula glândula localizada no centro diencéfalo. Acredito que as visões da EQM, bem como as transformações ocorridas com os experientes, têm a participação direta da glândula pineal que, nas manifestações da EQM, têm ascendência sobre o lobo temporal e sistema límbico. É interessante ressaltar que alguns pesquisadores encontraram sobreviventes de EQM cujos enredos, do outro lado, envolveram uma retrospectiva de vidas passadas. Muitos desses sobreviventes passam a aceitar a reencarnação como um fato normal da vida.

O doutor Nubor Facure, neurocirurgião e diretor do Instituto do Cérebro de Campinas, São Paulo, diz:

> Não é de estranhar, portanto, que as reações físicas, que a presença espiritual provoca, seja específica para cada médium. Uns têm suas sensibilidades mais exaltadas que outros, como diz Kardec. Na neurofisiologia de hoje podemos acreditar que as regiões do cérebro emocional (sistema límbico) de uns e de outros médiuns são mais ou menos reagentes, no momento da sintonia com o espírito comunicante. Sabemos, também, que deve ocorrer, nesse encontro de associação de duas mentes, a do médium e a do espírito, uma liberação torrencial de neurotransmissores, principalmente a melatonina da glândula pineal, produzindo uma constelação de sintomas que o médium mais ou menos sensível deve revelar (*Revista Cristã de Espiritismo*).

Nos processos mediúnicos, a aproximação espiritual se vale da pineal para difundir sua mensagem até as diversas áreas cerebrais que ressoam sua transmissão. Como a pineal é sensível à luz, não será de estranhar que possa ser mais sensível ainda à vibração eletromagnética. Sabemos que a irradiação espiritual é essencialmente semelhante à onda eletromagnética que conhecemos. Compreendendo-se, assim, sua ação direta sobre a pineal. Podemos supor que um contato da entidade espiritual com a pineal do médium possibilitaria a liberação de melatonina, predispondo o restante do cérebro ao "domínio" do espírito comunicante. Essa participação química do fenômeno mediúnico poderia nos explicar as flutuações da intensidade e da frequência com que se observa a mediunidade, como conclui o médico.

O médico espírita e professor da Unisanta e Unilins, Décio Iandoli Jr., acredita que todas as pessoas são médiuns. Todo ser humano tem uma percepção que está fortemente ligada à glândula pineal (também chamada epífise), uma estrutura do tamanho de um grão de arroz, alojada bem no centro do crânio. A maioria das pessoas tem suas faculdades mediúnicas desafiadas ou se manifestando de forma inconsciente ou subconsciente, como, por exemplo, a inspiração ou intuição e premonições, que, geralmente, acredita-se serem fruto de coincidências.

Algumas pessoas têm uma mediunidade mais aflorada, mais evidente, e são chamadas de médiuns ostensivos; esses, por questões de estrutura neural, são capazes de perceber com maior clareza os estímulos da dimensão espiritual.

O grande autor do livro *Técnica da Mediunidade,* Carlos Torres Pastorino, comenta:

> Essa modificação da ideação em palavras é constante, no trabalho interno do "EU", que fornece as ideias à mente abstrata; essas ondas curtíssimas são enviadas do transmissor (coração) e captadas pela pineal (cérebro), sendo aí transformadas em palavras discursivas, em raciocínios, em deduções e induções. Com a prática desse trabalho constante, embora inconsciente, a pineal exercita-se para mais tarde, mais amadurecida, poder fazer o mesmo com ideias provenientes de fora, de outras mentes por meio da telepatia. A pineal, formidável válvula eletrônica, capta as ondas-pensamento (corrente alternada) e as detecta em ondas discursivas (corrente direta pessoal) trabalhadas pelos lobos frontais do cérebro e depois traduzidas em som (pelo aparelho fonador) ou em desenhos ideográficos (pelos músculos das mãos). Admitimos, então, que há corpos capazes de receber as vibrações de outros corpos, tal como o tetróxido de triferro recebe as vibrações do ferro, trazendo-os mesmo a si quando o peso-força da radiação é maior que o peso-massa do corpo. Assim, verificamos a ebonite, que recebe vibrações de cabelos, papel, etc., trazendo-os a si, quando leves. Ora, o mesmo ocorre com o corpo humano, sobretudo com certos órgãos. Por exemplo, as glândulas pineal e pituitária (epífise e hipófise), que têm a capacidade de receber as ondas-pensamento da própria mente e de outras mentes, encarnadas ou desencarnadas. Aceitamos a teoria de que a glândula pineal serve "sempre" de intermediária entre o espírito da criatura e o cérebro. Toda e qualquer ideia ou pensamento do espírito é transmitido vibracionalmente e recebido pela pineal, e através dela é comunicado aos neurônios cerebrais que então a transmitirem ao resto do corpo, agindo sobre os centros da fala, dos braços, pernas, etc. Inversamente, tudo o que fere os nervos ópticos, auditivos, olfativos, gustativos, tácteis, etc. é levado aos neurônios, que o fazem

chegar à pineal e daí então é transmitido por meio de ondas-pensamento ao espírito; outro ponto para ser pesquisado pelos entendidos.

O doutor Jorge Andréa, em seu livro *Forças Sexuais da Alma*, comenta:

> Como hipótese de trabalho aceitamos que na glândula pineal, nesse pequeno órgão cefálico, abriga-se um bloco energético de potencialidade incomensurável, de dimensão superior e desconhecida. Nesse bloco estariam as variadas fontes energéticas que o organismo necessita observar para realização das exigências da vida e atender sua finalidade evolutiva. O bloco energético poderia ser representado por um campo vibratório especial, cravejado de núcleos, dando-nos a impressão de inúmeras estrelas pertencentes ao campo magnético de sua própria galáxia. O conjunto daria ao bloco energético especializado uma tônica vibratória característica, respondendo por verdadeira individualidade. Seria claro que os núcleos vorticosos dessa organização vibratória estivessem coligados, unidos entre si, possuindo cada um deles condições que lhes são próprias, apesar de, no conjunto, responderem pela vibração da individualidade. Esse conjunto poderia representar a energética espiritual orientadora das atividades celulares do organismo físico. Noutros termos: a individualidade ou zona espiritual dirigindo e traçando diretrizes à personalidade ou corpo físico.

Ele ainda diz, no mesmo livro citado:

> A glândula pineal estaria credenciada a exercer as mais altas funções psíquicas. Funções que tais, não seriam consequência de entrechoques no quimismo celular, mas uma ordenação harmoniosa das organizações celulares, obedecendo a diretrizes seguras. Existiria um campo energético categorizado, gravando nos expressivos campos celulares pineais as necessárias informações para um trabalho bem conduzido nos departamentos orgânicos.

Segundo estudos realizados na França pelo doutor Thiebault, a glândula pineal está sendo novamente reconhecida como elemento valoroso nos processos nobres do psiquismo. Não seria apenas uma glândula passageira a controlar o sexo nos primeiros anos de vida, com posterior apagamento funcional, mas uma unidade endócrina de grande valor, a responder por autêntico campo de filtragem, onde os dígitos de características perispirituais (dimensão hiperfísica) fossem transformados e adaptados para as recepções neuroniais da base cerebral (tálamo e hipotálamo). Daí as impulsões seriam direcionadas para a região cortical, onde a intelecção será processada, proporcionando condições para nosso entendimento intelectual. É bem possível que as coisas se passem dessa forma, acompanhando processos sutis e ainda não definidos de neurotransmissão.

Hoje em dia, está bem estabelecido que em certos estados alterados de consciência, especialmente em meditação prolongada, há uma mudança profunda no ritmo das ondas cerebrais associada com o *peak* da experiência, aqueles momentos de iluminação, onde a experiência nos liga com o "momento eterno" e nos conecta com o universo. O que não está muito bem compreendido é como isso funciona.

O cérebro e suas estruturas internas liberam campos de energia. Apesar de esses campos serem bem sutis, com equipamentos sofisticados, é possível detectá-los e medi-los. Um desses instrumentos é denominado SQUID. Trata-se de um capacete que mapeia a energia cerebral, especialmente feito para detectar campos magnéticos em frequência ultrabaixa (ULF).

Usando um computador, esses campos energéticos podem ser mapeados e gravados sobre um gráfico. Foram feitas pesquisas recentes com voluntários ligados a um capacete sensor SQUID, enquanto estavam experimentando um estado alterado de consciência. Focalizando esse instrumento sensível sobre a região do meio cérebro (onde estão as glândulas pineal e hipófise), a geometria desse campo magnético, quando examinados sobre o gráfico tridimensional, tinha a mesma forma e aparência da ponte espaço-tempo "Einstein-Rosen".

O que é ponte espaço-tempo "Einstein-Rosen"? É como o buraco da minhoca. É uma estrutura engraçada na forma de uma linguiça que é capaz de furar em seu caminho um túnel através do espaço-tempo. O buraco de minhoca cósmico é um campo de gravidade que envolve espaço-tempo – conectando dois universos paralelos ou partes distantes do mesmo universo. Seu nome é derivado do atalho que a minhoca toma ao penetrar uma maçã, em vez de se arrastar em volta dela.

Se isso for certo, vai responder muitas perguntas e questões e também vai dar uma base biofísica para os estados místicos e fenômenos psíquicos.

A existência do "terceiro olho" pode ser comprovada pela moderna embriologia: "Este é um fato que tem sido demonstrado por indivíduos dotados de faculdades extrassensoriais submetidos a testes pouco usuais que vêm sendo realizados na Rússia", como afirmou o ciberneticista e pesquisador da inteligência artificial, Vitaly Pravdivtsev.

Na experiência, um envelope lacrado contendo um filme é colocado em frente ao voluntário. Começa, então, o processo de revelação de frames escolhidos aleatoriamente. Os testes revelam que certas pessoas são capazes de identificar as imagens selecionadas por meio de algum tipo de contato energético que se estabelece entre o cérebro, as imagens veladas contidas no envelope e as informações contidas no cérebro dos pesquisadores. Nossas suposições confirmam antigas tradições orientais segundo as quais a comunicação se estabelece por meio dos centros de energia do ser humano, os chacras. Um desses chacras é um poderoso operador de telepatia, o *ajna-chacra*. Os esotéricos chamam-no de "o terceiro olho".

Vitaly Pravdivtsev acredita que o terceiro olho é um órgão que existe realmente, em um estado rudimentar (os ocultistas dizem que é um "órgão que foi atrofiado") e que em raras ocasiões pode se manifestar na vida cotidiana.

O doutor Waldo Vieira, no livro *Projeciologia*, comenta:

> Epífise: recebeu o nome de glândula pineal, por ter o formato de um cone de pinheiro. Pineal: do latim *pinus*; pinha, forma cônica. Localização: glândula endócrina, situada no interior do cérebro, situada entre os dois hemisférios cerebrais, no alto da coluna vertebral, exatamente no mesencéfalo. Sinônimos encontrados: sede da alma, 3ª visão, olho de Shiva, antena sensitiva, terceiro olho, *conarium*. Anatomia: é um corpo oval

puntiforme, semelhante ao da semente do pinheiro. Órgão diminuto do tamanho de uma ervilha, coloração róseo-acinzentada, peso aproximado de 100 mg, cerca de 8 x 5 mm. A pineal é invervada pelo sistema nervoso autônomo. Fisiologia: até algumas décadas atrás, a pineal era tida como uma relíquia evolutiva remanescente, um apêndice sem utilidade. Melatonina: a glândula pineal segrega um hormônio próprio, a melatonina (5 methoxi N-acetil triptamina), que inibe a química da maturação sexual e parece reagir à escuridão. Em outras palavras, a luz inibe a produção de melatonina pela glândula pineal. Efeitos da melatonina: adia o início da puberdade, diminui o peso das gônadas, diminui a progesterona ovariana, aumenta o metabolismo da testosterona no fígado, aumenta a síntese da progesterona, aumenta a serotonina da pituitária, inibe as contrações uterinas, suprime a ovulação espontânea ou induzida. Cordão astral: estudos por sensitivos projetados fora do corpo; admitem que a pineal é onde se liga o cordão astral atrás da nuca, unindo os dois corpos (soma + psicossoma) quando existe um desdobramento. Paranormais: necropsias feitas em sensitivos comprovaram que a pineal é bem maior do que em pessoas normais. Na Índia, em uma necropsia feita num hindu, comprovou-se que a sua pineal era o dobro de tamanho. Aparelho de telégrafo: curiosamente a pineal apresenta grande semelhança de forma e estrutura com certa peça do aparelho receptor da telegrafia sem fio, que ainda contém pequenas partículas, que parecem também com o tecido arenoso da glândula.

Em 1903, o professor da Universidade de Moscou, o senhor Tutinsky, conduziu uma pesquisa em cérebros de médiuns. Ele estava particularmente interessado nas razões por que as crianças tinham mais capacidades psíquicas do que os adultos. A investigação do senhor Tutinsky de sete anos o levou a concluir que houve uma anormalidade no cérebro de pessoas psíquicas, e que a glândula pineal, a glândula em forma de noz no fundo do cérebro, foi a causa de todas as experiências paranormais.

O professor Tutinsky foi prejudicado em sua reputação profissional e foi inicialmente ridicularizado por seus colegas por causa das alegações que ele fez. Embora ele se esforçasse para evitar o termo "psíquico", concluiu que a glândula pineal, no cérebro de uma criança, foi ligeiramente maior do que no cérebro de um adulto e mais desenvolvido no cérebro de uma mulher do que de um homem. Seu trabalho de sete anos sobre o assunto afirmou que essa é a razão pela quais as crianças têm experiências paranormais e as mulheres são muito mais sensíveis que os homens.

Em sua análise final de "incomuns habilidades paranormais", ele afirmou que o circuito elétrico do cérebro foi interrompido de alguma forma, e um movimento anormal de produtos químicos na massa cerebral foi observado.

O pesquisador Roney SM-Dougal diz que a maioria dos eventos "psi" espontâneos ocorre enquanto a pessoa está sonolenta ou dormindo e sonhando. Todas as pesquisas indicam que esse estado de consciência é "psi" propício. E, provavelmente, pinolina e melatonina são feitas à noite e estão relacionadas com o sono; e possivelmente pinolina é o gatilho para o sonho, em que é um alucinógeno produzido endogenamente. Algumas pesquisas, conhecimento comum, sugerem que as crianças mais jovens exibem "psi" mais forte do que a maioria das crianças mais velhas e dos adultos. Tem sido demonstrado que as concentrações de betacarbolinas da pineal parecem diminuir com a idade. A melatonina tem sua maior concentração durante a gravidez e no recém-nascido. Há resultados experimentais que sugerem uma ligação entre o campo geomagnético e o funcionamento "psi". O campo geomagnético foi encontrado para afetar a biossíntese de melatonina na pineal durante a noite.

A glândula pineal é um receptor e emissor cósmico de informação multidimensional, é uma pequena glândula no centro de nosso cérebro, relacionada com todos os nossos sentidos e com o resto de nosso corpo. Por intermédio dos outros sentidos, ela se comunica com o mundo exterior em impulsos elétricos.

Com a fabricação de hormônios poderosos, regula nosso estado de consciência; por exemplo, acordar, dormir, sonhar e vários estados meditativos, incluindo os estados em que nós podemos ter experiências místicas. A mente e os sentidos são os caminhos para as energias ocultas que atuam por meio de vários centros psicofísicos ou chacras; entre as mais altas está a glândula pineal. Esses centros continuarão a desenvolverem-se a partir do momento em que evoluirmos para as coisas do espírito.

Assim, o terceiro olho ou glândula pineal tem certas atividades fisiológicas em conjunto com a glândula hipófise – juntas, elas regulam o ritmo do metabolismo e crescimento –, sendo o órgão físico da intuição, da inspiração, da visão espiritual e do pensamento divino. A glândula pineal é a chave para o bem e a consciência divina no homem.

10

A pineal, a célula e o DNA

> As redes nervosas constituem-lhe os fios telegráficos para ordens imediatas a todos os departamentos celulares, e sob sua direção (da pineal) efetuam-se os suprimentos de energias psíquicas a todos os armazéns autônomos dos órgãos
>
> ANDRÉ LUIZ, *Missionários da Luz*

A força espiritual em forma de suave energia eletromagnética, que seria o próprio espírito, pelo mecanismo da criação do novo processo reencarnatório, será responsável pela formação do novo corpo físico. Comandando as forças psíquicas inconscientes e as memórias que foram resultado de tantas vidas sucessivas, a força projeta, pelo comando mental do espírito, por meio do magnetismo, obedecendo à lei de causa e efeito, imprimindo nas células, como no DNA, que significa a nova linguagem da vida do novo corpo físico, as impressões vibratórias e energéticas como se fosse uma fita magnética.

André Luiz comenta que a glândula pineal "desata, de certo modo, os laços divinos da natureza, os quais ligam as existências umas às outras, na sequência de lutas, pelo aprimoramento da alma".

A ordem de construir a nova indumentária física segue o

processo expiatório e a provação a ser cumprida pelo indivíduo. Por isso, diz André Luiz: "A pineal funciona como o mais avançado laboratório de elementos psíquicos da criatura terrestre".

O médico Ricardo Di Bernardi, no livro *Gestação: Sublime Intercâmbio*, diz:

> Em torno do 4º e 5º mês de vida intrauterina a glândula pineal já apresenta células e tecido de sustentação, alcançando dois milímetros de diâmetro. Durante este período, via de regra, o espírito reencarnante começa a perder a consciência, atingindo rapidamente a total inconsciência. Na pineal é que as expansões energéticas do psicossoma prendem-se mais profundamente, sendo por isso chamada "a glândula da vida espiritual" pelos palingenesistas (reencarnacionistas). À medida que o desenvolvimento da pineal se processa, cada vez mais se acentua a união com as energias espirituais que impulsionam todo o desenvolvimento fetal modelado pelas matrizes perispirituais. As modificações que ocorrem na glândula pineal são observáveis até os dois anos de idade. Daí até seis ou sete anos, as transformações são muito lentas. É exatamente neste período entre seis ou sete anos que a reencarnação poderia ser considerada como definitiva, pois o espírito passa a ter fixação completa ao organismo biológico e principalmente à pineal.

Percebemos que a atividade mental consciente do espírito reencarnante precisa ser parcialmente ou totalmente bloqueada para que se cumpra o relativo determinismo biológico na formação do futuro corpo. Os impulsos oriundos da matriz perispiritual, acionados inconscientemente pelo espírito reencarnante, segundo suas necessidades evolutivas (programa reencarnatório), associados a certas condições ambientais, devem prevalecer na organogênese.

A organogênese é o processo de desenvolvimento do embrião. Durante esse processo, ocorrem divisões e especializações celulares. Os três folhetos embrionários dão origem a órgãos e estruturas do corpo do embrião, além dos anexos embrionários. Nessa perspectiva, é válido afirmar:

• A ectoderma origina a epiderme e seus anexos (pelos, unhas, cascos, chifres, etc.), três mucosas corpóreas (oral, anal e nasal), o esmalte dos dentes, o sistema nervoso (por meio do tubo neural), a retina, o cristalino, a córnea, a hipófise, entre outros.

• A mesoderma, por sua vez, é dividida em epímero, mesômero e hipômero. O epímero forma o esqueleto axial, a derme (tecido conjuntivo) e o tecido muscular. O mesômero forma rins, gônadas e ureteres. Por fim, o hipômero origina os músculos liso e cardíaco, além de três serosas: pleura (reveste externamente o pulmão), pericárdio (revestimento cardíaco) e peritônio (abdome).

• Já a endoderma é o folheto do qual surgem os alvéolos pulmonares e as seguintes glândulas: fígado, tireoide, paratireoide; também é básica à formação do revestimento interno dos tratos digestório e respiratório.

O desenvolvimento da pineal na fase intrauterina coincide com os graus mais intensos de inconsciência espiritual, o que revela um papel bloqueador da glândula. Para que os principais caracteres psíquicos e físicos sejam consolidados no organismo material, completando com segurança o processo reencarnatório, a pineal filtra, seleciona e condiciona os estímulos espirituais que convergem para o corpo em formação.

No período entre seis e sete anos, a reencarnação pode ser considerada como definitiva, pois o espírito passa a ter fixação completa no organismo biológico. Ou seja, após a idade pré-escolar, a epífise vai libertando aos poucos as reminiscências da bagagem espiritual, de modo que, na puberdade, coincidentemente com a explosão hormonal da juventude, o espírito possa reassumir as rédeas de sua vida, agora acrescido dos valores educacionais apreendidos pela convivência familiar, escolar e social.

A glândula pineal tem papel importante na fase inicial do ser. Como comenta André Luiz: "No período do desenvolvimento infantil, fase de reajustamento desse centro importante do corpo perispiritual preexistente, a epífise parece constituir o freio às manifestações do sexo".

O doutor Jorge Andréa, no livro *Palingênese, a Grande Lei*, alega:

> O espírito, ou zona inconsciente, a conjuntura energética que comandaria a arquitetura física através das telas sensíveis dos núcleos celulares. O espírito representaria

o campo organizador biológico, encontrando nas estruturas da glândula pineal os seus pontos mais eficientes de manifestações. A glândula pineal seria realmente o casulo das energias do inconsciente, a sede do espírito, pela possibilidade de ser a zona medianeira de transição entre o energético e o físico. Considerando a pineal como sendo a glândula da vida psíquica, a glândula que resplandece o organismo, acorda a puberdade e abre suas usinas energéticas para que o psiquismo humano, em seus intrincados problemas psicológicos, se expresse em voos imensuráveis. Ainda não se conhece com detalhes o modo de atuação dos hormônios, embora já se saiba que eles se ligam aos chamados receptores hormonais (certas proteínas) e, para desencadearem quimicamente as suas ações, excitam determinadas zonas nobres do núcleo celular ao nível do ADN (ácido desoxirribonucleico) cromossômico.

Os hormônios que são fabricados tanto pela glândula pineal como pela hipófise, ao comando mental, poderiam, pela sua estrutura e capacidade bioenergética, produzir alterações particulares nos genes dos cromossomos; essas substâncias físico-químicas, por sua própria emissão vibratória, seriam insufladas na organização somática do organismo físico, principalmente as células, que contêm em suas membranas pequenos cristais, pelos campos organizadores, psicossoma ou perispírito, pelas telas dos genes cromossomiais, de modo a manter um campo mais expressivo de inter-relações. A glândula pineal possui capacidade em muitas funções psíquicas, com a responsabilidade de organizar e coordenar os núcleos celulares, obedecendo às diretrizes seguras, como diz o doutor Jorge Andréa.

A mente possui um campo energético bem organizado. Todo o pequeno ato de pensar, sentir e agir fica gravado nos expressivos campos cristalinos da pineal, com as necessárias informações para um trabalho muitíssimo estruturado nos departamentos orgânicos. Desse modo, os genes seriam movimentados por uma essência-energética que faria parte da organização espiritual; por sua vez, os genes, como já referido, orientariam o trabalho da organização física cromossomial, também como diz o doutor Jorge Andréa.

O conjunto vibracional que se lançaria no núcleo da célula-ovo (palingênese), com finalidade de dirigir os processos embriológicos que se desenvolverão posteriormente, tomará assento na glândula pineal, no momento oportuno, como sentencia o médico. O doutor Jorge Andréa, no livro *Palingênese, a Grande Lei*, ainda comenta:

> A glândula pineal emite as impressões do espírito no gene. Antes de lá chegar, teriam elas que passar em dimensões energéticas intermediárias, adaptando as vibrações, até a tela gênica do cromossomo, e de lá na matéria. Estas energias espirituais finais iriam primeiramente em busca dos nucléolos dos núcleos celulares, sofrendo a necessária adaptação para alcançar os genes, dirigindo-se, em seguida, após filtragem nos cromossomos, aos centríolos dos respectivos centros celulares, finalizando-se no campo químico do citoplasma, mais propriamente nos ribossomos. O citoplasma, corpo celular, não seria mais do que a condensação de energias transformadas em matéria. Logo, a vestidura material ou corpo físico da espécie seria a consequência das influências espirituais na célula-ovo. O corpo ficaria sendo o resultado daquilo que possuímos e carregamos espiritualmente, na fase evolutiva em que cada um se encontra.

Existem muitos trabalhos e pesquisas científicas que comprovam que a glândula pineal, por intermédio do pensamento, está envolvida nas mudanças que podem alterar a estrutura das células e também do DNA, que seria a mente da célula, pela fabricação da melatonina, hormônio este que, em conjunto também com a serotonina, carrega em si as vibrações sutis da mente.

Na década de 1970, o grupo de pesquisa orientado pelo doutor Klein mostrou que o ritmo de NAT (serotonina N-aceiltransferase) decorre da atividade neural, ou melhor, do pensamento provido pela mente.

A melatonina, N-acetil-5metoxitriptamina, é um hormônio sintetizado pela glândula pineal, caracteristicamente no período noturno; ela também é fabricada na retina e no trato gastrointestinal. Seu caráter altamente lipofílico (que tem afinidade com lipídios e é solúvel neles; substâncias lipofílicas são também hidrofóbicas, ou seja, não são solúveis na água), permitindo atravessar a membrana dos pinealócitos (que são as principais células da glândula pineal e são responsáveis pela produção e secreção de melatonina) e das células endotélias (que é um tipo de célula achatada, de espessura variável, que recobre o interior dos vasos sanguíneos, especialmente os capilares sanguíneos), rapidamente atingindo a corrente circulatória. Do sangue ela facilmente se espalha pelo líquido intersticial de todo o organismo e alcança o compartimento intracelular, onde se fixa principalmente dentro do núcleo, no DNA.

Até bem pouco tempo, sabia-se somente que a melatonina apresentava alguns efeitos endócrinos e mediava o ritmo circadiano, pela interação com receptores específicos. Recentemente, descobriu-se que sua ação primária, independentemente da interação com receptores, possuindo a melatonina o efeito de funcionar como um potente varredor do radical hidroxila, é a mais poderosa espécie reativa tóxica do oxigênio. A melatonina também é capaz de estimular a atividade da glutationa peroxidase, cuja função é metabolizar o peróxido de hidrogênio, precursor do radical hidroxila. Como agente antirradical livre, ela é mais potente que a glutationa (que é um antioxidante) e o manitol (que é um tipo de açúcar que pode ter várias utilizações); sua presença no núcleo aponta para seu papel protetor do DNA.

Quanto ao seu poder antioxidante, a melatonina, em um sistema *in vitro* de geração de radicais hidroxila, apresenta efeito varredor cinco vezes maior que a glutationa e quatorze vezes mais potente que o manitol (que é um tipo de açúcar que pode ter várias utilizações). Esses resultados são muito importantes, porque a glutationa e o manitol são excelentes varredores de radicais livres; o primeiro agindo no intracelular, e o segundo, no intersticial.

O efeito antirradical livre da melatonina também foi demonstrado *in vivo* e em uma das moléculas mais importantes do organismo: o DNA. Quando se administram trezentos miligramas por quilo de extrato oleoso de sassafrás a ratos, observa-se, em vinte e quatro horas, o aparecimento de lesão maciça do DNA dos hepatócitos (são células encontradas no fígado capazes de sintetizar proteínas). A administração prévia de 0,2 mg/

kg de melatonina reduz em 40% a lesão do DNA. Aumentando a dose de melatonina para 0,4 mg/kg, reduz-se para apenas 1% a lesão do DNA.

A melatonina, como se analisa, está mais concentrada no núcleo das células do que no citoplasma, e existem evidências de que ela não somente está presente no núcleo como também se encontra ligada ao DNA, à cromatina ou à heterocromatina. Tais fatos nos levam a pensar sobre um dos efeitos mais importantes da melatonina: proteger o DNA dos efeitos devastadores do radical hidroxila, a proteção contra o câncer.

A melatonina funciona como um protetor das células, agindo também como um antioxidante. Vejamos: ao metabolizar o oxigênio, o organismo produz moléculas altamente reativas, chamadas radicais livres, que atuam de forma lesiva nas membranas celulares e até no DNA (ácido desoxirribonucleico).

Esse processo, denominado oxidação, pode comprometer seriamente a saúde, causando dezenas de moléstias, como o câncer, doenças cardíacas e até Mal de Alzheimer e outras doenças degenerativas. Mas, além da melatonina, o organismo também produz vários outros antioxidantes.

A partir dessa experiência, chegamos aos anos de 1990, com a confirmação de que diferentes cores (comprimentos de ondas diferentes), ao incidirem através do olho humano, na glândula pineal, afetariam o sistema endócrino e o sistema nervoso autônomo, o qual, por sua vez, influenciaria, pelo nervo vago, todos os órgãos internos, assim como os órgãos dos sentidos e as funções periféricas do corpo.

A melatonina no cérebro age como indutora do sono; no coração e no sistema circulatório, reduz a formação de coágulos, o que, por sua vez, ajuda a proteger o organismo de ataques e derrames. Na corrente sanguínea, aumenta a capacidade de produção de anticorpos, fortalecendo o sistema imunológico. E, finalmente, no corpo inteiro, a melatonina age diretamente sobre as células, como antioxidante, protegendo-as dos danos provocados pelos radicais livres, considerados os vilões responsáveis pelo envelhecimento.

Os radicais livres são compostos químicos produzidos no processo de degradação e oxidação das proteínas e são altamente instáveis e reativos, capazes de atacar a parede celular e provocar mutações do DNA da mitocôndria, afetando, assim, os processos de reparo e renovação celular, dando origem ao envelhecimento e à produção de células cancerígenas. Por isso André Luiz disse no livro *Missionários da Luz*: "A glândula pineal, se me posso exprimir assim, segrega 'hormônios psíquicos' ou 'unidades-força' que vão atuar, de maneira positiva, nas energias geradoras". E concluiu: "A pineal segrega suaves energias psíquicas".

Foi comprovado que a melatonina é um poderoso antioxidante que inibe os ataques à membrana celular por radicais livres, protegendo o mecanismo de reparo e renovação celular, restringindo os processos de envelhecimento. Desse ponto de vista, a glândula pineal responsável pelo relógio biológico torna-se, também, a controladora do "relógio" do antienvelhecimento. A glândula pineal, conectada aos olhos e alimentada pela luz os atravessa, é a diretora geral do equilíbrio entre os processos orgânicos internos e o meio externo. Se examinarmos do ponto de vista holístico, a pineal, por intermédio da luz, governa a integração e o equilíbrio entre os processos internos do ser humano e o resto do Universo.

O doutor Barbosa, em 2000, pôde demonstrar que a estimulação *in vitro* dos terminais nervosos que chegam à pineal resultam em liberação de ATP (trifosfato de adenosina, adenosina trifosfato ou simplesmente ATP; é o nucleotídeo responsável pelo armazenamento de energia em suas ligações químicas; é constituído por adenosina, um nucleotídeo, associado a três radicais fosfato conectados em cadeia; a energia é armazenada nas ligações entre os fosfatos).

O ATP armazena energia proveniente da respiração celular e da fotossíntese, para consumo posterior. Ele conclui que, paralelamente, pelo mecanismo dependente de cálcio, também ocorre aumento dos níveis intracelulares e a síntese de melatonina, sugerindo que a neurotransmissão purinérgica está envolvida em mais de uma via de controle da glândula pineal, sendo observado um aumento da atividade do trocador sódio/hidrogênio, o que implica uma basificação intracelular.

Uma mudança qualitativa na compreensão do circuito

neural envolvido no controle da produção de melatonina pela glândula pineal ocorreu com outro trabalho do grupo de David Klein, em 1983. Nesse trabalho, os autores, por meio de estudos de lesão e analisando a atividade da NAT da pineal (serotonina N-acetil-transferase) e da excreção urinária de 6-hidroximelatonina (importante metabólito da melatonina plasmática e que mantém com ela uma relação estequiométrica constante), demonstraram a importância do núcleo paraventricular hipotalâmico na produção rítmica circadiana de melatonina. Mostraram que a lesão bilateral extensa desse núcleo provocava uma redução de 98% na atividade noturna da NAT e de 90% na produção diária de melatonina (KLEIN ET AL., 1983).

A efetiva participação dos neurônios do núcleo paraventricular hipotalâmico no sistema neural regulador da secreção de melatonina pela glândula pineal foi demonstrada, pelo grupo do doutor Michel Hastings, de Cambridge, Inglaterra, em trabalhos que utilizaram a metodologia de lesão por uso de neurotoxinas. Esse tipo de lesão atinge quase que exclusivamente corpos celulares, preservando, portanto, axônios de outras estruturas que atravessem a região-alvo (HASTINGS & HERBERT, 1986).

Nesses trabalhos, usando NMDA ou ácido ibotênico, os autores mostraram a importância dos neurônios intrínsecos das porções parvocelulares dorsal e medial do núcleo paraventricular hipotalâmico, tanto na secreção diária de melatonina quanto na resposta fotoperiódica sazonal.

O doutor e pesquisador Castroviejo afirma que a mitocôndria contém seu próprio genoma, com um código genético modificado e altamente conservado, entre mamíferos. O controle da expressão gênica sugere que a transcrição de certos genes mitocondriais pode ser regulada, em resposta ao potencial redox da membrana mitocondrial. A mitocôndria está envolvida na produção e conservação de energia e apresenta um mecanismo de desacoplamento para produzir calor ao invés de ATP. Mitocôndrias estão também envolvidas na morte celular programada (apoptose). Evidências crescentes sugerem a participação da mitocôndria em doenças neurodegenerativas, envolvendo alterações em ambos os DNAS, nuclear e mitocondrial.

A melatonina tem atuação importante como hormônio do

escuro, mas também pode, em doses superiores, atuar independentemente da hora do dia. É importante ressaltar que as ações da melatonina podem ocorrer via diferentes sistemas de recepção, tais como receptores de membrana e processos bioquímicos intracelulares. Portanto, a melatonina estabiliza e sincroniza a atividade elétrica do sistema nervoso central. Muitos defendem que a pineal, atuando não apenas por intermédio da melatonina, é uma estrutura tranquilizadora que suporta o equilíbrio do organismo, agindo como um órgão sincronizador, estabilizador e moderador. Isso sugere que a melatonina pode ter muitas aplicações em condições onde é importante estabilizar e harmonizar a atividade cerebral. Um dado importante é o fato de que a glândula pineal afeta diretamente as outras glândulas por meio de suas secreções.

Concluímos com essas pesquisas científicas que a glSândula pineal, pela vibração mental do espírito por ondas sutis do pensamento compostas por eletricidade e magnetismo, que chamamos de eletromagnetismo, capta e imprime no hormônio melatonina as vibrações salutares ou maléficas, dependendo do estado emocional da criatura pensante, podendo gerar saúde ou doenças, transtornos e desarranjos físicos, gravando no DNA de cada célula as impressões do espírito.

André Luiz, no livro *Missionários da Luz*, afirma: "A glândula pineal está ligada à mente, através de princípios eletromagnéticos do campo vital, que a ciência comum ainda não pode identificar".

Por isso Carlos Torres Pastorino, em sua obra *Técnica da Mediunidade*, disse:

> Cada célula SABE sua função e a executa rigorosamente, porque possui mente e consciência (embora, evidentemente, não tão desenvolvidos como nos seres superiores, é lógico!). Mas a própria ciência dita "oficial" reconhece esse fato: ao analisar o núcleo, os fisiologistas descobriram que, dentro dele, estão escritos, em linguagem cifrada, quais os direitos e deveres da célula: o que ela tem que executar durante toda a sua vida; o padrão a que deve obedecer; a saúde que deve manter

ou a doença que deverá provocar, e em que época o deverá fazer; numa palavra, todo o seu comportamento ao longo de sua vida. Essas "ordens", diz a fisiologia, são "representadas" por uma substância denominada "ácido desoxirribonucleico" (que é o DNA). Essa substância "representa" a mente da célula, tal como o cérebro "representa" a mente espiritual, e rege todas as ações, operações e transformações físicas, químicas, elétricas e magnéticas da vida da célula. Essa "mente da célula" é a guardiã das enfermidades "cármicas", fazendo eclodir na época prevista, embora já estivessem impressas no núcleo da célula desde o nascimento.

Para entender a vida secreta das células, devemos conhecer como elas são construídas. Os elementos críticos se encontram na parte mais externa da membrana, na superfície e no mais interno núcleo do material genético. A estrutura espiralada do DNA expressa uma clara impressão magnética; a replicação ocorre em radiofrequências, mas pouco é conhecido sobre as atividades eletromagnéticas do DNA.

Contudo, estudos recentes trouxeram luz sobre a ação eletromagnética nas membranas celulares. Os íons cálcio são muito prevalentes no tecido cerebral e transmitem os impulsos nervosos. Essas fibras de proteínas e cálcio oscilam em resposta a correntes elétricas, como visíveis ondas cerebrais. O doutor Ross Adey diz que elas são sensíveis a brisas eletroquímicas soprando através das membranas celulares como o trigo balançando ao vento. As ondas rítmicas não são apenas barulhentas, mas sussurros intracelulares.

O doutor George Lakhovsky teorizou que a célula como o DNA, unidade orgânica essencial em todos os seres vivos, não é senão um ressonador eletromagnético capaz de absorver radiações de todas as frequências. Lakhovsky sugere que as células são "circuitos oscilantes" que têm frequência natural de ressonância. Tendo orientação observada em animais e outros fenômenos, Lakhovsky concluiu que alguns dos semicristalinos agem dentro do núcleo da célula e podem apresentar condutividade elétrica.

O pesquisador Alexander Gurvitch, em 1923, foi o primeiro a estudar a atividade eletromagnética associada à mitose.

Ele notou que as células em processo ativo de divisão geravam alguns tipos de radiações eletromagnéticas, e que essa radiação parecia comunicar informações entre as células, o que o pesquisador chamou de "radiação mitogenética", por causa de sua associação com a mitose ou divisão celular.

Toda a energia elétrica, por natureza, gera uma alteração na estrutura celular em um nível molecular. O doutor Albert Abrahams, de São Francisco, escreveu em seu livro, publicado em 1916, que a medicina não foi baseada no órgão ou na célula, mas sim sobre a molécula ou átomo e seus elétrons componentes, lançando, assim, as bases para a biologia molecular e a medicina eletrônica. Na verdade, é a relação entre o elétron e a molécula que está claramente à frente no entendimento da saúde em nossa comunidade hoje. O papel dos radicais livres na manifestação da doença e o papel desempenhado pelos antioxidantes na luta contra sua influência destrutiva, apoiando o sistema imunológico, fazem agora parte das modernas pesquisas médicas.

O cientista armênio doutor Avakian, do Instituto de Física de Telecomunicações e de Eletrônica, considera provados, de forma indubitável e repetida, os efeitos termácicos, que seria um sistema que passa por uma transformação físico-química. Trata-se da ação de trocar calor com o meio exterior entre as células.

Avakian suspeita que o veículo de produção do estímulo seja o efeito dipolo das moléculas orgânicas, que faz com que se orientem e girem sob um campo elétrico. O efeito dipolo, para que o leitor entenda, é o elemento que contém dois polos ou conjunto de circuitos elétricos que se comunicam com elementos externos apenas por dois polos. Desse modo, o pesquisador observou principalmente os efeitos nos mecanismos de transporte do sódio e do potássio pela membrana celular, tal como confirmou o pesquisador Funkschau, em 1992.

Atualmente, dispõe-se de novos trabalhos de laboratório que demonstram a interação das micro-ondas de intensidade ultrafraca (incluindo ondas pulsantes) com os organismos vivos e a capacidade que têm as micro-ondas, em valores inferiores aos térmicos, para alterar os processos biológicos. Essa influência biológica se manifesta no plano celular e, inclusive, subcelular.

O destacado médico e pesquisador alemão Hans Nieper, após cinquenta anos de pesquisa nos principais centros de estudos sobre o câncer, fez um comentário retrospectivo, afirmando: "Da física incorporei a importância de se valorizar a natureza eletroquímica do corpo humano e o impacto das sutis, mas extremamente poderosas energias – incluindo as energias bioelétricas e os campos magnéticos – sobre a função celular".

De acordo com as pesquisas do doutor Rafael Couto Melsert em seu artigo "Biofótons – Luz Celular", o professor Vladimir Voeikov, da Universidade de Moscou, afirma que na atividade das células existem os biofótons que são uma radiação eletromagnética coerente e extremamente fraca, capaz de modular a atividade fisiológica das células vivas e de sistemas vivos de ordem mais alta. Deste ponto de vista, biofótons são pacotes de onda possuindo valor informacional, revelado por seu efeito regulador sobre os sistemas vivos, os quais são os receptores dessas mensagens. Eles conduzem, simultaneamente, energia e informação, ambos responsáveis pelos processos de comunicação e integração ao nível celular. Os organismos emitem e recebem sinais eletromagnéticos em biocomunicação, mas os biofótons são difíceis de detectar. Eles estão na faixa visível do espectro eletromagnético – são o que se chama luz. Um sinal de fóton, em adição, pode difundir instruções e mensagens por amplitude e frequência modulada, assim como, também, por sua forma e distribuição espectral. Isto provê outra razão para nosso interesse no estudo dos sinais de biofótons de intensidades extremamente fracas. O desenvolvimento de detectores sensíveis e técnicas para observar propriedades diferentes dos sinais de biofótons fortalecem este interesse. A origem, fonte e propósito dos biofótons não permanecerão um mistério por muito tempo.(*http://www.iipp.com.br*)

As conexões dinâmicas bioeletromagnéticas, funcionais, estabelecidas com a fisiologia do sistema nervoso central, em específico com o sistema límbico (hipocampo, amígdala e hipotálamo); a hipófise; o tálamo (estação integrativa das vias sensoriais); a glândula pineal e os colículos superiores – via visual – e inferiores – via auditiva (em um processo de holografia acústica fisiológica) estão todos ligados, em maior ou menor grau, a conexões emocionais, as quais são responsáveis, segundo o modelo psicoenergético do doutor William Tiller, por promover o acoplamento energético e informacional entre o D-Espaço e o R-Espaço.

Pjotr Gargajajev, biofísico e biólogo molecular russo, chegou a conclusão de que os cromossomos vivos funcionam como computadores solitônico-holográficos que usam a irradiação a laser do DNA endógeno. Gargajajev fez ainda a seguinte experiência: danificou alguns cromossomos com raios-X e, usando padrões de frequências obtidos em um DNA sadio, conseguiu, com laser, reparar as células danificadas. Com o mesmo método, conseguiu transformar embriões de rã em embriões de salamandras. Tudo isso com uma vantagem: toda a reprogramação foi efetuada sem quaisquer dos efeitos secundários ou desarmonias encontrados quando se extraem e se reimplantam genes simples do DNA. (*htttp://www.iipp.com.br*)

O doutor Todd Ovokaitys, um médico-cientista americano e pesquisador do DNA, desenvolveu o uso de tons e sobretons para abrir-nos a movimentos dimensionais, expandir nossa consciência e ajudar-nos na ativação do DNA, chamado de *Pineal Toning Technique*. Essa técnica tem como finalidade a ativação de nosso DNA sutil, interdimensional. O doutor Todd Ovokaityse é responsável pela criação de *Tecnologias Quânticas para Ativação do DNA e da Pineal*.

O médico e cientista chefe da *Gematria Products*, especialista nas funções do DNA e rejuvenescimento, foi talvez o primeiro cientista no planeta a desenvolver uma tecnologia quântica (vibracional) por meio de raios lasers e sons para ativar as funções interdimensionais adormecidas do DNA ou, como ele mesmo gosta de dizer: "Retirar os véus, os filtros no DNA que separam o humano do divino".

O pesquisador sugere que a pineal contém células mestras e que qualquer mudança que aconteça no DNA das células da pineal é, então, traduzida para todas as células do corpo. Por isso o doutor Todd desenvolveu um conjunto de sons chamados de *pineal toning* ou sons pineais, que, quando entoados, ajudam na ativação das funções evolutivas dessa glândula e de todo o corpo, facilitando a conexão com o espírito.

Diz a médica Marlene Nobre que a pineal supre energias psíquicas de todos os armazéns autônomos dos órgãos, lembrando de outro livro, chamado *Evolução em Dois Mundos*, de

André Luiz, que introduz o conceito de bióforos, esclarecendo que são estruturas do corpo espiritual presentes no interior da célula e com atuação marcante em seu funcionamento. Como exemplo, ela cita os mitocôndrios que acumulam energias espirituais sob a forma de grânulos e imprimem na intimidade celular a vontade do espírito. Desse modo, todos os estados mentais felizes e infelizes se refletem sobre a economia orgânica.

No livro *Evolução em Dois Mundos,* André Luiz, no capítulo chamado "Geometria Transcendente", comenta:

> Na mitose do ovo que lhe facultará novo corpo no mundo, de vez que toda permuta de cromossomos, no vaso uterino, está invariavelmente presidida por agentes magnéticos ordinários ou extraordinários, conforme o tipo da existência que se faz ou refaz, com as chaves da hereditariedade atendendo aos seus fins. Eis por que, interpretando os cromossomos à guisa de caracteres em que a mente inscreve, nos corpúsculos celulares que a servem, as disposições e os significados dos seus próprios destinos, caracteres que são constituídos pelos genes, como as linhas são formadas de pontos, genes aos quais se mesclam os elementos chamados bióforos, e tomando os bióforos, nesses pontos, como sendo os grânulos de tinta que os cobrem, será lícito comparar os princípios germinativos, nos domínios inferiores, aos traços da geometria elementar, que apenas cogita de linhas e figuras simples da evolução, para encontrar, nesses mesmos princípios, nos domínios superiores da alma, a geometria transcendente, aplicada aos cálculos diferenciais e integrais das questões de causa e efeito.

A mente humana gera, por meio das ondas mentoeletromagnéticas, os estados felizes e infelizes, afetando, pelas vibrações emanadas, todas as células do corpo físico.

Pelas mitocôndrias se acumulam as energias espirituais, sob a forma de grânulos, e imprime-se na intimidade celular a vontade do espírito.

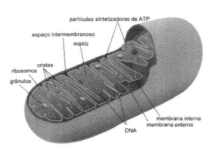

Estrutura de uma mitocôndria.

No livro *Evolução em Dois Mundos*, André Luiz, no capítulo chamado "Acumulações de Energia Espiritual", comenta que é:

> Por intermédio das mitocôndrias, que podem ser consideradas acumulações de energia espiritual, em forma de grânulos, assegurando a atividade celular, a mente transmite ao carro físico a que se ajustam, durante a encarnação, todos os seus estados felizes ou infelizes, equilibrando ou conturbando o ciclo de causa e efeito das forças por ela própria libertadas nos processos endotérmicos, mantenedores da biossíntese. Nessa base, dispomos largamente dos anticorpos e dos múltiplos agentes imunológicos cunhados pela governança do espírito, em favor da preservação do corpo, de acordo com as multimilenárias experiências adquiridas por ele mesmo, na lenta e laboriosa viagem a que foi constrangido nas faixas inferiores da natureza. Da mesma sorte, possuímos, funcionando automaticamente, a secretina, a tiroxina, a adrenalina, a luteína, a insulina, a foliculina, os hormônios gonadotrópicos e unidades outras, entre as secreções internas, à guisa de aceleradores e excitantes, moderadores e reatores, transformadores e calmantes das atividades químicas nos vários departamentos de trabalho em que se subdivide o estado fisiológico.

O doutor Bruce H. Lipton diz que as células do corpo são controladas por frequências de energia vibracional, de forma que a luz, o som e outras energias eletromagnéticas influenciam profundamente todas as funções da vida. Entre as forças energéticas que controlam a vida estão os campos eletromagnéticos gerados pela mente.

O doutor Bruce fala que cada imagem holográfica no cérebro gerada pelo pensamento produz e envia impulsos vibracionais sutilíssimos para as glândulas primárias (pineal, hipotálamo, hipófise), que, na fabricação de neuro-hormônios, por sua vez, podem influenciar no comportamento celular, ficando gravadas as imagens na memória das células (DNA).

A nova biologia – diz o pesquisador – ressalta o papel da mente como o fator primordial a influenciar a saúde. Nessa realidade, uma vez que controlamos nossos pensamentos, tornamo-nos mestres de nossa vida, e não vítimas dos genes. Diz o cientista que estamos nos tornando seres da quinta dimensional de luz, com o terceiro olho aberto (glândula pineal), com capacidades telepáticas e poderes psíquicos.

No livro *Evolução em Dois Mundos,* André Luiz, no capítulo chamado "Hereditariedade e Conduta", comenta:

> Portanto, como é fácil de sentir e apreender, o corpo herda naturalmente do corpo, segundo as disposições da mente que se ajustam a outras mentes, nos circuitos da afinidade, cabendo, pois, ao homem responsável reconhecer que a hereditariedade relativa, mas compulsória lhe talhará o corpo físico de que necessita em determinada encarnação, não lhe sendo possível alterar o plano de serviço que mereceu ou de que foi incumbido, segundo as suas aquisições e necessidades, mas pode, pela própria conduta feliz ou infeliz, acentuar ou esbater a coloração dos programas que lhe indicam a rota, através dos bióforos ou unidades de força psicossomática que atuam no citoplasma, projetando sobre as células e, consequentemente, sobre o corpo os estados da mente, que estará enobrecendo ou agravando a própria situação, de acordo com a sua escolha do bem ou do mal.

No livro *Evolução em Dois Mundos,* André Luiz, no capítulo chamado "Impulsos Determinantes da Mente", ainda comenta:

> Sobre os mesmos alicerces referidos, surpreendemos, ainda, as enzimas numerosas, como a pepsina, isolada por Northrop, e a catalase definida por von Euler, tanto quanto outras muitas, que a ciência terrestre, gradualmente, saberá descobrir, estudar, fixar e manobrar, com vistas à manutenção e defesa da saúde física e da integridade mental do homem, no quadro de merecimentos da humanidade, de vez que todos os estados especiais do mundo orgânico, inclusive o da renovação permanente das células, a prostração do sono, a paixão artística, o êxtase religioso e os transes mediúnicos são acalentados nos circuitos celulares por fermentações sutis, aí nascidas através de impulsos determinantes da mente, por ela convertidos, nos órgãos, em substâncias magnetoeletroquímicas, arremessadas de um tecido a

outro, guardando a faculdade de interferir bruscamente nas propriedades moleculares ou de catalisar as reações desse ou daquele tipo, destinadas a garantir a ordem e a segurança da vida, na urdidura das ações biológicas. Em identidade de circunstâncias nos traumas cerebrais da cólera e do colapso nervoso, da epilepsia e da esquizofrenia, como em tantas outras condições anômalas da personalidade, vamos encontrar essas mesmas fermentações no campo das células, mas em caráter de energias degeneradas, que correspondem às turvações mentais que as provocam.

11

Pineal, hipófise e outras glândulas

> A glândula pineal conserva ascendência em todo o sistema endócrino.
>
> ANDRÉ LUIZ, *Missionários da Luz*

Podemos analisar tanto o centro de força coronário como o centro de força cerebral ou frontal, simbolizados na figura da glândula pineal, para o coronário, e a glândula hipófise, para o cerebral ou frontal. A comunhão, o equilíbrio e a organização para o funcionamento não só do pensamento, em forma de se concretizar no cérebro físico, como também de estabilizar e harmonizar o corpo físico dependem desses dois principais centros de força, que são o gabinete do piloto espiritual. Sistema esse criado e formado na construção dos milênios sob o gênio da evolução, do progresso e da adaptação ao meio, buscando formas de sobrevivência e preservação, fazendo com que o princípio inteligente, com a ajuda dos benfeitores espirituais, lapide e construa esse fabuloso monumento cerebral capaz de exprimir as capacidades espirituais, pelo pensamento.

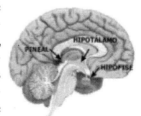

Localização das glândulas pineal, hipotálamo e hipófise.

André Luiz, em sua genial obra *Evolução em Dois Mundos*, fala a respeito do centro de força coronário:

> Temos particularmente no centro coronário o ponto de interação entre as forças determinantes do espírito e as forças fisiopsicossomáticas organizadas. Dele parte, desse modo, a corrente de energia vitalizante formada de estímulos espirituais com ação difusível sobre a matéria mental que o envolve, transmitindo aos demais centros da alma os reflexos vivos de nossos sentimentos, ideias e ações, tanto quanto esses mesmos centros, interdependentes entre si, imprimem semelhantes reflexos nos órgãos e demais implementos de nossa constituição particular, plasmando em nós próprios os efeitos agradáveis ou desagradáveis de nossa influência e conduta. A mente elabora as criações que lhe fluem da vontade, apropriando-se dos elementos que a circundam, e o centro coronário incumbe-se automaticamente de fixar a natureza da responsabilidade que lhes diga respeito, marcando no próprio ser as consequências felizes ou infelizes de sua movimentação consciencial no campo do destino.

E complementa com mais algumas informações do centro de força coronário, no livro *Entre a Terra e o Céu*, dizendo:

> O "centro coronário" que, na Terra, é considerado pela filosofia hindu como sendo o lótus de mil pétalas, por ser o mais significativo em razão de seu alto poder de radiações, de vez que nele assenta a ligação com a mente, fulgurante sede da consciência. Esse centro recebe em primeiro lugar os estímulos do espírito, comandando os demais, vibrando todavia com eles em regime de interdependência. Considerando em nossa exposição os fenômenos do corpo físico, e satisfazendo aos impositivos de simplicidade em nossas definições, devemos dizer que dele emanam as energias de sustentação do sistema nervoso e suas subdivisões, sendo o responsável pela alimentação das células do pensamento e o provedor de todos os recursos eletromagnéticos indispensáveis à estabilidade orgânica. É, por isso, o grande assimilador das energias solares e dos raios da Espiritualidade Superior capazes de favorecer a sublimação da alma.

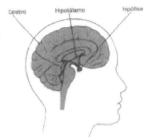

Já acerca do centro de força cerebral, no mesmo livro citado, diz André Luiz:

O "centro cerebral", contíguo ao "centro coronário", que ordena as percepções de variada espécie, percepções essa que, na vestimenta carnal, constituem a visão, a audição, o tato e a vasta rede de processos da inteligência que dizem respeito à palavra, à cultura, à arte, ao saber. É no "centro cerebral" que possuímos o comando do núcleo endocrínico, referente aos poderes psíquicos.

Localização da glândula hipófise

Iremos apresentar, em primeiro, a glândula hipófise, com diâmetro ou tamanho de uma ervilha. É praticamente cercada por osso, uma vez que repousa na sela túrcica, uma depressão no osso esfenoidal. A glândula está ligada ao hipotálamo do cérebro por uma haste delgada chamada de infundíbulo. Há duas regiões distintas na glândula hipófise: o lobo anterior (adeno-hipófise) e o lobo posterior (neuro-hipófise). A atividade da adeno-hipófise é controlada pela liberação de hormônios do hipotálamo. A neuro-hipófise é controlada por estimulação do nervo.

Os hormônios do lobo anterior (adeno-hipófise)

O hormônio do crescimento é uma proteína que estimula o desenvolvimento dos ossos, músculos e outros órgãos, promovendo a síntese proteica. Esse hormônio afeta drasticamente a aparência de um indivíduo, porque influencia na altura. Se há muito pouco hormônio de crescimento em uma criança, ela pode se tornar uma anã, com hipófise de proporções normais, mas de pequena estatura. Com excesso do hormônio em resultados de um filho em um crescimento ósseo exagerado, o indivíduo torna-se excepcionalmente alto ou gigante.

• Hormônio estimulador

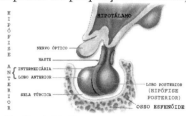

Regiões da hipófise.

198 Eduardo Augusto Lourenço

da tireoide ou TSH: faz com que as células glandulares da tireoide secretem hormônio da tireoide. Quando há uma hipersecreção de hormônio estimulador da tireoide, a glândula tireoide aumenta e segrega demasiadamente hormônio da tireoide.

• Hormônio adrenocorticotrófico: reage com sítios receptores no córtex da glândula adrenal para estimular a secreção de hormônios corticais, especialmente de cortisol.

• Hormônios gonadotrópicos: reagem com sítios receptores nas gônadas ou ovários e testículos, para regular o desenvolvimento, o crescimento e a função desses órgãos.

• Hormônio prolactina: promove o desenvolvimento do tecido glandular da mama feminina durante a gravidez e estimula a produção de leite após o nascimento do bebê.

Agora os hormônios do lobo posterior (neuro-hipófise):

• Hormônio antidiurético: promove a reabsorção de água pelos túbulos renais, com o resultado de que menos água é perdida na forma de urina. Esse mecanismo conserva a água no corpo. Quantidade insuficiente de hormônio antidiurético causa excessiva perda de água na urina.

• Hormônio ocitocina: provoca a contração do músculo liso na parede do útero. Também estimula a ejeção do leite da mama em lactação.

Já a glândula pineal, também chamada de corpo pineal ou epífise cerebral, é um pequeno cone-estrutura em que se estende posteriormente, a partir do terceiro ventrículo do cérebro. A glândula pineal é composta por porções de neurônios, células neurológicas e é especializada em células secretoras, denominadas pinealócitos. Os pinealócitos sintetizam o hormônio melatonina e segregam-no diretamente no líquido cefalorraquidiano, que leva para o sangue. A melatonina afeta o desenvolvimento reprodutivo e diariamente os ciclos fisiológicos.

No mesmo livro *Evolução em Dois Mundos*, no capítulo "Microcosmo Prodigioso", André Luiz diz que o entrosamento da pineal com a hipófise ocorre no diencéfalo, em cuja região ocorrem os reflexos da alma. Ele comenta que o diencéfalo é um:

Campo essencialmente sensitivo e vegetativo, parte das

mais primitivas do sistema nervoso central, o centro coronário, por fulcro luminoso, entrosa-se com o centro cerebral, a exprimir-se no córtex e em todos os mecanismos do mundo cerebral, e, dessa junção de forças, o espírito encontra no cérebro o gabinete de comando das energias que o servem.

No diencéfalo encontramos também outras importantes partes do cérebro, como tálamo, hipotálamo, epitálamo e subtálamo. O tálamo relaciona-se, em diversos aspectos da sensibilidade, aos movimentos do corpo, ao comportamento emocional e à ativação do córtex, envolvendo o sistema ativador reticular ascendente, que é a substância necessária ou favorável à atividade de uma enzima. É um centro sensitivo que exerce papel receptor, centralizado e seletor das informações sensitivas que se dirigem ao cérebro.

O tálamo fornece para a consciência as informações desejadas, quando requeridas. Responsáveis pelos estímulos externos do tipo dor, tato, temperatura e pressão, percebidos em toda a extensão de nosso corpo, percorrem vias neurais que terminam no tálamo (no centro do cérebro). A partir daí, esses estímulos são priorizados e selecionados para que se possa encontrar no cérebro apenas os estímulos convenientes, principalmente os mais urgentes, como o caso dos estímulos nocivos, que exigem uma rápida retirada. É o caso de retirarmos a mão logo de um objeto que está muito quente.

O hipotálamo é responsável pela manutenção da vida e por manter as necessidades básicas, como a sede, a fome e o sexo. Ele é responsável pelo comportamento emocional. É extremamente importante no mecanismo do sono e da vigília, na regulação da ingestão de alimentos e de água, na diurese e no sistema endócrino (glândulas de secreção interna, lançando os hormônios diretamente no sangue). Entra em ação para preparar o corpo para a reação de luta ou fuga. Envia para o cérebro, via neurônios, as informações sobre o estado do mundo exterior e interior. Atua em diversos aspectos da sensibilidade. Regula a temperatura interna do organismo, utilizando para isso o sistema nervoso autônomo, por meio dos nervos simpático e parassimpático, que correm pela medula espinhal até os órgãos, e via neurotransmissores, que são utilizados nos receptores localizados nos órgãos.

O subtálamo fica na região de transição entre o diencéfalo e o mesencéfalo (o consciente e o presente); tem a função de todos os movimentos do corpo físico e, junto com o córtex motor, estabelece impulsos e conexões com a visão.

O epitálamo está localizado na região posterossuperior do diencéfalo e apresenta formações endócrinas e não endócrinas. A principal formação endócrina é a glândula pineal ou epífise.

O epitálamo limita posteriormente o III ventrículo, sendo constituído pela glândula pineal (glândula endócrina secretora de melatonina, capaz de influenciar nas secreções pancreáticas, hipofisárias, paratireoideas, adrenais e gonadais – em humanos, a melatonina parece inibir a secreção de FSH e LH hipofisários); comissura posterior; comissura das habênulas; estrias medulares; trígono das habênulas (contendo os núcleos habenulares).

A glândula pineal não possui barreira hematoencefálica, sendo suas funções, em maior parte, inibitórias, isto é, inibem as secreções hormonais. As atividades relacionadas à glândula pineal estão ligadas aos ritmos circadianos, influenciados pela luz (via trato óptico). A via relacionada aos ritmos cursa da seguinte forma: retina; núcleos supraquiasmáticos hipotalâmicos; tegmento mesencefálico; glândula pineal; trato reticuloespinhal (simpático); gânglio cervical superior simpático e fibras nervosas pós-ganglionares. Atualmente, sabe-se apenas que a luz age sobre a pineal inibindo a secreção do hormônio melatonina.

Esse hormônio, além de um efeito inibidor sobre as gônadas, sincroniza os vários ritmos circadianos do organismo com o ciclo dia/noite. O efeito da luz, na pineal, faz-se por seu estímulo na retina, transmitido até o hipotálamo e desse, por intermédio do sistema nervoso autônomo (SNA), à pineal, inibindo-a. As alterações diárias da melatonina, com seu pico se situando durante a noite, agem em receptores do próprio hipotálamo, que se encarregam de sincronizar o ciclo vigília/sono do corpo e de outros hormônios. Outra recente função atribuída à pineal é sua associação com o estresse e com a atividade imunológica.

A função secretora da glândula pineal foi evidenciada em 1958, por Lerner et al., quando ficou constatado que os pinealócitos, células parenquimatosas ricas em serotonina, são capazes de transformar a serotonina em melatonina, o principal hormônio secretado pela pineal, em função da liberação de noradrenalina pelas fibras do sistema nervoso simpático. As duas principais funções ligadas à pineal são a regulação dos ritmos circadianos e a inibição do desenvolvimento das gônadas.

O diencéfalo, dividido em tálamo, hipotálamo, subtálamo e epitálamo (glândula pineal), seria como um aparelho de expressão dos sentimentos e pensamentos do espírito, com os quais, diz André Luiz no livro *Evolução em Dois Mundos*, "no regime de responsabilidade e de autoescolha, plasmará, no espaço e no tempo, o seu próprio caminho de ascensão para Deus".

Nos "Centros Encefálicos", capítulo do livro *Evolução em Dois Mundos*, diz André Luiz:

> Com a supervisão dos orientadores divinos, associaram-lhe no cérebro o centro coronário (glândula pineal) e o centro cerebral (glândula hipófise) em movimento sincrônico de trabalho e sintonia. Por intermédio do primeiro (pineal), a mente administra o seu veículo de exteriorização, utilizando-se, a rigor, do segundo (hipófise) que lhe recolhe os estímulos, transmitindo impulsos e avisos, ordens e sugestões mentais aos órgãos e tecidos, células e implementos do corpo por que se expressa. E assim como o centro cerebral se representa no córtex encefálico por vários núcleos de comando, controlando sensações e impressões do mundo sensório, o centro coronário, através de todo um conjunto de núcleos do diencéfalo, possui no tálamo, para onde confluem todas as vias aferentes à cortiça cerebral, com exceção da vida do olfato, que é a única via sensitiva de ligações corticais que não passa por ele, vasto sistema de governança do espírito.

As duas glândulas, como vimos, produzem hormônios específicos à manutenção tanto do corpo espiritual como do corpo físico. Poderíamos dizer que a glândula pineal produz os hormônios psíquicos, e a hipófise concretiza em hormônios físicos; claro que, de acordo com o estado emocional e vibracional de cada ser, essas glândulas produzirão seus devidos hormônios; estes é que geram um bem-estar quando a mente é voltada às coisas altruístas, ou pode gerar um mal-estar quando a mente é voltada para o egoísmo, o orgulho, a maldade, a vingança, enfim, tudo o que nos afasta dos nobres e belos sentimentos.

Pesquisas realizadas pelos doutores Karasek e Reiter, em 1982, mostraram uma relação recíproca entre a glândula pineal e pituitária (hipófise). Se a glândula pineal é prejudicada, ela afeta a hipófise, ocorrendo toda uma cascata de efeitos sobre as outras glândulas e produção de hormônios. Em seu livro *Forças Sexuais da Alma*, o doutor Jorge Andréa afirma que "a glândula pineal deve ser considerada a glândula da vida psíquica; a glândula que ilumina toda a cadeia orgânica, orientando as glândulas de secreção interna através das estruturas da hipófise".

Iremos colocar algumas informações do doutor Jorge Andréa, de seu livro *Palingênese, a Grande Lei*, em que ele traz informações da ligação da glândula pineal com a glândula hipófise. Ele comenta que os doutores (Izawa, Calvet e outros) dizem:

> a existência de um antagonismo pineal-hipofisário anterior tem marcada ação inibidora no setor hipofisário. A pinealectomia determina hipertrofia do lobo anterior da hipófise, a ponto de triplicar o seu volume total. A influência pineal vai mais além no comando das funções hipofisárias, quando modifica as características funcionais dos hormônios gonadotrópicos, influenciando profundamente o setor genésico do organismo masculino e feminino. Os estudos sobre a correlação pineal-neuro-hipófise são raros, de penumbrosa interpretação, o que, aliás, é compreensível. A glândula pineal mantém outras relações endócrinas, apresentando ligações com a tireoide, suprarrenal, pâncreas e tímus. Com todas essas glândulas deixa transparecer sua influência em maior ou menor grau.

Ainda no livro *Palingênese, a Grande Lei*, cita os trabalhos de Popescu e Inotesti, concluindo pela ação frenadora que a glândula pineal exerce no mecanismo insulínico. Ele continua:

> Quanto ao timo, observa-se no homem que os tumores da pineal impedem a regressão normal da glândula na idade oportuna. Lindenberg observou, em alguns animais, que a timectomia determinava rápida atrofia pineal. As relações entre a pineal e a tireoide são eviden-

tes. A retirada cirúrgica de uma dessas glândulas reflete, imediatamente, na outra; instala-se um violento processo, embora mais acentuado para o lado da tireoide.

E o doutor Jorge Andréa diz ainda que, nas glândulas suprarrenais, a ablação pineal ocasiona modificações no índice do colesterol e ácido ascórbico. Ele finaliza:

> Foi observado nos tumores pineais a presença de evidente hiperplasia corticosuprarrenal. Pelo que acabamos de expor, a glândula pineal está interligada com todo o setor glandular do organismo. Ainda é difícil estabelecer as relações exatas entre a pineal e as demais glândulas, embora possamos asseverar, pelos trabalhos e observações conjuntas, que a pineal seria realmente a orientadora da cadeia glandular, comunicando-se com as demais glândulas direta ou indiretamente, tendo na hipófise o grande campo de suas expansões com o organismo inteiro. Não seria a neuro-hipófise, mais precisamente, a zona por intermédio da qual a pineal orientaria todo o seu trabalho no equilíbrio endócrino?
> (*Palingênese, a Grande Lei*).

Já em seu livro *Forças Sexuais da Alma*, ele comenta:

> A influência diretora da glândula pineal sobre a cadeia glandular do organismo. A ligação que mantém com o hipotálamo e outras zonas nobres do sistema nervoso central é evidente, como também a influência que exerce no sistema nervoso neurovegetativo. Desse modo, jamais poderemos afastar a glândula pineal da participação de inúmeras funções orgânicas, direta ou indiretamente, assim como da acentuada correlação no setor psíquico.

O doutor Krumm-Heller, professor de medicina da Universidade de Berlim, dizia que, entre as glândulas pineal e pituitária, existe um canal, ou capilar, muito sutil, já desaparecido nos cadáveres. Assim, pois, essas duas glândulas se encontram conectadas por esse fino canal. Não existe dúvida alguma sobre a eletrobiologia e sobre as forças bioeletromagnéticas. Por que não aceitar, então, um intercâmbio bioeletromagnético entre as glândulas pituitária e pineal? Os doutores Vries e Kappers comentam que a glândula pineal é considerada uma relíquia filogenética, um vestígio de um terceiro olho dorsal, e de pouco significado funcional; a pineal é hoje considerada e aceita como uma glândula endócrina de suma importância, modificando a atividade do adeno-hipófise, neurohipófise, endócrino pâncreas, paratireoides, córtex adrenal, adrenal medula e gônadas. Essas duas glândulas endócrinas, pineal e hipófise, possuem funções e capacidades parecidas na formação de nove hormônios que equilibram e harmonizam muitos processos físicos e estimulam a produção de outra série de hormônios exercendo influência desde a digestão até a menstruação e a ejaculação do sêmen masculino. Trata-se de um processo complicado que a própria ciência médica tem dificuldade para explicar. A glândula hipófise trabalha durante o dia, enquanto a pineal trabalha à noite, enquanto dormimos. Apesar de serem minúsculas, essas glândulas endócrinas comandam as demais glândulas e as funções gerais do corpo. Por estarem invaginadas no cérebro, elas o ajudam na produção de um hormônio conhecido como "melatonina", que a medicina tradicional chinesa chama de "secreção interna", cujo nome científico é: N-acetil-5-metoxitriptamina.

Em 1971, os doutores Moszkowska, Kordon e Ebels disseram que, embora os resultados experimentais sugerissem há muitos anos que a pineal poderia inibir o crescimento das gônadas, os progressos substanciais nesse campo ocorreram apenas nos últimos dez anos, desde que a pineal passou a ser considerada como um dos mecanismos de regulação central responsável pelo controle da hipófise, em vez de apenas uma glândula endócrina.

Os doutores Motta, Schiaffini, Piva e Martini afirmaram na mesma época que a prova de que a glândula pineal exerce uma influência reguladora sobre diversas funções do sistema endócrino estava crescendo rapidamente.

O doutor Brugger, em suas pesquisas, cita que a relação entre o coração e a glândula pineal pode ser observada, por exemplo, nas pessoas, que, por apresentarem doença coronariana, têm função pineal anormal e, consequentemente, baixos níveis noturnos de melatonina.

O coração, além de movimentar o sangue por intermédio do

sistema vascular, também fornece as energias necessárias para as funções cerebrais, inclusive do hipotálamo. O hipotálamo e a hipófise, que fornecem hormônios essenciais para o funcionamento do corpo físico, têm sua síntese e secreção hormonal controladas indiretamente pela melatonina, hormônio fabricado pela glândula pineal. Foi demonstrado que a regulação da glândula pineal sobre o metabolismo de carboidratos é mediada pela melatonina: o hormônio aumentou a sensibilidade à insulina de adipócitos isolados, e o tratamento de reposição com melatonina restaurou o conteúdo de GLUT4 no tecido adiposo branco. Em síntese, os estudos aqui relatados evidenciam importante papel da glândula pineal na modulação da homeostasia de carboidratos.

A pineal teria uma forte ascendência sobra o pâncreas, que produz dois hormônios que regulam a concentração de glicose no sangue. A insulina é um hormônio polipeptídeo produzido pelas células beta que reduzem o nível de glicose na circulação. Os doutores Gibson T., Stimmler L., Jarret R. J., Rutland P. e Shiu M., em seus estudos, relataram que há uma questão importante, relacionada ao metabolismo de carboidratos, que é a possibilidade de a glândula pineal influenciar quantitativamente ou qualitativamente o comportamento alimentar, o que poderia levar a alterações na composição corporal, modificando a relação entre massa magra e massa gorda ou, até mesmo, conduzindo à obesidade.

Os doutores Scalera G., Benassi C., Porro C. A., em suas pesquisas, ressalta que a glândula pineal interfere na regulação do eixo hipotálamo-hipófise-adrenal, um importante modulador do metabolismo de carboidratos. Ratos pinealectomizados apresentam aumento na corticosterona plasmática, ao longo do dia, o que pode estar envolvido na alteração da sensibilidade tecidual à insulina e, consequentemente, no metabolismo de carboidratos; tanto que o doutor Jorge Andréa diz em seu livro *Forças Sexuais da Alma*: "A glândula pineal, situada na zona medianeira dos órgãos encefálicos, por intermédio de seus princípios, principalmente a melatonina de constante ritmo secretório, teria uma grande influência em toda a cadeia glandular". Podemos também concluir com André Luiz, no livro *Misssioná-*

rios da Luz: "A glândula pineal conserva ascendência em todo o sistema endócrino".

A ascendência da glândula pineal sobre o sistema endócrino ocorreria pelo mecanismo e a ação dos hormônios que acontecem pelo sangue, sendo transportados por todo o corpo, afetando as células. Todas as células específicas que respondem a um dado hormônio têm receptores para esse tal hormônio. Essa é uma espécie de mecanismo chave e fechadura. Se a chave se encaixa na fechadura, então, a porta será aberta. Se um hormônio se encaixa no local do receptor, em seguida, haverá um efeito. Se um hormônio e um sítio receptor não coincidirem, então, não haverá nenhuma reação. Todas as células que têm receptores de um hormônio dado compõem o tecido-alvo para esse hormônio. Em alguns casos, o tecido-alvo está localizado em uma única glândula ou órgão. Em outros casos, o tecido-alvo é difuso e disperso por todo o corpo, de modo que muitas áreas são afetadas. Hormônios trazem seus efeitos característicos sobre as células-alvo, modificando a atividade celular.

Proteínas hormônios reagem com receptores da superfície da célula, e a sequência de eventos que resulta na ação do hormônio é relativamente rápida. Os hormônios esteroides geralmente reagem com receptores dentro de uma célula. Como esse método de ação realmente envolve síntese de proteínas, é relativamente lento.

Os hormônios são substâncias muito potentes, o que significa que pequenas quantidades de um hormônio podem ter efeitos profundos sobre os processos metabólicos. Por causa de sua potência, a secreção do hormônio deve ser regulada dentro de limites muito estreitos, a fim de manter a homeostase do corpo. Por isso diz André Luiz no livro *Evolução em Dois Mundos*: "Atingindo inequívoco progresso em seus estímulos, o corpo espiritual, desde a protoforma psicossômica nos animais superiores até o homem, conforme a posição da mente a que serve, determina mais ampla riqueza hormonal".

Muitos hormônios são controlados por alguma forma de um mecanismo de *feedback* negativo. Nesse tipo de sistema, uma glândula é sensível à concentração de uma substância que regula. Um sistema de *feedback* negativo provoca uma reversão dos aumentos e diminuições na condição corporal, a fim de manter um estado de estabilidade ou de homeostase. Algumas glândulas endócrinas secretam hormônios em resposta a outros hormônios. Os hormônios que causam a secreção de outros são chamados hormônios trópicos. O hormônio da glândula A causa na glândula B a secreção de seus hormônios. Um terceiro método para regular a secreção hormonal relaciona-se com a estimulação nervosa direta. Um estímulo nervoso provoca uma glândula de secreção de seus hormônios.

A partir desse pequeno histórico das pesquisas realizadas, começamos a entender como o nosso corpo reage a partir de determinados fatores, principalmente os que ocorrem em nossa mente. Pensamentos geram emoções, e essas emoções são gatilhos que disparam a secreção de hormônios a partir das glândulas, principalmente o cortisol, que age como um corrosivo em nossas células, acelerando seu processo de envelhecimento. O estresse, o medo, a raiva, a depressão, o rancor, os pensamentos negativos, entre outros, são os principais fatores que "detonam" nosso sistema imunológico, proporcionando a oportunidade para a somatização.

O sistema endócrino é constituído pelas glândulas endócrinas que secretam hormônios. Embora haja oito principais glândulas endócrinas dispersas por todo o corpo.

Algumas glândulas também têm regiões não endócrinas com outras funções, além da secreção hormonal. Por exemplo, o pâncreas tem uma grande parte exócrina que secreta enzimas digestivas e uma porção endócrina que secreta hormônios. Os ovários e testículos secretam hormônios e também produzem os óvulos e esperma. Alguns órgãos, como estômago, intestinos e coração, produzem hormônios, mas sua função principal não é a secreção deles.

Os mensageiros químicos do sistema endócrino, chamados hormônios, ajudam a regular as atividades do corpo. Seu efeito é de longa duração e é mais generalizado do que no sistema nervoso. Os neurônios são as células nervosas que transmitem impulsos. As células de suporte são neuroglia.

As glândulas do sistema endócrino secretam hormônios diretamente no sangue, que transporta os hormônios pelo corpo.

As células em um tecido-alvo têm receptores para os hormônios específicos. Muitos hormônios são regulados por um mecanismo de *feedback* negativo; alguns são controlados por outros hormônios, e outros são afetados pela estimulação direta do nervo. Mesmo que as glândulas endócrinas estejam espalhadas por todo o corpo, elas ainda são consideradas como um sistema, porque têm funções semelhantes, mecanismos semelhantes de influência e muitas relações importantes.

As principais glândulas são: hipófise, tireoide, glândula paratireoide, adrenal (suprarrenal) glândula, pâncreas, gônadas (testículos e ovários), glândula pineal, além de outras glândulas endócrinas.

Por isso diz André Luiz, no capítulo "Administração do Metabolismo", no livro *Evolução em Dois Mundos*, comentando:

> Laborando pacientemente nos séculos e alcançando a civilização elementar do paleolítico, a mente humana controla então, quase que plenamente, o corpo que se exprime, formado sob a tutela e o auxílio incessante dos construtores espirituais, passando a administrar as ocorrências do metabolismo, em sua organização e adaptação, através da coordenação de seus próprios impulsos sobre os elementos albuminoides do citoplasma, em que as forças físicas e espirituais se jungem no campo da experiência terrestre. Os sistemas enzimáticos revelam-se definidos e as glândulas de secreção interna fabricam variados produtos, refletindo o trabalho dos centros vitais da alma. Hormônios e para-hormônios, fermentos e cofermentos, vitaminas e outros controladores químicos, tanto quanto preciosas reservas nutritivas equacionam os problemas orgânicos, harmonizando-se em produção e níveis precisos, na quota de determinados percentuais, conforme as ordens instintivas da mente. Todos os serviços da província biológica, inclusive as emoções mais íntimas, são sustentados por semelhantes recursos, constantemente lançados pelo próprio espírito no cosmo de energia dinâmica em que se manifesta. Experiências valiosas, efetuadas com pleno êxito, comprovaram que a própria miosina ou sistema albuminoide da contração muscular detém consigo as qualidades de um fermento, a adenosinatrifosfatase, responsável pela catálise da reação química fundamen-

tal que exonera a energia indispensável ao refazimento das partículas miosínicas dos tecidos musculares.

Finalizamos a leitura deste tópico acrescentando mais um comentário de André Luiz a respeito do centro de força coronário, representado pela glândula pineal, e o centro de força representado pela glândula hipófise, no livro *Evolução em Dois Mundos*, no capítulo chamado "Sincronia de Estímulos". Ele diz:

Entenderemos, assim, facilmente, que o córtex encefálico, com as suas delicadas divisões e subdivisões, governando os núcleos reguladores dos sentidos, dos movimentos, dos reflexos e de todas as manifestações nervosas da individualidade encarnada, corresponde à sede do centro cerebral do psicossoma (ou corpo espiritual) no corpo físico, unida à sede do centro coronário, localizada no diencéfalo, entrosando-se ambos em perfeita sincronia de estímulos, pelos quais se manifesta o espírito em sua constituição mental, harmônica, difícil ou desequilibrada, segundo a posição em que ele mesmo valoriza, conserva, prejudica ou desordena os recursos que a Lei Divina lhe faculta à própria exteriorização no plano físico e no plano espiritual. E assim como dispomos, no córtex, de ligações energéticas da consciência para os serviços do tato, da audição, da visão, do olfato, do gosto, da memória, da fala, da escrita e de automatismos diversos, possuímos no diencéfalo (tálamo e hipotálamo), a se irradiarem para o mesencéfalo, ligações energéticas semelhantes da consciência para os serviços da mesma natureza, com acréscimos de atributos para enriquecimento e sublimação do campo sensorial, como sejam a reflexão, a atenção, a análise, o estudo, a meditação, o discernimento, a memória crítica, a compreensão, as virtudes morais e todas as fixações emotivas que nos sejam particulares. Emitindo a onda de indagação e trabalho que nos diga respeito, através do centro coronário, conjugado ao centro cerebral, recebemo-la de volta, em circuito de raios substanciais da nossa própria força mental, com impactos aferentes e eferentes, para que a nossa consciência, por si, ajuíze, pela essência dos resultados ou reflexos de nossas próprias ações, quanto ao acerto ou desacerto de nossa escolha, nessa ou naquela circunstância da vida. Não podemos esquecer que cada núcleo das ligações a que nos reportamos se subdivide em peculiaridades diversas, entendendo-se, pois, que os fenômenos de obliteração suscetíveis de ocorrer em alguns dos setores corticais do corpo físico podem surgir igualmente no corpo espiritual, quando a turvação da mente é capaz de obstruir temporariamente esse ou aquele fulcro energético da região diencefálica, no centro coronário da entidade desencarnada.

12

A glândula pineal e suas outras funções

> Não se trata de órgão morto, segundo velhas suposições, é a glândula da vida mental. Despertando no organismo físico do ser, na puberdade, as forças criadoras e, em seguida, continua a funcionar como o mais avançado laboratório de elementos psíquicos da criatura terrestre
>
> ANDRÉ LUIZ, *Missionários da Luz*.

Enquanto apenas em algumas décadas atrás a pineal era amplamente vista como uma entidade vestigial, as pesquisas atuais têm revelado que ela é uma importante glândula neuroendócrina envolvida na regulação, na resposta imune e na mediação de vários ciclos, ou seja, os ritmos circadianos que envolvem a regulação do sono, os ritmos sazonais afetando os padrões de reprodução e adaptações fisiológicas ao meio ambiente e os ciclos de crescimento e desenvolvimento durante a vida, como a maturação sexual.

Considerando que a pineal tem influência sobre outras glândulas endócrinas, ela pode ser vista como o "regulador dos reguladores". Além disso, o funcionamento da pineal tem um desempenho no papel das doenças mentais, como esquizofrenia e transtornos afetivos.

Iremos citar algumas outras funções importantes da glândula pineal neste capítulo, como na questão do sono, do envelhecimento, do sistema imunológico, das doenças neurodegenerativas e dos transtornos psíquicos.

A pineal e os transtornos psíquicos

Os transtornos psíquicos estão completamente relacionados com a glândula pineal. Sabe-se que ela é a glândula da vida mental, então, uma desordem ou mesmo um desequilíbrio mental pode gerar o que se chama no espiritismo de auto-obsessão, que seria uma ideia fixa presa em sentimentos e pensamentos inferiores e infelizes, ocasionando um quadro de dor e sofrimento, em um circuito vicioso, elaborando vibrações e sintonias que formam elos com espíritos infelizes, os quais, em conjunto com o encarnado, comungam dos mesmos desejos e gostos, gerando, por fim, a terrível obsessão espiritual.

Uma pessoa sob estresse produz normalmente mais adrenalina e cortisol. Para cada molécula de adrenalina formada, quatro moléculas de radicais livres serão produzidas, e, com isso, a probabilidade de lesão nas células aumenta. Além disso, a adrenalina e o cortisol induzem a formação de uma enzima, "a triptofano pirolase", capaz de destruir o triptofano antes que ele atinja a glândula pineal. Com isso, nem a melatonina é fabricada e nem a serotonina (o que pode gerar compulsão a hidrato de carbono, com tendência a aumento de peso e depressão).

O doutor Altschule, em 1957, e o doutor Eldred, em 1961, além de outros autores, têm realizado importantes estudos que demonstram a ação benéfica de extratos pineais sobre alguns esquizofrênicos. Os doutores Hartley e Smith, com os resultados de seus trabalhos na Escola de Farmácia da Universidade de Bradford, Inglaterra, estão inclinados a admitir que, nos casos de esquizofrenia, a HIOMT, enzima responsável pela sintetização da melatonina, estaria agindo sobre substratos anormais, produzindo as substâncias implicadas na moléstia.

O doutor Sérgio Felipe comenta:

> A neurofisiologia faz hoje importantes correlações experimentais entre a cronobiologia e as moléstias depres-

sivas e esquizofreniformes. Por exemplo, a depressão se correlaciona com um avanço de fase do sono REM associado ao despertar precoce, relacionando o "relógio biológico" – núcleo supraquiasmático –, a glândula pineal com a fisiologia psíquica. Nos casos esquizofreniformes são conhecidos os ciclos sazonais em que ocorre a reincidência do surto psicótico. Temos assim plenamente justificada a importância do estudo desta glândula. Os transtornos sazonais de humor não são incomuns; é um distúrbio psiquiátrico com forte componente anual chamado SAD (transtorno afetivo sazional), que se caracteriza por períodos recorrentes de depressão, tipicamente nos meses de inverno, ou seja, nos dias mais curtos do ano. É evidente que a luz influencia a melatonina na depressão (Revista *Saúde e Espiritualidade*).

A serotonina é uma substância chamada neurotransmissor, produzida pela glândula pineal. Como tal, serve para conduzir a transmissão de uma célula nervosa (neurônio) para outra. Atualmente, a serotonina está intimamente relacionada aos transtornos do humor ou transtornos afetivos, e a maioria dos medicamentos chamados antidepressivos agem produzindo aumento da disponibilidade dessa substância no espaço entre um neurônio e outro.

De acordo com o doutor Sérgio Felipe, a transformação de pensamento em alterações orgânicas, comportamentais e sintomas teve sua evidenciação com a médica italiana Rita Levy, ganhadora do Prêmio Nobel de Medicina na década de 1980. Ela demonstrou a origem da depressão (um tipo de transtorno de humor):

• Um pensamento triste que permanece por tempo prolongado estimula uma região do cérebro logo abaixo da pineal, o hipotálamo.

• O hipotálamo secreta um hormônio chamado hormônio estimulador de ACTH, que agirá na hipófise.

• A hipófise secreta seu hormônio correspondente, o ACTH, hormônio estimulador do córtex das adrenais ou glândulas suprarrenais.

• As suprarrenais secretam seu hormônio, o cortisol, que agirá em vários lugares do organismo.

Por outro lado, os transtornos da ansiedade, principalmente o transtorno obsessivo-compulsivo e o transtorno do pânico, também estariam relacionados à serotonina; tanto assim que o tratamento para ambos também é realizado com antidepressivos, os quais aumentam a disponibilidade de serotonina no Sistema Nervoso Central. Nesses estados ansiosos, outro neurotransmissor, a noradrenalina, também estaria diminuído. Os baixos níveis de serotonina estão relacionados com alterações do sono, tão comuns em pacientes ansiosos e deprimidos. Essa alteração do sono, normalmente, a insônia, deve-se ao desequilíbrio entre a serotonina e outro neurotransmissor, a acetilcolina.

De modo geral, a serotonina regula o humor, o sono, a atividade sexual, o apetite, o ritmo circadiano, as funções neuroendócrinas, a temperatura corporal, a sensibilidade à dor, a atividade motora e as funções cognitivas.

A serotonina tem efeito inibitório em agressão, e dados clínicos sugerem que seu baixo nível no cérebro está associado à agressão direcionada a outros e à agressão por suicídio. Pode ser que a glândula pineal esteja envolvida nos transtornos alimentares. Estudos em animais sugerem que a serotonina esteja também envolvida no controle da ingestão de alimento, com altos níveis de serotonina, diminuindo a ingestão energética total ou, seletivamente, diminuindo a seleção de carboidrato em relação à proteína.

Um regulador circadiano parece dominar a motivação alimentar durante o final da noite, interagindo com os sinais que reportam a quantidade de calorias no intestino. Estudo com ratas, conduzido por Strubbe e Gorissen, demonstrou a contribuição dos sinais de saciedade e de regulação circadiana no controle do comportamento alimentar. Esses sinais podem contribuir para a saciedade, durante outras partes do ciclo claro/ escuro, quando a alimentação é dependente dos requerimentos de energia mais imediatos.

Os pesquisadores reconhecem que a dieta tem um profundo efeito no cérebro e no sistema nervoso e, assim, nas condições mentais e emocionais. A aplicação da dieta no estudo das desordens comportamentais representa uma nova fronteira no campo da psicobiologia. Precauções devem ser tomadas quanto ao uso dos conhecimentos gerados a partir de pesquisas com animais em assuntos específicos de áreas do sistema nervoso, neurotransmissão e sistemas endócrinos.

Recentes estudos demonstraram que os níveis de melatonina são maiores na mulher, tornando-a mais sensível às mudanças sazonais da luz que os homens. No outono e inverno, a mulher está mais exposta aos distúrbios sazonais psíquicos, ao ganho de peso, por exemplo, do que no verão. O funcionamento da pineal é importante para que o corpo se mantenha adaptado às condições de necessidade, como, por exemplo, atividades durante o dia e repouso durante a noite.

O doutor Philbrick Miles, em 1988, falou sobre o papel da melatonina em várias doenças psiquiátricas, além de ter promovido investigação sobre a pineal, que representa atualmente uma das áreas de pesquisa ativa da psiquiatria. Muitas ideias atuais sugerem um envolvimento positivo da melatonina nos distúrbios afetivos, possível envolvimento nas psicoses esquizofrênicas e um grande potencial no envolvimento do hormônio em outras categorias psiquiátricas.

O doutor Wetterberg observou que o nível de melatonina em pacientes com depressão e esquizofrenia era bastante reduzido. O doutor Brown, em 1985, constatou um nível muito grande de redução de melatonina noturna entre pacientes melancólicos e portadores de depressão maior sem melancolia. O papel da pineal na depressão pode estar relacionado aos neurotransmissores associados com a doença. O doutor Arendt, em 1988, comentou que muitas teorias de depressão têm sugerido a redução de serotoninérgicos e noradrenérgicos, ambos envolvidos na síntese da melatonina.

O reconhecimento de que a pineal é fotossensível e desempenha um papel importante na regulação da sazonalidade de adaptações fisiológicas levou à especulação de que a disfunção pineal pode estar relacionada à desordem afetiva sazonal (SAD).

O doutor Lewy diz que pessoas que sofrem de desordem bipolar têm se mostrado supersensíveis ao efeito inibidor da luz sobre a secreção de melatonina noturna. Os doutores Miles e Philbrick, em 1988, constataram que pacientes bipolares apresentam consistentemente elevados níveis de melatonina durante o dia, superiores aos da noite. O remédio lítio é um estabilizador de humor e afeta o funcionamento da pineal, podendo estar associado à diminuição da fotossensibilidade. Alguns pesquisadores têm especulado que alguns indivíduos diagnosticados como bipolares podem estar sofrendo de desorganização circadiana.

O doutor Arendt diz que semelhanças estruturais entre a melatonina e os agentes do poder alucinógeno conhecidos, como bufotenina e psilocibina, levaram a especulações sobre uma possível ligação entre esse hormônio pineal e a esquizofrenia.

Os doutores Snyder e Reivich disseram que agentes que produzem sintomas muito semelhantes à psicose esquizofrênica, ou seja, a cocaína e a anfetamina, também aumentam a produção de melatonina. Investigação sobre a assimilação do LSD no cérebro do macaco revela uma propensão para a concentração da droga na hipófise e na pineal; essas acumulações são de sete a oito vezes maiores que as encontrados no córtex cerebral.

O doutor Winter relatou que a pineal deve ser capaz de funcionar com alucinógenos para ter efeitos comportamentais, embora a melatonina possua efeito bioquímico direto sobre a função dopaminérgica.

Os doutores Jansen, Dragunow e Faull comentam que a maior concentração de receptores sigma, considerados como um tipo de receptor opioide, foi vista na glândula pineal. Ambos, tanto os receptores sigma como a glândula pineal, têm desempenhado um papel não só no sistema nervoso, mas também nos sistemas imunológico e endócrino.

O haloperidol, que é um fármaco utilizado pela medicina como neuroléptico, pertencente ao grupo das butirofenonas, e algumas outras drogas antipsicóticas e os receptores sigma ligam-se, como fazem os opiáceos *psychotomimetic benzomorphan*, sugerindo que o receptor sigma pode estar envolvido na psicose.

O doutor Monteleone diz que uma perspectiva adicional de interesse envolve o hormônio melatonina pineal. A melatonina é conhecida por induzir o sono em humanos. Pelo menos um estudo demonstrou que as pessoas com transtorno compulsivo obsessivo (TOC) tendem a ter níveis de melatonina deprimidos, juntamente com níveis elevados de cortisol, o hormônio do estresse.

A glândula pineal e a melatonina têm papel importante

na regulação e modulação da atividade elétrica cerebral, e vem sendo demonstrado que estão envolvidas nos mecanismos de convulsão. Há, também, influência no movimento, podendo estar envolvidas na doença do neurônio motor, esclerose lateral amiotrófica (ELA) e Doença de Parkinson. De acordo com o doutor Sérgio Felipe:

> A glândula pineal seria o relógio cerebral, sendo responsável por todos os ritmos no organismo, por exemplo: os ritmos da reprodução hormonal, do funcionamento do sistema nervoso autônomo, dos ciclos da vida até o envelhecimento, do sono e os ritmos reprodutivos, os da fome e ainda do estado de humor. Também, a glândula pineal é importante estoque de serotonina no cérebro, substância amplamente implicada nos comportamentos psíquicos. Não bastassem as importantes funções citadas, há uma regra conhecida em neuroanatomia, indicando que, quanto mais irrigada por circulação sanguínea uma área do cérebro, maior é sua importância e funcionamento: a glândula pineal é a estrutura mais irrigada do cérebro. A glândula pineal é um sensor magnético convertendo ondas do espectro eletromagnético em estímulo neuroquímico (Revista *Saúde e Espiritualidade*).

A pineal e o sistema imunológico

O sistema imunológico ou sistema imune é de grande eficiência no combate a micro-organismos invasores. Ele também é responsável pela "limpeza" do organismo, ou seja, a retirada de células mortas, a renovação de determinadas estruturas, rejeição de enxertos e memória imunológica. Também é ativo contra células alteradas, que diariamente surgem em nosso corpo, como resultado de mitoses anormais. Essas células, se não forem destruídas, podem dar origem a tumores. Existe uma ligação muito estreita entre o sistema imunológico e a glândula pineal.

Atualmente, podemos encontrar uma grande bibliografia clássica, dentro da medicina, sobre o efeito da melatonina nas respostas de defesa do organismo. Parte delas resulta de uma ação endócrina em resposta à melatonina liberada ritmicamente pela glândula pineal. Os efeitos endócrinos devem ser abolidos por inibição da produção de melatonina pela pineal. Por outro lado, dados de diferentes laboratórios têm demonstrado que células imunocompetentes são capazes de sintetizar melatonina localmente, o que resulta em uma ação parácrina, independentemente do ritmo diário.

Em estudos *in vitro*, a melatonina mostrou uma atividade antimutagênica em sete tipos diferentes de células cancerosas humanas, incluindo aquelas de câncer de mama e da próstata. A melatonina também influencia positivamente o sistema reprodutivo, cardiovascular e neurológico. A melatonina é um antioxidante extremamente poderoso que protege cada parte da célula e cada célula do organismo, incluindo os neurônios.

O doutor Stefulj comenta que existem vários tecidos e células capazes de acumular melatonina, mas apenas aqueles que expressam RNA mensageiro para a N-acetiltransferase e a hidroxi-O-metiltransferase têm a capacidade de sintetizar esse hormônio.

Os doutores Poon e Maestroni dizem que as células imunocompetentes possuem receptores de membrana para melatonina acoplados à proteína G (e este hormônio, por ter um alto coeficiente de partição óleo-água, pode também atuar no meio intracelular). Os sítios de ligação para melatonina são mais abundantes em células CD4+ do que CD8+, sugerindo que os linfócitos CD4+ são as células mais responsivas à melatonina na subpopulação linfocitária. Nessas células a melatonina estimula a produção de interleucina-2 (IL-2) e interferon g (IFNg).

De acordo com os doutores Cuzzocrea e Reiter, a melatonina tem efeito protetor, diminuindo a taxa de mortalidade. Este efeito protetor, bem como uma possível ação de retardo do envelhecimento, proteção contra a toxicidade de drogas antitumorais, de estresse oxidativo no sistema nervoso central, lesões geradas por reperfusão após isquemia e proteção contra úlcera gástrica, é atribuído à ação antioxidante deste hormônio.

O doutor e pesquisador Arendt estudou os efeitos anticâncer da melatonina, que parece funcionar em conjunto com a vitamina B6 e o zinco, opondo-se à degradação do sistema imunológico, proporcionada pelo envelhecimento. A melatonina também pareceu promissora no tratamento de problemas femininos, como a osteoporose, a síndrome pré-menstrual e até mesmo o controle da natalidade. Por se tratar de um dos principais hormônios antiestresse, participa ainda das funções adaptativas e estimulantes. Portanto, a melatonina estabiliza e sincroniza a atividade elétrica do sistema nervoso central.

Muitos defendem que a pineal, atuando não apenas por meio da melatonina, é uma "estrutura tranquilizadora que suporta o equilíbrio do organismo", agindo como um órgão sincronizador, estabilizador e moderador. Isso sugere que a melatonina pode ter muitas aplicações em condições onde é importante estabilizar e harmonizar a atividade cerebral. Um dado importante é o fato de que a glândula pineal afeta diretamente as outras glândulas por meio de suas secreções.

O doutor e pesquisador Maestroni, em 2001, relatou que os efeitos da melatonina sobre o desenvolvimento e tratamento de câncer foram investigados, e há relatos na literatura mostrando que esse hormônio tem ação antiproliferativa e imunoestimulante, quando utilizado em doses farmacológicas. Porém essa ação não é universal, sendo caracterizada principalmente em tumor de mama humano responsivo a estrógeno. Por outro lado, a melatonina tem sido testada como coadjuvante em tratamento quimioterápico, associada com IL-2. Essa associação diminuiu a toxicidade de IL-2, atribuída à capacidade antioxidante da melatonina, bem como diminuiu a dose de IL-2 no tratamento, pois foi demonstrado que esse hormônio induz a expressão do receptor de IL-2, aumentando a sensibilidade das células.

Observou-se em pacientes com *jet-lag,* que é uma fadiga de viagem, uma condição fisiológica que é uma consequência de alterações no ritmo e desordens dos ritmos circadianos, com perturbação nos níveis de produção da melatonina: picos em horários anormais e falta de sincronização. Há, nesses casos, um distúrbio do sono, da concentração, da fadiga, etc. Sabe-se que o sistema imunológico apresenta ritmo circadiano e sazonal no cumprimento de suas funções, o que indica que ele, provavelmente, tem sua atividade regulada pela pineal. Já se constatou essa dependência em experiências com animais.

Segundo a pesquisadora e bioquímica Maria Edwiges Hoffman, a melatonina desempenha um papel muito importante no fortalecimento do sistema imunológico em humanos. Muitos problemas e doenças comuns aos idosos decorrem da perda da capacidade do sistema imunológico de reagir às agressões, com o passar da idade. Pesquisadores italianos, liderados por Georges Maestroni e Ario Conti, relataram os efeitos da melatonina na estimulação do sistema imunológico de animais e humanos, mostrando seus benefícios na defesa corporal contra micro-organismos invasores, bem como o estresse emocional e físico, incluindo aquele causado pelo câncer.

Outro aspecto de grande importância, diz a pesquisadora Maria Edwiges, sobre o potencial de antienvelhecimento da melatonina, foi a descoberta de suas propriedades antioxidantes, relatada em 1993 por um dos maiores estudiosos da glândula pineal, o pesquisador Russel Reiter, da Universidade do Texas, em San Antonio, nos Estados Unidos. Reiter e seus colaboradores mostraram que a melatonina é um antioxidante natural mais potente que as vitaminas C e E.

A melatonina também regulariza e controla nosso relógio biológico, como comenta Maria Edwiges, e melhora o sono, estimula o sistema imunológico e protege o sistema nervoso central.

Em estudos *in vitro*, a melatonina mostrou uma atividade que não muda, em sete tipos diferentes de células humanas cancerosas, incluindo as do seio e próstata. A melatonina influencia muito positivamente os sistemas reprodutores, cardiovasculares e neurológicos, pois é um antioxidante extremamente potente e versátil, que protege cada parte da célula e cada célula do organismo, incluindo os neurônios, como finaliza a pesquisadora.

A pineal e as doenças neurodegenerativas

As doenças neurodegenerativas destroem os neurônios, as células reponsáveis pelas funções do sistema nervoso. Quando isso acontece, dependendo da doença, gradativamente o paciente perde suas funções motoras, fisiológicas e/ou sua capacidade cognitiva. Pode-se citar algumas delas, como: Doença de Parkinson, Mal de Alzheimer, depressão nervosa, amnésia, transtorno obsessivo-compulsivo, degeneração espinocerebelar, esclerose lateral amiotrófica, entre outras. A pineal, com o hormônio melatonina, exerce função nas doenças neurodegenerativas.

De acordo com o doutor e pesquisador Srinivasan, a melatonina exerce papel regulador sobre eventos fisiológicos, metabólicos e comportamentais, importantes na regulação de fenômenos endócrinos independentes do eixo hipotálamo-hipófise-gonadal; termorregulação; regulação do sistema cardiovascular; ciclos de atividade-repouso e vigília-sono; sistema imunológico; crescimento e envelhecimento. Tendo em vista que a melatonina apresenta notável poder antioxidante e os seus níveis diminuem com a idade, vários pesquisadores sugeriram que este hormônio exerce papel crucial na gênese de doenças neurodegenerativas.

O Mal de Alzheimer foi descoberto por Alois Alzheimer, em 1906, e é uma doença neurodegenerativa, que destrói as células do cérebro, de forma lenta e progressiva, afetando o funcionamento mental (pensamento, fala, memória, etc.). Com o avanço da moléstia, o paciente começa a perder hábitos, como o da higiene pessoal, e a manifestar alterações de comportamento, como ansiedade, agressividade, etc. Caracterizado como uma forma de demência, o Mal de Alzheimer atinge cerca de 1% da população na faixa dos sessenta e cinco anos de idade. Seu primeiro sintoma é, via de regra, a perda da memória recente, sendo indicado, nesse caso, consultar um médico neurologista.

Em pacientes com Alzheimer, os receptores no hipocampo, responsáveis pelo controle da tensão vascular, têm seu número significativamente aumentado em relação a pessoas normais da mesma idade, provavelmente em decorrência de uma *up regulation,* em resposta à diminuição da melatonina circulante. O pico noturno de melatonina não ocorre em idosos normais ou é muito reduzido neles. A melatonina apresenta uma redução na formação da proteína B amiloide, que é a responsável pelo mal, tendo, portanto, um efeito que permitiria supor uma ação anti-Alzheimer.

O doutor e pesquisador Ohashi diz que pacientes com Alzheimer apresentam concentrações diurnas de melatonina superiores a de idosos normais, e a resposta a pulsos de luz está muito reduzida. O doutor Savaskan comenta que em pacientes com Alzheimer, os receptores MT1 no hipocampo, responsáveis pelo controle da tensão vascular, têm seu número significativamente aumentado em relação a sujeitos normais da mesma idade, provavelmente devido a uma *up regulation* em resposta à diminuição da melatonina circulante.

Já os doutores Raghavendra e Kulkarmi afirmam que a melatonina também tem um efeito sobre a retenção de memória, tendo sido efetiva na reversão da perda de memória em animais velhos e em modelos de Alzheimer (ratos intoxicados cronicamente com etanol, ou submetidos à administração aguda de *azidium*).

A doutora Marlene Nobre diz:

> Há relatos de influência da pineal em doenças neurológicas, como a epilepsia, Doença de Parkinson, esclerose lateral aminotrófica e em distúrbios endócrinos, como a Síndrome de Turner, hipogonadismo, etc. Centro das emoções: "Se pudéssemos apontar para um centro das emoções no cérebro, esse o seria o hipotálamo. Isso significa apenas que é nesse nível que os vários componentes da reação emocional são organizados em padrões definitivos", afirma Marino Jr. De fato, o hipotálamo faz parte de um sistema complexo responsável pelo mecanismo que elabora as funções emotivas, o sistema límbico de Maclean. André Luiz afirma que a pineal preside os fenômenos nervosos da emotividade. Já vimos que dois núcleos hipotalâmicos sofrem a sua ação direta (*Revista Cristã de Espiritismo*).

Quando existe uma deficiência do hormônio melatonina, ou seja, a glândula pineal não é capaz de produzir quantidade suficiente dela, em seguida, a insônia pode ser a principal repercussão. Os sintomas incluem, além de insônia, aumento da ansiedade, supressão imunológica, diminuição da temperatura corporal basal (temperatura do corpo na parte da manhã, antes de levantar ou se mover) e também um elevado nível de estrógeno/progesterona.

Pineal, sono e envelhecimento

A quantidade de melatonina produzida pelo organismo decresce com o passar do tempo, depois da puberdade, chegando a concentrações sanguíneas irrisórias nos idosos. Essa constatação levantou a suspeita de que a perda gradual de melatonina poderia precipitar o processo do envelhecimento. A pesquisadora e doutora Shirley de Campos afirma que a glândula pineal funciona como um "relógio biológico" quando secreta a melatonina, em conjunto com muitos outros neuropeptídeos, à noite. Sabe-se que os níveis de melatonina estão dez vezes mais aumentados à noite que durante o dia. Dados como estes levaram cientistas a concluir que a produção deste hormônio sinaliza o organismo para o descanso do corpo e que já é tempo de dormir. Pessoas jovens e idosas têm picos de produção noturna em horários diferentes; os jovens têm os níveis de produção em pico às duas horas da manhã, se estão em boas condições de saúde, já o idoso, se em idênticas condições de saúde, apresenta seu pico em torno de três horas da manhã. E a quantidade máxima de liberação de melatonina nos idosos corresponde somente à metade da dos jovens.

Seria provável, sendo a pineal a glândula reguladora dos hormônios psíquicos, da vida mental e espiritual do homem, ser responsável pela dosagem do fluido vital, fluido esse que liga o espírito à matéria. Com o passar do tempo, esse fluido vai se esvaindo, e o corpo passa a trabalhar em um ritmo mais lento. A glândula pineal deve ser o melhor laboratório de estudos da física da relação espírito-matéria, e suas propriedades de captação de ondas do espectro eletromagnético também devem estar implicadas nas funções de sensopercepção mediúnica e telepática.

As desordens do sono podem ser também um dos efeitos do decréscimo da melatonina. Com o envelhecimento, a glândula pineal funcionaria menos e haveria uma queda na produção da melatonina. Isso acaba fazendo com que alguns pacientes idosos reclamem da qualidade do sono ou de insônia, porém, pode ser que durmam com facilidade, quando não deveriam, durante o dia, assistindo televisão, etc.

A melatonina é secretada maximamente durante o sono,

que acontece normalmente nas horas de escuridão (noite). É um hormônio produtor de sono. Ela inibe os neurônios serotoninérgicos da formação reticular, que é envolvido no despertar. Os níveis de melatonina declinam com a idade, e pessoas mais velhas dormem menos que as jovens.

As pesquisas recentes sobre as funções da glândula pineal e de seu principal produto, o hormônio melatonina, despertaram grande interesse público nesta última década, a partir da descoberta do papel da melatonina na regulação do sono e do ritmo biológico em humanos.

A produção de melatonina pela glândula pineal é cíclica, obedecendo a um ritmo diário de luz e escuridão, chamado ritmo circadiano. Nos seres humanos, a produção de melatonina ocorre durante a noite, com quantidades máximas entre duas e três horas da manhã e mínimas ao amanhecer do dia. A glândula pineal fica localizada no centro do cérebro, sendo conectada com os olhos por meio de nervos. Estes transmitem o sinal dos olhos para a glândula pineal, determinando a hora de iniciar e parar a síntese da melatonina.

A produção noturna de melatonina levou à rápida descoberta de seu papel como indutor do sono e como restauradora dos distúrbios decorrentes de mudanças de fuso-horário (*jet-lag*), no início dos anos 1990.

Além da regulação do sono, a melatonina controla o ritmo de vários outros processos fisiológicos durante a noite: a digestão torna-se mais lenta; a temperatura corporal cai; o ritmo cardíaco e a pressão sanguínea diminuem; e o sistema imunológico é estimulado. Costuma-se dizer, por isso, que a melatonina é a molécula-chave que controla o relógio biológico dos animais e humanos.

Em 1991, o pesquisador italiano Pierpaoli, em colaboração com o russo Lesnikov, demonstrou, de maneira inquestionável, o papel da glândula pineal no controle do envelhecimento. Dois grupos de ratos sofreram transplante da glândula pineal de maneira cruzada, isto é, ratos jovens receberam a glândula de idosos, e ratos velhos receberam transplante da glândula pineal de jovens. Os resultados foram surpreendentes e tiveram um grande impacto na comunidade científica: os ratos velhos que haviam recebido a glândula pineal de animais jovens rejuvenesceram, sobrevivendo quase 50% a mais do que o esperado em condições normais; enquanto isso, os animais jovens que tinham sido transplantados com a glândula pineal de idosos viveram apenas dois terços do tempo normal de suas vidas. Em outras palavras, além de suas funções como hormônio-mestre que regula os ritmos biológicos, ela protege as células contra os danos causados pelos radicais livres. Essa descoberta levou ao desenvolvimento de novas pesquisas sobre seu papel como agente de antienvelhecimento natural, visando à sua aplicação na prevenção das doenças degenerativas da idade e como coadjuvante na radioterapia e quimioterapia de câncer em humanos. Com todas essas propriedades, a melatonina passou a ser vista como uma das melhores defesas contra os distúrbios inerentes ao envelhecimento, representando a maior revolução médica de nossos tempos, segundo Reiter.

Estudos sobre os efeitos da melatonina em humanos estão em franco progresso e mostram resultados promissores no tratamento de distúrbios do sono, de cardiopatias, hipertensão, câncer e outros males que afetam os idosos. Entretanto, há muito a se investigar ainda sobre os riscos de sua utilização por humanos a longo prazo, como a suplementação de melatonina para pessoas que apresentam distúrbios de sono, como os idosos.

Buscai o Reino do Céu é uma expressão simbólica de profundo valor moral. Ao disseminá-la em suas peregrinações, Jesus pretendia incitar o homem a dar início à reforma íntima, auxiliando-o a desfazer-se pouco a pouco do orgulho, do egoísmo e do apego à matéria para construir a verdadeira felicidade, que está ligada aos tesouros do coração. Mas os seres humanos estavam demasiadamente presos às questões exteriores para entender o significado evangélico desta máxima, acabando por exteriorizar a "busca desse reino" somente nas coisas materiais. Hoje, pelos menos já conseguimos perceber que as emoções são responsáveis pelo dinamismo de nossa vida, gerando a vibração e frequência dos pensamentos que plasmam em nossa atmosfera psíquica um verdadeiro mundo mental à parte. Este é, portanto, o "reino" que reservamos para nós depois do desenlace. Assim, nossa futura morada pode tornar-se um paraíso ou um vale de lágrimas e sofrimentos, a depender do somatório de sentimentos emanados no percurso de nossa existência física.

Irmã Tereza de Jesus conheceu os impulsos da alma sonhadora, sedenta por liberdade e amadurecimento, e nos conduz à reflexão dessa transformação moral, começando por atuar no campo dos sentimentos, com a finalidade de nos incentivar ao auto-conhecimento e consequentemente à auto-iluminação. Ela aborda temas evangélicos vividos e ensinados por Jesus, trazidos aos dias atuais com muita simplicidade, a exemplo da importância da alegria e da educação, da coragem que anima, a chaga da desistência, a doce piedade, a falsa aparência, a fé nos amuletos, a força da humildade, a inércia da preguiça, a inveja que mata, o arrependimento que cura e o corpo como reflexo do espírito. Sua pedagogia amorosa nos convida a uma meditação profunda sobre nossa conduta pessoal ao passar por este planeta e a responsabilidade assumida com aqueles que fazem parte de nossas experiências pessoais.

Esta coletânea de verdadeiras lições de vida poderá abrir as portas da felicidade que tanto buscamos, que não está em nada que é efêmero, conforme Jesus quis nos ensinar.

....

Buscai o Reino do Céu
IRMÃ TEREZA DE JESUS / EDUARDO AUGUSTO LOURENÇO
Formato 14 x 21 cm • 208 p.

O pensamento é a ferramenta da inteligência do espírito imortal, por meio da qual ele expressa suas potencialidades e concretiza seus ideais. O pensamento é como um rio por onde flui as mais belas aspirações ou os mais sórdidos desejos, dando origem a um cenário carregado de nobres intuições ou de sentimentos inferiores. É pelo pensamento que plasmamos imagens altruístas ou telas saturadas de maldade e vingança. Pensamento é força criadora e, como tal, tem vida, tem movimento e energia. Por isso, é um retrato fiel de nossa identidade espiritual, no qual projetamos quem realmente somos. Podemos, pois, fazer dele nosso céu ou nosso próprio inferno.

Como força geradora que aciona os mecanismos da Lei de Causa e Efeito, o pensamento faz criar uma história individual ou a história de uma humanidade. E é justamente a dimensão dessa força motriz que se pretende analisar aqui, em *O Espírito e o Pensamento*, obra que aborda a sua atuação na área da linguagem, eletricidade e magnetismo, e da mediunidade e evolução humana. Outros temas como perispírito e cérebro perispiritual, campo áurico e formas-pensamento, ideoplastia, capacidade anímica, memória, plasticidade neural, sentimento e regeneração, nos fazem deduzir que o poder mental, quando arquitetado para o bem, o amparo, o consolo e o amor, contribui para a felicidade alheia e constrói naquele que pensa um reino de paz. Mas, se direcionado para a maldade, gera danos arrasadores, tanto para o alvo a que se destina quanto para o ser que o produz.

O Espírito e o Pensamento, ditada pelo sábio irmão Benedito, é na verdade o alerta que faltava aos seres encarnados do mundo atual, pois podemos mudar nosso destino quando redirecionamos nossos pensamentos, sentimentos e atitudes.

O Espírito e o Pensamento
BENEDITO / EDUARDO AUGUSTO LOURENÇO
Formato 14 x 21 cm • 256 p.

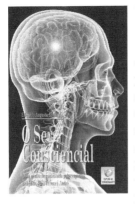

Desde o início dos tempos, quando o homem começou a raciocinar sobre a origem de tudo o que o cercava, o conhecimento tornou-se o caminho para a expansão de suas idéias. Conhecer é libertar-se, é ter a possibilidade de enxergar mais além. E, sobre esse conceito, paira uma grande responsabilidade: o que fazer com o conhecimento adquirido? Do passado distante, ressurge em nossa mente um ensinamento: "A quem muito será dado, muito será cobrado". Com base nesse princípio, ao retornar à pátria espiritual, seremos convidados a refletir sobre o que fizemos durante nossa passagem pela vida terrena. É isso o que este livro, de inestimável valor didático, nos incita a fazer: um passeio através do tempo, desde a época em que a humanidade descobria o conhecimento, até os dias atuais. Viajaremos pelo Iluminismo, visitando os grandes pensadores, e pelos primórdios da codificação espírita, em que cientistas descreviam as funções das emoções, o cérebro físico e seus mistérios, o templo da alma, os reflexos do espírito, a importância das células para o organismo físico, a obsessão espiritual e a auto-obsessão.

Sabe-se hoje que o destino do ser racional é pensar. Descrevemos aqui os trâmites dos pensamentos e os transtornos gerados pela depressão, considerada o mal do século, bem como a terapia que Jesus nos deixou para nossa renovação íntima.

A leitura destas páginas nos conduzirá a uma constatação: a de que as descobertas representam, além de um grande avanço, um enorme desafio, pois todos aqueles que foram inspirados por seres de luz tiveram que driblar inúmeros entraves para que a Boa Nova fosse aceita plenamente. Cada capítulo de *O Ser Consciencial* é, portanto, uma possibilidade de crescimento e evolução, pois o aprendizado é um bem maior que pode estabelecer novos rumos para nossas infinitas existências; é, enfim, um convite para a verdadeira felicidade.

O Ser Consciencial
BENEDITO, IRMÃ TEREZA E ANDRÉ / EDUARDO AUGUSTO LOURENÇO
Formato 14 x 21 cm • 200 p.

O homem é um ser que transcende a matéria. E, como tal, desde sua criação está predestinado a percorrer o caminho da luz. O fisiologista cético, no entanto, insiste em enxergá-lo apenas como um aglomerado de células; o incrédulo pensa que ele se finda com a morte, e o fanático religioso ainda o condena às penas eternas. Mas, este princípio inteligente, tendo estagiado em todos os reinos, é então convidado a caminhar em uma estrutura mais elaborada – a da forma humana –, na qual poderá manifestar suas potencialidades, buscando o auto-aperfeiçoamento de sua verdadeira essência espiritual. A ciência e a religião muito contribuíram para a lapidação deste ser, embora ele ainda renegue sua verdadeira natureza, em razão de suas próprias limitações. Como a verdade sempre prevalece, de quando em quando é preciso reviver fatos que um dia assombraram a consciência humana, e que foram relegados ao nível do espetaculoso.

É isto que o autor de *O Homem Transcendental* pretende, ao trazer à tona importantes fenômenos espirituais estudados por diversas áreas da ciência, cujos detalhes "inexplicados" já foram comprovados. É a ciência terrena descobrindo a individualidade após a morte do corpo, através da experiência de quase-morte (EQM); a memória extrafísica e a sede do espírito sendo vasculhadas a fundo; a eficácia do passe magnético e da água fluidificada colocada em evidência; a comprovação da importância do ectoplasma na cirurgia espiritual; e a força da oração e a funcionalidade da meditação como agentes do equilíbrio da saúde. Enfim, uma análise sobre a formação do princípio inteligente, do macaco ao homem atual, extensiva ao campo da mediunidade e aos amplos benefícios da caridade em favor da saúde, concluindo que o homem tem uma enorme potencialidade a explorar.

Inspirada por Irmão Benedito, benfeitor espírito que já atuou como médico em encarnações pregressas, inclusive à época da Inquisição, *O Homem Transcendental* nos apresenta uma ciência que desvenda os princípios da reencarnação e sua dimensão espiritual, para entender o homem como um ser que vive e evolui.

O Homem Transcendental
BENEDITO / EDUARDO AUGUSTO LOURENÇO
Formato 14 x 21 cm • 240 p.

Parece estranho que um continente inteiro, uma nação que dominou o mundo durante séculos, tenha se tornado quase um mito na memória dos homens. Se considerarmos a forma radical como a Atlântida foi varrida da face do planeta – a última ilha atlante desapareceu subitamente no oceano em 9.564 antes de Cristo –, podemos até entender por que os milênios se passaram e a humanidade conservou apenas uma lembrança esmaecida do terrível cataclismo, e foi olvidando a própria existência da raça poderosa e altamente civilizada que fora a soberana do mundo. Mas o depoimento insuspeito de Platão permitiu que sua memória permanecesse, para hoje ser amplamente pesquisada.

Esta obra do coronel Braghine busca uma reconstituição da realidade da Atlântida fundamentada exclusivamente em fatos precisos. Analisa as evidências robustas da sismologia, da batimetria e da biologia, que apontam para a existência, outrora, do continente que ocupava o centro do Oceano Atlântico. E, sobretudo, analisa evidências sobre todas as culturas onde se acham as pegadas dos atlantes: bascos, fenícios, povos indígenas americanos, etruscos e pelasgos, gauleses e celtas, egípcios, semitas, maias...

A identidade que se encontra na arquitetura, nas artes, nas línguas e nos mitos dos povos da Europa e da América, que foram colônias atlantes ou descendentes daquele povo, permite afirmar: a Atlântida foi sua origem comum.

O Enigma da Atlântida, que há décadas ocupa um lugar de destaque na atlantologia, retorna para trazer uma inestimável contribuição ao fascinante estudo do continente perdido. É obra indispensável a quantos se interessem por este capítulo extraordinário da história oculta da humanidade.

O Enigma da Atlântida
ALEXANDRE BRAGNE
Formato 14 x 21 cm • 288 p.

Olhai as Aves do Céu
IRMÃ TEREZA DE JESUS / EDUARDO AUGUSTO LOURENÇO
Formato 14 x 21 cm • 200 p.

Jesus trouxe a psicoterapia do amor e do auto-perdão. Ainda que num planeta-escola de grandes provações, deixou-nos a certeza de que a paz e a ventura podem começar a ser construídas neste estágio da evolução. Se não começarmos a vivenciar e semear a felicidade aqui, também não seremos felizes no plano espiritual.

As mensagens reconfortantes apresentadas nesta obra – grandes temas-chave para o auto-conhecimento – são verdadeiras ferramentas utilizadas nessa construção. A força no interior de cada ser, a liberdade de escolha, o tribunal da consciência, a arte de ouvir e do diálogo, a visão interior, o existir no íntimo de Deus, o despertar dos talentos, a obsessão, e muitos outros temas, abordam com tal clareza a importância de uma nova postura moral que o leitor se sentirá estimulado a rever seu próprio comportamento. E ainda são acrescidos dois textos instigantes: as mulheres do cristianismo e a história dos apóstolos, em que são descritos, um a um, os doze seguidores do Mestre, com seu perfil psicológico e características pessoais.

A simplicidade e a fé que o Divino Nazareno preconizou, exortando-nos a tomar como exemplo as aves do céu, tecem nas páginas deste livro inspirado por Irmã Tereza de Jesus um roteiro suave para a construção interior da consciência crística.

PINEAL, A GLÂNDULA DA VIDA ESPIRITUAL
foi confeccionado em impressão digital, em junho de 2025
Conhecimento Editorial Ltda
(19) 3451-5440 — conhecimento@edconhecimento.com.br
Impresso em Luxcream 80g., StoraEnso